Original illisible

NF Z 43-120-10

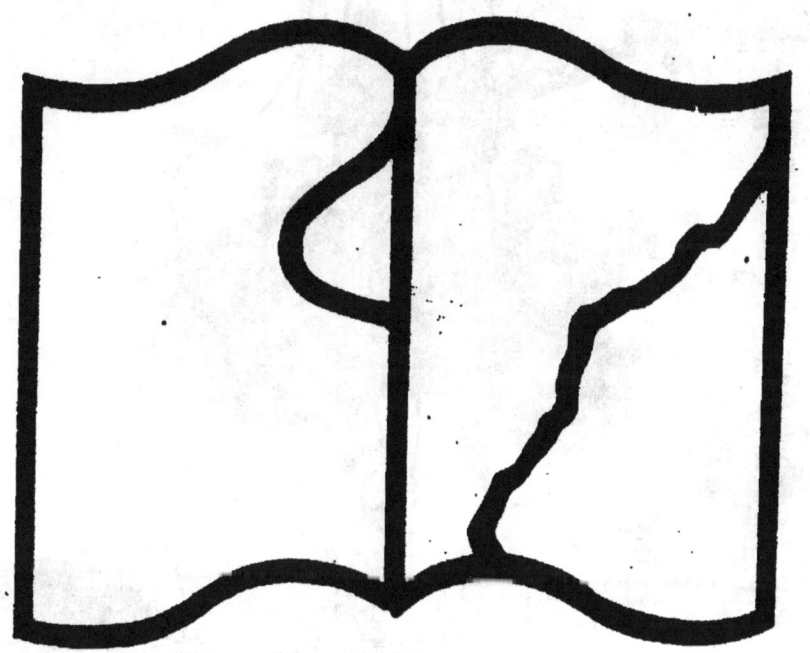

Texte détérioré — reliure défectueuse

NF Z 43-120-11

EN BALLON

PENDANT LE SIÈGE DE PARIS

Souvenirs d'un AÉRONAUTE

par

GASTON TISSANDIER

PARIS

A. DENTU, LIBRAIRE-ÉDITEUR

Palais-Royal

1871

EN BALLON!

PENDANT

LE SIÉGE DE PARIS

OUVRAGES DU MÊME AUTEUR :

PRIX.

L'Eau. 1 vol. in-18 illustré de 77 vignettes. — 2e édition, 1867. — L. Hachette et Cie.................... 2 »

La Houille. 1 vol. in-18, illustré de 66 vignettes. — L. Hachette et Cie, 1869.................... 2 »

Voyages aériens. 1 vol. grand in-8, illustré de 117 gravures sur bois et de 6 chromolithographies (en collaboration avec MM. J. Glaisher, C. Flammarion et W. de Fonvielle). — L. Hachette et Cie, 1870........ 20 »

Éléments de chimie. 4 vol. in-18, avec figures dans le texte (en collaboration avec M. Dehérain) 1868-1870. — L. Hachette et Cie. — Prix des 4 vol.......... 10 »

EN PRÉPARATION :

L'Air. 1 vol. in-18 illustré. — Hetzel............. 3 »

Paris. — Imprimerie de E. Donnaud, rue Cassette, 9.

EN BALLON!

PENDANT
LE SIÉGE DE PARIS

SOUVENIRS D'UN AÉRONAUTE

PAR

GASTON TISSANDIER

PROFESSEUR DE CHIMIE A L'ASSOCIATION POLYTECHNIQUE
Directeur du Laboratoire de l'Union nationale, etc.

PARIS

E. DENTU, LIBRAIRE-ÉDITEUR

PALAIS-ROYAL, 17 ET 19, GALERIE D'ORLÉANS

—

1871

Tous droits réservés

AU GÉNÉRAL CHANZY

EX-COMMANDANT EN CHEF L'ARMÉE DE LA LOIRE

DÉPUTÉ A L'ASSEMBLÉE NATIONALE

HOMMAGE DE SINCÈRE DÉVOUEMENT

En souvenir des ascensions captives du Mans et de Laval.

G. T.

PRÉFACE.

Personne ne niera que la découverte des aérostats est une des gloires de la physique moderne ; nul esprit éclairé ne mettra en doute l'intérêt de premier ordre que les voyages aériens offrent aux amis de la nature, véritablement soucieux des progrès de la science. Tout le monde, au contraire, s'accordera à reconnaître que l'étude des ballons est bien faite pour passionner et stimuler la clairvoyance des chercheurs. Mais ce qui offre un motif de surprise bien légitime, c'est l'invariable état de *statu quo* d'une telle invention. Comment ! le chemin de fer, la machine à vapeur, le télégraphe, nés au commencement du siècle, sont devenus, en moins de soixante ans, les plus formidables puissances de l'industrie ; on les voit sans cesse grandir, s'accroître, se fortifier... et le ballon reste toujours, — aujourd'hui comme hier, — ce qu'il était déjà il y bientôt un siècle ! Les aérostats seraient-ils donc marqués au sceau de l'infécondité? Les aurait-on condamnés, comme Sisyphe, à rester invariablement stationnaires, malgré des efforts sans cesse renouvelés?

Pour notre part, nous avons la persuasion que la navigation aérienne ne sera pas éternellement un vain mot; car aucun motif plausible ne peut faire admettre que les ballons ne soient pas perfectibles, comme toute œuvre humaine. Pourquoi demeureraient-ils à l'état d'une perpétuelle enfance? — Rien ne pourra nous empêcher de croire qu'ils grandiront. Mais pour qu'ils se modifient, pour qu'ils se transforment en appareils nouveaux, il est de toute nécessité qu'ils attirent à eux les hommes d'intelligence et d'initiative. Il faut qu'ils cessent d'être la propriété exclusive des entrepreneurs de fêtes publiques; il est indispensable qu'ils reprennent dans la science le rang qui leur est dû.

Qu'a-t-on fait pour les ballons depuis vingt ans? Si l'on excepte les admirables travaux de M. Henry Giffard qui a doté l'aérostation, de progrès d'une importance capitale, quoique insuffisamment appréciés, qui a créé les ballons imperméables à l'hydrogène, les ballons captifs à vapeur, où trouve-t-on ailleurs des innovations, des découvertes véritablement dignes de ce nom ? — Qui s'est attaché à l'aérostation pratique dans ces dernières années ? A part quelques ascensions remarquables, on cherche en vain une étude sérieuse, suivie, propre à conduire à quelque résultat saillant.

Un tel état de choses s'explique par l'indifférence que les ballons, abandonnés aux spectacles forains, ont fini par rencontrer de toutes parts. On ne les considérait plus comme dignes d'enlever dans les airs des Gay-Lussac, des Barral, des Bixio, des Robertson, des Saccharoff et des Glaisher, ces navires aériens, compromis avec les *filles de l'air* de l'Hippodrome et les lauréats de l'école du trapèze ! Certes, il n'y a pas grand inconvénient à ce que les aérostats concourent à l'amusement des badauds du dimanche, et nous ne voudrions pas être accusé de rigorisme en condamnant d'une manière absolue les cabrioles aériennes. Il ne faudrait pas oublier cependant qu'à côté du frivole, il y a le sérieux et l'utile. — Que la pile électrique serve à faire marcher l'horloge magique de Robert Houdin, ou le tambour enchanté de M. Robin, rien de mieux; elle fait fonctionner aussi le télégraphe. Mais si cette même pile électrique ne fournit uniquement son concours qu'aux prestidigitateurs, les physiciens n'auront-ils pas le droit de réclamer à bien juste titre?

En 1863, les campagnes aérostatiques du *Géant* ont attiré l'attention du monde entier, prouvant ainsi que l'œuvre des Montgolfier suscitera toujours de nombreuses marques de sympathie; mais M. Nadar, qui voulait tuer un principe, et créer sur ses débris une nouvelle machine, n'a réussi qu'à fournir à l'histoire des ballons, des aventures aériennes vraiment surprenantes, mais infertiles. — M. Flammarion a exécuté, en 1867, une série d'ascensions en compagnie de M. Eugène Godard, dans un but d'observations météorologiques; M. de Fonvielle et moi, nous nous sommes aussi résolûment lancés dans la carrière aérienne, et depuis quelques années, nous avons exécuté, soit ensemble, soit isolément, un grand nombre d'excursions dans les nuages; nous avons sondé l'atmosphère dans les conditions les plus variables, par un ciel serein, comme dans un air agité, de jour comme de nuit, au-dessus de la terre et au-dessus de la mer (1). Mais là se bornent, — en plaçant à part, comme ayant une importance exceptionnelle, l'exploitation du ballon captif de l'Exposition, et en faisant mention de quelques autres ascensions d'aéronautes forains, — l'histoire des ballons dans ces dernières années. Était-ce assez de ces efforts isolés? Que pouvait-on faire, abandonné à soi-même, rencontrant pour ses expériences de nombreux obstacles, n'ayant souvent à sa disposition qu'un matériel insuffisant ou en mauvais état?

Toutefois nous ne cessions de répéter, sans avoir l'ambition ni la prétention d'être des révélateurs, que l'aérostation est un art trop séduisant, trop admirable, pour qu'il ne soit pas sans cesse étudié, cultivé, pour qu'il ne s'entoure pas de nombreux et fervents adeptes. Nous disions

---

(1) Consulter à ce sujet le volume des *Voyages aériens*, publié par la librairie Hachette, et contenant le récit des ascensions de MM. Glaisher, Flammarion, W. de Fonvielle et G. Tissandier.

qu'il faut s'élancer dans les airs pour faire progresser la navigation aérienne, que c'est un mécanicien qui a trouvé les organes de la machine à vapeur, un physicien qui a inventé le télescope, et que l'aéronaute seul, le praticien qui a appris à connaître l'outil qu'il veut améliorer, soulèvera quelque jour le coin du voile sous lequel est cachée la solution du grand problème ! Nous affirmions que les excursions dans l'atmosphère offrent à l'artiste des spectacles imposants, des scènes sublimes, des tableaux grandioses où la nature se révèle dans toute sa grandeur, dans son imposante majesté; fournissent au savant des sources d'étude intarissables, bien propres à éveiller son esprit, à le conduire à la découverte des lois inconnues qui régissent les mouvements de l'atmosphère, qui commandent le mécanisme de la météorologie. Nous tâchions de faire comprendre que c'est en s'aventurant dans les plages aériennes que les aéronautes fonderont la véritable *science de l'air*, comme c'est en s'élançant sur la cime des vagues, que les navigateurs ont créé la *science de l'Océan*. Mais l'exemple des touristes aériens ne trouvait pas d'imitateurs;

à leur grand regret, nul rival ne se présentait à eux dans les hautes régions de l'air ; aucun savant ne voulait risquer sa fortune dans l'empire d'Eole !

Plus tard, nous attirions l'attention sur l'importance de l'organisation d'un corps d'aérostiers pour les observations militaires ; huit mois avant la guerre, nous écrivions les lignes suivantes : « L'Ecole aérostatique de Meudon, supprimée dans un moment de mauvaise humeur, ne devrait-elle pas être reconstituée ? Attendra-t-on qu'une guerre éclate pour former des aéronautes, pour improviser des ballons ? Ce serait une imprudence, une folie des plus grandes, *car dans notre siècle, les guerres vont vite, et le sort d'un empire pourrait bien avoir été décidé pendant qu'on ajusterait ensemble les fuseaux d'un ballon* (1) ! » Mais les paroles le plus sensées n'entrent pas dans les oreilles volontairement fermées.

Comment se rappeler sans un bien légitime étonnement que la France, la véritable patrie des ballons, n'a jamais compté depuis Coutelle,

---

(1) *Voyages aériens*, page 556.

c'est-à-dire depuis 1794, la moindre école aérostatique où des appareils bien confectionnés auraient été mis à la disposition des explorateurs audacieux, vraiment épris de la navigation aérienne ; que l'Observatoire de Paris, dont le devoir est d'étudier les éclipses, les averses d'étoiles filantes, n'a jamais eu l'idée, depuis Arago, de recourir aux nacelles aériennes pour faciliter les études de ce genre? Comment expliquer le dédain des généraux de l'Empire pour les aérostats militaires, qui avaient été si efficacement employés, sous la première République, et pendant la guerre d'Amérique?

Les infortunés ballons semblaient être les parias du monde scientifique et administratif! Les aéronautes qui avaient la passion des aventures de l'air, ceux qui avaient la foi, rencontraient bien, — il y aurait ingratitude à l'oublier, — quelques précieux appuis de la part d'hommes éminents et éclairés, mais c'était pour ainsi dire à l'état d'exception. Quand ils osaient demander d'utiliser le ballon *l'Impérial*, pour faire des expériences sérieuses et privées, le ministre de la Maison de l'Empereur se gardait bien de confier à qui que ce fût le matériel aérostatique de l'Empire ; il préférait le laisser moisir, sans soin, sans nulle surveillance, dans les greniers du Garde-Meuble (1).

Les aérostats, malgré leurs imperfections, sont aujourd'hui les seuls appareils, ne l'oublions pas, qui nous permettent de rivaliser avec l'oiseau, de sillonner l'étendue de l'atmosphère, de quitter le plancher terrestre, où, sans eux, nous serions impitoyablement attachés ; ils étaient à la veille de périr faute de culture. Sans l'inventeur des ballons captifs à vapeur, qui avait toujours quelques ballons dans son hangar, comme d'autres ont des chevaux dans leur écurie, sans quelques aéronautes, qui malgré leurs modestes ressources, construisaient de temps en temps des ballons, personne ne se serait préoccupé de cette grave et importante question de la navigation dans l'air ; l'aérostat passait peu à peu à l'état de bric-

---

(1) Parmi les ballons qui existaient à Paris en septembre 1870, *l'Impérial* est le seul qui n'ait pu être utilisé pendant le siége. C'est en vain qu'on essaya de le réparer. Cet aérostat était tombé en lambeaux ; il avait coûté 30,000 fr.

à-brac, et nos fils en eussent parlé un jour comme du feu grégeois ou de l'émail italien.

Voilà jusqu'où était tombée l'aéronautique sous le second Empire. Le gouvernement ne voulait rien faire pour encourager les études aériennes; ici comme ailleurs, l'initiative privée, quand elle avait l'audace de se montrer, était vite écrasée sous les obstacles qu'on ne manquait pas de lui opposer. Une des plus grandes découvertes de notre génie scientifique allait peut-être s'éteindre dans la France même; on aurait laissé à des étrangers le soin de faire croître ce germe que les Montgolfier avaient semé sur le champ des découvertes.

Il a fallu que les Prussiens viennent nous écraser, nous faire sortir de notre torpeur; il a fallu que la première métropole du monde soit investie, cernée, bloquée par les innombrables légions des barbares modernes, pour que l'on s'aperçoive enfin que les ballons valent bien la peine d'être gonflés! Après les immenses services qu'ils ont rendus à la patrie, est-il permis de croire qu'ils ne seront plus délaissés d'une façon vraiment coupable? Est-il permis d'espérer que le gouvernement protégera sérieusement les études aériennes, que nos sociétés savantes s'en préoccuperont d'une manière efficace? Nous osons l'affirmer à l'avance.

On ne manquera pas de trouver dans cet ordre d'idées de nombreux prosélytes; la navigation aérienne a toujours eu le privilége d'émouvoir et d'intéresser le public. Ce ne sont pas les hommes de bonne volonté qui feront défaut pour un tel genre d'investigation, car, comme nous le disait avec esprit un des plus illustres savants de l'Angleterre : « Le Français est essentiellement aéronaute; son caractère aventureux, un peu volage, est bien fait pour cet art merveilleux, où l'imprévu joue un si grand rôle. »

En effet, les questions aérostatiques ont toujours eu en France le privilége de passionner le peuple, et ce fait offre une importance réelle, car il y a, au-dessus des appréciations de la science, au-dessus de l'avis des hommes du métier, il y a quelque chose d'indéfinissable qu'on appelle l'opinion publique. Rarement elle s'égare dans les jugements qu'elle porte instinctivement sur les problèmes de ce genre, et nul ne peut nier qu'elle n'accorde aux ballons une large part d'admiration. Le peuple, le public, si vous voulez, aime les ballons, comme il admire une œuvre d'art, comme il écoute un opéra des maîtres ; dans un musée, sans être peintre, le public marque du doigt le chef-d'œuvre ; sans être écrivain, il trouve le bon livre ; sans être savant, il sait flairer les grandes découvertes dans les choses de la science. Malgré les hommes spéciaux qui dénigrent à sa naissance le gaz de l'éclairage, il accourt aux expériences de Philippe Lebon, et les impose à l'administration ; il applaudit à l'apparition des chemins de fer, en dépit des savants qui les dénigrent. Or, nous le répétons, il aime les aérostats, il PRESSENT qu'il y a là un inconnu plein de mystère, mais plein d'espérance, il CROIT à la navigation aérienne. L'avenir donnera raison à l'intuition populaire, à ce que l'auteur latin appelle « *vox populi.* »

Que de progrès à rêver, que de perfectionnements à entrevoir dans l'aéronautique comme dans toutes les branches du savoir humain ! Mais la science est un sol qui, quoique fertile, ne donne une ample moisson qu'à ceux qui la cultivent avec acharnement. Et combien la culture a été négligée depuis vingt ans ! Mais pour notre malheur, ce n'est pas seulement l'art des Montgolfier qu'on a laissé dépérir dans une criminelle négligence. Il faut avouer et reconnaître que toutes les sciences ont subi chez nous une trop visible déchéance ; aussi quand l'heure du péril a sonné, les hommes supérieurs ont manqué pour recourir aux immenses ressources de la nation.

Le 4 septembre 1870, après un nouveau Waterloo, on espérait un autre 1792 ! Mais on oubliait que vers la fin du siècle dernier, la Convention, en décrétant la levée en masse pour résister à l'ouragan déchaîné sur nos frontières, avait entre les mains un pays riche en génies illustres, tellement fertile en intelligences, qu'il marchait dans le monde à la tête des sciences et de la philosophie ! A cette époque mémorable, en même temps que Carnot organise la victoire, les savants créent toute une industrie nouvelle. Quand il s'agit de faire de la poudre sans le soufre de Sicile, sans le salpêtre de l'Amérique, des inventeurs se lèvent à l'appel du pays; ils ont du soufre qu'ils viennent d'extraire des pyrites, ils produisent du salpêtre, dont ils ont trouvé les éléments dans les vieilles murailles, dans la poussière des écuries. Nicolas Leblanc jette les bases de la fabrication de la soude artificielle, Chappe crée le télégraphe aérien qui, en quelques minutes, envoie des ordres aux armées. L'industrie, privée par le blocus des matières premières indispensables à la confection des armes, à la préparation de la poudre, au travail des manufactures, se régénère, se transforme pour sauver la nation, et pour donner naissance en même temps aux étonnantes opérations de nos usines modernes. La science française du XVIIIe siècle prépare les premiers triomphes de Valmy et de Jemmapes ! — Quel abîme, hélas! sépare cette France de 1792 d'avec celle de 1870 !

Puissent les grands exemples d'un tel passé nous servir d'enseignements; puissent les illustres génies du XVIIIe siècle, trouver bientôt des successeurs ! Puisse la chimie rencontrer encore des Lavoisier, des Fourcroy, des Berthollet, des Guyton de Morveau, les sciences naturelles des

Cuvier, des Buffon, des Jussieu, des Geoffroy Saint-Hilaire ; les mathématiques et l'astronomie, des Monge, des Laplace, des Lagrange ; la géographie des Bougainville et des Lapérouse ; la philosophie, des Montesquieu, des Voltaire, des Rousseau et des d'Alembert !

Puissent enfin les aérostats trouver d'autres Montgolfier, de nouveaux Charles et de nouveaux Pilâtre !

G. T.

Août 1871.

LE CÉLESTE ET LE JEAN-BART

I

Paris investi. — Les ballons-poste. — L'aérostat *le Céleste*. — Lâchez tout ! — L'ascension. — Versailles. — La fusillade prussienne. — Les proclamations. — La forêt d'Houdan. — Les uhlans. — Descente à Dreux.

30 septembre 1870.

Les historiens qui raconteront les drames du siége de Paris se chargeront de juger les crimes de l'Empire, ses négligences inouïes, ses oublis insensés ; ils diront que la capitale du monde, à la veille d'être cernée par l'ennemi, n'avait pas un canon sur ses remparts, pas un soldat dans ses forts. Mais ce qu'ils ne manqueront pas d'affirmer, c'est que les habitants de Paris, en traversant ces heures les plus néfastes de leur histoire, puisaient comme une nouvelle force dans les malheurs qui venaient de frapper la France, sans pitié, sans relâche ; c'est que leur énergie semblait croître en raison directe des dangers qui les menaçaient.

Quand, le 15 septembre, les journaux annoncent que les uhlans sont signalés aux portes de Paris, le public accueille cette nouvelle avec le sang-froid qui dénote la résignation. On sent que quelque chose de terrible est menaçant, que des événements uniques dans les annales des peuples vont se produire ; il y a dans l'air des nuages épais, précurseurs d'une tempête horrible ; mais on envisage l'avenir sinon sans émotion, du moins sans défaillance ni faiblesse. Tous les cœurs vibrent à l'unisson au sentiment de la Patrie en danger.

Rien n'est prêt pour la défense ; il faut tout faire à la fois et en toute hâte. Chaque enfant de Paris, entraîné par un irrésistible élan, veut avoir sa part de travail dans l'œuvre commune. Les architectes, les ingénieurs remuent la terre des bastions ; les chimistes préparent des poudres fulminantes et des torpilles ; les métallurgistes fondent des canons et des mitrailleuses, tous les bras s'arment de fusils.

Mais au milieu de cette effervescence, une question de premier ordre, question vitale, s'il en fut, vient s'imposer à l'administration. En dépit des affirmations du génie militaire, les Parisiens sont bel et bien bloqués dans leurs murs. Quelques courriers à pied franchissent d'abord les lignes ennemies, mais bientôt, d'autres reviennent consternés, ils n'ont pas rencontré un sentier sur quelque point que ce fût, où le « qui vive » ennemi ne les ait contraints de rebrousser chemin. M. de Moltke a résolu ce problème inouï : investir une ville de deux millions d'habitants, faire disparaître sous un cordon de baïonnettes, la plus immense place forte de l'univers. La capitale du monde se laissera-t-elle emprisonner vivante dans un tombeau ? Lui sera-t-il interdit de parler à la France, de communiquer au dehors son énergie, sa foi, son courage, d'avouer ses déceptions, ses faiblesses, ses inquiétudes, d'affirmer ses joies, sa force et ses espérances ? Ne pourra-t-elle pas protester à haute voix contre un bombardement barbare, contre un assassinat monstrueux de femmes et d'enfants? L'ennemi tiendra-t-il au secret une des plus grandes agglomérations humaines, sous l'inflexible vigilance d'une armée de geôliers? Arrivera-t-il à tuer la France en étouffant la voix de Paris?

Il allait être donné à l'une des plus grandes découvertes de notre génie scientifique, de déjouer les projets de nos envahisseurs. Les aérostats si oubliés, si délaissés depuis leur apparition, ces merveilleux appareils sortis tout d'une pièce du cerveau des Montgolfier et des Charles, allaient tout à coup reparaître, pour contribuer à la défense de la Patrie, en lui portant par la voie des airs, l'âme de sa capitale. Les aéronautes, plus audacieux que l'ancien monarque de Syrie, se préparaient à franchir le cercle d'un nouveau Popilius!

Sans les ballons, pas une lettre ne serait sortie de l'enceinte des forts, pas une dépêche n'y serait rentrée. Les portes ne se seraient ouvertes qu'au mensonge, à la ruse, à l'espionnage. Un silence de cinq mois n'eût pas été possible. La grande métropole, bâillonnée, aurait vite fait entendre un murmure de détresse, puis un cri de grâce! Car n'oublions pas que les aérostats n'ont pas seulement emporté les dépêches parisiennes, ils ont emmené avec eux les pigeons voyageurs, qui devaient rentrer dans les murs de la capitale cernée. Les missives du dedans ont pu recevoir ainsi les réponses du dehors. Tours a entendu Paris, Paris a entendu Tours. L'Attila des temps modernes, qui avait écrasé des armées, bombardé des villes, décimé des populations entières, s'est trouvé impuissant devant l'aérostat qui traversait les airs, comme devant l'oiseau qui fendait l'espace!

Le premier départ aérien s'exécuta le 23 septembre; Jules Duruof s'élève en ballon de la place Saint-Pierre à 8 heures du matin. Deux aérostats le suivent dans les airs, le 25 et le 26 du même mois. Mon frère et moi, qui avons fait, les années précédentes, un grand nombre d'ascensions en artistes et en amateurs, nous offrons nos services à M. Rampont. Paris, disons-nous, peut perdre deux soldats pour gagner deux courriers aériens. Les gardes nationaux ne manquent pas ici, mais les aéronautes sont rares.

Le jour même du départ de Louis Godard, un des administrateurs de la Poste m'appelle auprès de lui.

— Vous êtes prêt à partir en ballon, me dit-il.

— Quand vous voudrez.

— Eh bien! nous comptons sur vous demain matin à 6 heures, à l'usine de Vaugirard; votre ballon sera gonflé, nous vous confierons nos lettres et nos dépêches.

Le 30 septembre, à 5 heures du matin, je pars de chez moi avec mes deux frères qui m'accompagnent. J'arrive à l'usine de Vaugirard, mon ballon est gisant à terre comme une vieille loque de chiffons. C'est le *Céleste,* un petit aérostat de 700 mètres cubes, que son propriétaire a généreusement offert au génie militaire. Pour moi c'est presque un ami, je le connais de longue date; il a failli me rompre les os, l'année précédente. Je le regarde avec soin, je le touche respectueusement, et je m'aperçois, hélas! qu'il est dans un état déplorable. Il a gelé la nuit; le froid l'a saisi, son étoffe est raide et cassante. Grand Dieu! qu'aperçois-je près de la soupape? des trous où l'on passerait le petit doigt, ils sont entourés de toute une constellation de piqûres. Ceci n'est plus un ballon, c'est une écumoire.

Cependant les aéronautes qui doivent gonfler mon navire aérien, arrivent. Ils ont avec eux une bonne couturière qui, armée de son aiguille, répare les avaries.

Mon frère prend un pot de colle, un pinceau, et applique des bandelettes de papier sur tous les petits trous qui s'offrent à son investigation minutieuse. C'est égal, je ne suis que médiocrement rassuré, je vais partir seul dans ce méchant ballon, usé par l'âge et le service ; j'entends le canon qui tonne à nos portes ; mon imagination me montre les Prussiens qui m'attendent, les fusils qui se dressent et vomissent sur mon navire aérien une pluie de balles !

La dernière fois que je suis monté dans le *Céleste*, je n'ai pu rester en l'air que trente-cinq minutes ! Toutes les perspectives qui s'ouvrent à mes yeux ne sont pas très-rassurantes.

— Ne partez pas, me disent des amis, attendez au moins un bon ballon ; c'est folie de s'aventurer ainsi dans un outil de pacotille.

Cependant, MM. Bechet et Chassinat arrivent de la Poste avec des ballots de lettres. M. Hervé Mangon me dit que le vent est très-favorable, qu'il souffle de l'est et que je vais descendre en Normandie ; le colonel Usquin me serre la main et me souhaite bon succès. Puis bientôt M. Ernest Picard, à qui je suis spécialement recommandé, demande à m'entretenir ; pendant une heure, il m'informe des recommandations que j'aurai à faire à Tours au nom du gouvernement de Paris ; il me remet un petit paquet de lettres importantes que je devrai, dit-il, avaler ou brûler en cas de danger. Sur ces entrefaites, le soleil se lève, et le ballon se gonfle. Ma foi, le sort en est jeté. Pas d'hésitations ! Mon frère surveille toujours la réparation du ballon, il bouche les trous avec une attention dont il ne se sentirait pas capable, s'il travaillait pour lui-même : la besogne qu'il exécute si bien, me rassure. Il est certain que je préférerais un bon ballon, tout frais verni et tout neuf, mais je me suis toujours persuadé qu'il y avait un Dieu pour les aéronautes. Je me laisse conduire par ma destinée, les yeux bien ouverts, le cœur et les bras résolus. Je ne puis m'empêcher de penser à mon dernier voyage aérien. C'était le 27 juin 1869, au milieu du Champ de Mars. Je partais avec huit voyageurs dans l'immense ballon *le Pôle Nord*. Qui aurait pu soupçonner, alors, la nécessité future des ballons-poste !

A 9 heures, le ballon est gonflé, on attache la nacelle. J'y entasse des sacs de lest et trois ballots de dépêches pesant 80 kilog.

On m'apporte une cage contenant trois pigeons.

— Tenez, me dit Van Roosebeke, chargé du service de ces précieux messagers, ayez bien soin de mes oiseaux. A la descente, vous leur donnerez à boire, vous leur servirez quelques grains de blé. Quand ils auront bien mangé, vous en lancerez deux, après avoir attaché à une plume de leur queue la dépêche qui nous annoncera votre heureuse descente. Quant au troisième pigeon, celui ci qui a la tête brune, c'est un vieux malin que je ne donnerais pas pour cinq cents francs. Il a déjà fait de grands voyages. Vous le porterez à Tours. Ayez-en bien soin. Prenez garde qu'il ne se fatigue en chemin de fer.

Je monte dans la nacelle au moment où le canon gronde avec une violence extrême. J'embrasse mes frères, mes amis. Je pense à nos soldats qui combattent et qui meurent à deux pas de moi. L'idée de la patrie en danger remplit mon âme. On attend là-bas ces ballots de dépêches qui me sont confiés. Le moment est grave et solennel ; nul sentiment d'émotion ne saurait plus m'atteindre.

Lâchez tout !

Me voilà flottant au milieu de l'air !

. . . .

Mon ballon s'élève dans l'espace avec une force ascensionnelle très-modérée. Je ne quitte pas de vue l'usine de Vaugirard et le groupe d'amis qui me saluent de la main : je leur réponds de loin en agitant mon chapeau avec enthousiasme, mais bientôt l'horizon s'élargit. Paris immense, solennel, s'étend à mes pieds, les bastions des fortifications l'entourent comme un chapelet ; là, près de Vaugirard, j'aperçois la fumée de la canonnade, dont le grondement sourd et puissant, tout à la fois, monte jusqu'à mes oreilles comme un concert lugubre. Les forts d'Issy et de Vanves m'apparaissent comme des forteresses en miniature ; bientôt je passe au-dessus de la Seine, en vue de l'île de Billancourt.

Il est 9 heures 50 ; je plane à 1,000 mètres de haut ; mes yeux ne se détachent pas de la campagne, où j'aperçois un spectacle navrant qui ne s'effacera jamais de mon esprit. Ce ne sont plus ces environs de Paris, riants et animés, ce n'est plus la Seine, dont les bateaux sillonnent l'onde, où les canotiers agitent leurs avirons. C'est un désert, triste, dénudé, horrible. Pas un habitant sur les routes, pas une voiture, pas un convoi de chemin de fer. Tous les ponts détruits offrent l'aspect de ruines abandonnées, pas un canot sur la Seine qui déroule toujours son onde au milieu des campagnes, mais avec tristesse et monotonie. Pas un soldat, pas une sentinelle, rien, rien, l'abandon du cimetière. On se croirait aux abords d'une ville antique, détruite par le temps ; il faut forcer son souvenir pour entrevoir par la pensée les deux millions d'hommes emprisonnés près de là dans une vaste muraille !

Il est dix heures ; le soleil est ardent et donne des ailes à mon ballon ; le gaz contenu dans le *Céleste* se dilate sous l'action de la chaleur ; il sort avec rapidité par l'appendice ouvert au-dessus de ma tête, et m'incommode momentanément par son odeur. J'entends un léger roucoulement au-dessus de moi. Ce sont mes pigeons qui gémissent. Ils ne paraissent nullement rassurés et me regardent avec inquiétude.

— Pauvres oiseaux, vous êtes mes seuls compagnons ; aéronautes improvisés, vous allez défier tous les marins de l'air, car vos ailes vous dirigeront bientôt vers Paris, que vous quittez, et nos ballons sauront-ils y revenir ?

L'aiguille de mon baromètre Breguet tourne assez vite autour de son cadran, elle m'indique que je monte toujours..., puis elle s'arrête au point qui correspond à une altitude de 1,800 mètres au-dessus du niveau de la mer.

Il fait ici une chaleur vraiment insupportable : le soleil me lance ses rayons en pleine figure et me brûle ; je me désaltère d'un peu d'eau. Je retire mon paletot, je m'assieds sur mes sacs de dépêches, et le coude appuyé sur le bord de la nacelle, je contemple en silence l'admirable panorama qui s'étale devant moi.

Le ciel est d'un bleu indigo ; sa limpidité, son ton chaud, coloré, me feraient croire que je suis en Italie ; de beaux nuages argentés planent au-dessus des campagnes ; quelques-uns d'entre eux sont si loin de moi, qu'ils paraissent mollement se reposer au-dessus des arbres. Pendant quelques instants, je m'abandonne à une douce rêverie, à une muette contemplation, charme merveilleux des voyages aériens : je plane dans un pays enchanté, monde abandonné de tout être vivant, le seul où la guerre n'ait pas encore porté ses maux ! Mais la vue de Saint-Cloud que j'aperçois à mes pieds, sur l'autre rive de la Seine, me ramène aux choses d'en bas. Je me reporte vers la réalité, vers l'invasion. Je jette mes regards du côté de Paris, que je n'entrevois plus que sous une mousseline de brume.

Une profonde tristesse s'empare de moi; j'éprouve la sensation du marin qui quitte le port pour un long voyage. Je pars; mais quand reviendrai-je? Je te quitte, Paris; te retrouverai-je? Comment définir ces pensées qui se heurtent confusément dans mon cerveau? C'est là-bas, au milieu de ce monceau de constructions, de ce labyrinthe de rues et de boulevards, que j'ai vu le jour; c'est sous cette mer de brume que s'est écoulée mon enfance! C'est toi, Paris, qui as su ouvrir mon cœur aux sentiments d'indépendance et de liberté qui m'animent! Te voilà captif aujourd'hui? L'heure de la délivrance sonnera-t-elle pour toi? Je sais bien que la foi, la constance, ne manqueront jamais à tes enfants; mais qui peut compter sans les hasards de la guerre?

Pendant que mille réflexions naissent et s'agitent ainsi dans mon esprit, le vent me pousse toujours dans la direction de l'Ouest, comme l'atteste ma boussole. Après Saint-Cloud, c'est Versailles qui étale à mes yeux les merveilles de ses monuments et de ses jardins.

Jusqu'ici je n'ai vu que déserts et solitudes, mais au-dessus du parc la scène change. Ce sont des Prussiens que j'aperçois sous la nacelle. Je suis à 1,600 mètres de haut; aucune balle ne saurait m'atteindre. Je puis donc m'armer d'une lunette et observer attentivement ces soldats, lilliputiens vus de si haut.

Je vois sortir de Trianon des officiers qui me visent avec des lorgnettes, ils me regardent longtemps; un certain mouvement se produit de toutes parts. Des Prussiens se chauffent le ventre sur le tapis vert, sur cette pelouse que foulait aux pieds Louis XIV. Ils se lèvent, et dressent la tête vers le *Céleste*. Quelle joie j'éprouve en pensant à leur dépit. — Voilà des lettres que vous n'arrêterez pas, et des dépêches que vous ne pourrez lire ! Mais je me rappelle au même moment qu'il m'a été remis 10,000 proclamations imprimées en allemand à l'adresse de l'armée ennemie.

J'en empoigne une centaine que je lance par dessus bord; je les vois voltiger dans l'air en revenant lentement à terre; j'en jette à plusieurs reprises un millier environ, gardant le reste de ma provision pour les autres Prussiens que je pourrai rencontrer sur ma route.

Que contenait cette proclamation ? Quelques paroles simples disant à l'armée allemande que nous n'avions plus chez nous ni empereur, ni roi, et que s'ils avaient le bon sens de nous imiter, on ne se tuerait plus inutilement comme des bêtes sauvages. Paroles sensées, mais jetées au vent, emportées par la brise comme elles sont venues !

Le *Céleste* se maintient à 1,600 mètres d'altitude; je n'ai pas à jeter une pincée de lest, tant le soleil est ardent; car il n'est pas douteux que mon ballon fuit, et, sans la chaleur exceptionnelle de l'atmosphère, mon mauvais navire n'aurait pas été long à descendre avec rapidité, et peut-être au milieu des Prussiens. En quittant Versailles, je plane au-dessus d'un petit bois dont j'ignore le nom et l'exacte position. Tous les arbres sont abattus au milieu du fourré; le sol est aplani, une double rangée de tentes se dressent des deux côtés de ce parallélogramme. A peine le ballon passe-t-il au-dessus de ce camp, j'aperçois les soldats qui s'alignent;

je vois briller de loin les baïonnettes; les fusils se lèvent et vomissent l'éclair au milieu d'un nuage de fumée.

Ce n'est que quelques secondes après que j'entends au-dessous de la nacelle le bruit des balles et la détonation des armes à feu. Après cette première fusillade, c'en est une autre qui m'est adressée, et ainsi de suite jusqu'à ce que le vent m'ait chassé de ces parages inhospitaliers. Pour toute réponse, je lance à mes agresseurs une véritable pluie de proclamations.

C'est un panorama toujours nouveau qui se déroule aux yeux de l'aéronaute; suspendu dans l'immensité de l'espace, la terre se creuse sous la nacelle comme une vaste cuvette dont les bords se confondent au loin avec la voûte céleste. On n'a pas le loisir de contempler longtemps le même paysage quand le vent est rapide; si le puissant aquilon vous entraîne, la scène terrestre est toujours nouvelle, toujours changeante. Je ne tarde pas à voir disparaître les Prussiens qui ont perdu leur poudre contre moi : d'autres tableaux m'attendent. J'aperçois une forêt vers laquelle je m'avance assez rapidement. Je ne suis pas sans une certaine inquiétude, car le *Céleste* commence à descendre; je jette du lest poignée par poignée, et ma provision n'est pas très-abondante. Cependant je ne dois pas être bien éloigné de Paris. L'accueil que m'a fait l'ennemi en passant au-dessus d'un de ses camps ne me donne nulle envie de descendre chez lui.

J'ai toujours remarqué, non sans surprise, que l'aéronaute, même à une assez grande hauteur, subit d'une façon très-appréciable l'influence du terrain au-dessus duquel il navigue. S'il plane au-dessus des déserts de craie de la Champagne, il sent un effet de chaleur intense, les rayons solaires sont réfléchis jusqu'à lui ; il est comme un promeneur qui passerait au soleil devant un mur blanc. S'il trace, en l'air, son sillage au-dessus d'une forêt, le voyageur aérien est brusquement saisi d'une impression de fraîcheur étonnante, comme s'il entrait, en été, dans une cave. — C'est ce que j'éprouve à 10 heures 45 en passant à 1420 mètres au-dessus des arbres, que je ne tarde pas à reconnaître pour être ceux de la forêt d'Houdan. — Ma boussole et ma carte ne me permettent aucun doute à cet égard. Mais ce froid que je ressens, après une insolation brûlante, le gaz en subit comme moi l'influence ; il se refroidit, se contracte, l'aérostat pique une tête vers la forêt ; on dirait que les arbres l'appellent à lui. Comme l'oiseau, le *Céleste* voudrait-il aller se poser sur les branches ?

Je me jette sur un sac de lest, que je vide par dessus bord, mais mon baromètre m'indique que je descends toujours ; le froid me pénètre jusqu'aux os. Voilà le ballon qui atteint rapidement les altitudes de 1,000 mètres, de 800 mètres, de 600 mètres. Il descend encore. Je vide successivement trois sacs de lest, pour maintenir mon aérostat à 500 mètres seulement au-dessus de la forêt, car il se refuse à monter plus haut !

A ce moment, je plane au dessus d'un carrefour. Un groupe d'hommes s'y trouve rassemblé ; grand Dieu ! ce sont des Prussiens. En voici d'autres plus loin ; voici des uhlans, des cavaliers qui accourent par les chemins. Je n'ai plus qu'un sac de lest. Je lance dans l'espace mon dernier paquet de proclamations. Mais le ballon a perdu beaucoup de gaz, par la dilatation solaire, par ses fuites, il est refroidi, sa force ascensionnelle est terriblement diminuée.

Je ne suis qu'à une hauteur de 420 mètres, une balle pourrait bien m'atteindre.

Je regarde attentivement sous mes pas. Si un soldat lève son fusil vers moi, je lui jette sur la tête tout un ballot de lettres de 40 kilogrammes ; mon navire aérien allégé de ce poids retrouvera bien ses ailes. Malgré mon vif désir de remplir ma mission, je n'hésiterai pas à perdre mes dépêches pour sauver ma vie.

Heureusement pour moi le vent est vif ; je file comme la flèche au-dessus des arbres ; les uhlans me regardent étonnés, et me voient passer, sans qu'une seule balle m'ait menacé. Je continue ma route au-dessus de prairies verdoyantes, gracieusement encadrées de haies d'aubépine.

Il est bientôt midi, je passe assez près de terre ; les spectateurs qui me regardent sont bel et bien, cette fois, des paysans français, en sabots et en blouse. Ils lèvent les bras vers moi, on dirait qu'ils m'appellent à eux ; mais je suis encore bien près de la forêt, je préfère prolonger mon voyage le plus longtemps possible. Je me contente de lancer dans l'espace quelques exemplaires d'un journal de Paris que son directeur m'a envoyés au moment de mon départ. Je vois les paysans courir après ces journaux, qui se sont ouverts dans leur chute, et voltigent comme de grandes feuilles emportées par le vent.

Une petite ville apparaît bientôt à l'horizon. C'est Dreux avec sa grande tour carrée. Le *Céleste* descend, je le laisse revenir vers le sol. Voilà une nuée d'habitants qui accourent. Je me penche vers eux et je crie de toute la force de mes poumons :

— Y a-t-il des Prussiens par ici ?

Mille voix me répondent en chœur :
— Non, non, descendez !

Je ne suis plus qu'à 50 mètres de terre, mon guide-rope rase les champs, mais un coup de vent me saisit, et me lance subitement contre un monticule. Le ballon se penche, je reçois un choc terrible, qui me fait éprouver une vive douleur, ma nacelle se trouve tellement renversée que ma tête se cogne contre terre. — M'apercevant que je descendais trop vite je me suis jeté sur mon dernier sac de lest ; dans ce mouvement le couteau que je tenais pour couper les liens qui servent à enrouler la corde d'ancre s'est échappé de mes mains, de sorte qu'en voulant faire deux choses à la fois j'ai manqué toute la manœuvre. Mais je n'ai pas le loisir de méditer sur l'inconvénient d'être seul en ballon. Le *Céleste*, après ce choc violent, bondit à 60 mètres de haut, puis il retombe lourdement à terre, cette fois j'ai pu réussir à lancer l'ancre, à saisir la corde de soupape. L'aérostat est arrêté ; les habitants de Dreux accourent en foule, j'ai un bras foulé, une bosse à la tête, mais je descends du ciel en pays ami !

Ah ! quelle joie j'éprouve à serrer la main à tous ces braves gens qui m'entourent. Ils me pressent de questions. — Que devient Paris ? Que pense-t-on à Paris ? Paris résistera-t-il ? Je réponds de mon mieux à ces mille demandes qu'on m'adresse de toutes parts. — Je prononce un petit discours bien senti qui excite un certain enthousiasme. — Oui, Paris tiendra tête à l'ennemi. Ce n'est pas chez cette vaillante population que l'on trouvera jamais découragement ou faiblesse, on n'y verra toujours que ténacité et vaillance. Que la province imite la capitale, et la France est sauvée !

Je dégonfle à la hâte le *Céleste*, faisant écarter la foule par quelques gardes nationaux accourus en toute hâte. Une voiture vient me prendre, m'enlève avec mes sacs de dépêches et ma cage de pigeons. Les pauvres oiseaux immobiles ne sont pas encore remis de leurs émotions !

En descendant sur la place, plus de cinquante personnes m'invitent à déjeuner, mais j'ai déjà accepté l'hospitalité que m'a gracieusement offerte le propriétaire de la voiture. Mon hôte a lu par hasard mon nom sur ma valise, il a reconnu en moi un des voisins de son associé de la rue Bleue. Je mange gaiement, avec appétit, et je me fais conduire au bureau de poste avec mes sacs de lettres parisiennes.

Je les pose à terre, et je ne puis m'empêcher de les contempler avec émotion. Il y a sous mes yeux trente mille lettres de Paris. Trente mille familles vont penser au ballon qui leur a apporté au-dessus des nuages la missive de l'assiégé !

Que de larmes de joie enfermées dans ces ballots ! Que de romans, que d'histoires, que de drames peut-être, sont cachés sous l'enveloppe grossière du sac de la poste !

Le directeur du bureau de poste entre, et paraît stupéfait de la besogne que je lui apporte. Je vois son commis qui ouvre des yeux énormes en pensant aux trente mille coups de timbre humide qu'il va frapper. Il n'a jamais à Dreux été à pareille fête. On en sera quitte pour prendre un supplément d'employés; mais la besogne marchera vite : le directeur me l'assure. Quant au petit sac officiel, je vais le porter moi-même à Tours, par un train spécial que je demande par télégramme.

Qu'ai-je à faire maintenant ? A lancer mes pigeons pour apprendre à mes amis que je suis encore de ce monde, et pour annoncer que mes dépêches sont en lieu sûr. Je cours à la sous-préfecture, où j'ai envoyé mes messagers ailés. On leur a donné du blé et de l'eau, ils agitent leurs ailes dans leur cage. J'en saisis un qui se laisse prendre sans remuer. Je lui attache à une plume de la queue ma petite missive écrite sur papier fin. Je le lâche ; il vient se poser à mes pieds, sur le sable d'une allée. Je renouvelle la même opération pour le second pigeon, qui va se placer à côté de son compagnon. Nous les observons attentivement. Quelques secondes se passent. Tout à coup les deux pigeons battent de l'aile et bondissent d'un trait à 100 mètres de haut. Là, ils planent et s'orientent de la tête, ils se tournent vivement vers tous les points de l'horizon, leur bec oscille comme l'aiguille d'une boussole, cherchant un pôle mystérieux. Les voilà bientôt qui ont reconnu leur route, ils filent comme des flèches... en droite ligne dans la direction de Paris !

II

Le gouvernement de Tours. — Les inventeurs de ballons. — Projet de retour à Paris par voie aérienne. — Confection d'un ballon de soie. — Voyage à Lyon. — Les nouveaux débarqués du ciel. — Ascension du *Jean-Bart*.

Du 1ᵉʳ au 15 octobre.

Faire le récit de mon voyage en chemin de fer de Dreux à Tours, par Argentan, par le Mans; dire que dans toutes les gares j'étais reçu comme le Messie tombé du ciel, questionné toujours, partout, et que les curieux m'ont empêché de fermer l'œil un seul instant pendant mon voyage nocturne, n'offrirait pas grand intérêt. Je préfère arriver tout de suite à Tours où je suis rendu le 1ᵉʳ octobre à sept heures du matin. Mais Tours n'est plus Tours; ce n'est plus la ville paisible et calme que j'ai connue jadis; où les affaires s'élaboraient tranquillement et sans bruit.

Les touristes et les flâneurs ont cessé de s'y donner rendez-vous; les commis-voyageurs ne s'y rencontrent plus dans les hôtels. Tours est animé, regorge de monde; c'est la seconde capitale de France; aussi m'est-il complétement impossible d'y trouver un traversin pour y reposer mes deux oreilles.

Je fais un somme léger sur un divan de l'*hôtel de la Boule-d'Or*, et l'après-midi se passe en visites officielles. J'ai une longue entrevue avec l'amiral Fourichon, qui m'explique comment il n'a pas encore envoyé de troupes au secours de Paris ; je lance sur le pont de Tours mon beau pigeon à tête brune, porteur d'une dépêche chiffrée ; je vois M. Steenackers, M. Laurier, qui m'affirme qu'il a beaucoup de poigne, et que la France sera sauvée par son ministère ; je vois M. et Mme Crémieux, M. Glais-Bizoin, qui me prend pour un député de la droite, et me fait un discours d'une heure. Je suis présenté le soir au conseil des ministres, et sans être ni médisant, ni méchante langue je ne puis m'empêcher de dire que je ne vois nulle part le Carnot qui sauvera la France... Mais je n'ai pas la prétention ni l'autorité propres à juger les hommes et les choses.

La politique n'est pas mon affaire, j'ai rempli ma mission, remettant à chacun les lettres qu'on m'a confiées, répétant de mon mieux tout ce que j'avais à dire ; j'ai résolu pendant la guerre d'être aéronaute. Revenons à nos ballons !

Quel pouvait être le désir le plus ardent d'un Parisien sorti de Paris au-dessus des nuages, c'était de revenir par le même chemin. On avait organisé à Tours une commission scientifique chargée d'examiner, d'étudier la possibilité de semblables projets ; aussi, les trois aéronautes qui m'ont précédé et moi, nous sommes immédiatement appelés à donner notre avis à ce sujet. MM. Marié Davy de l'Observatoire, M. Serret de l'Institut et les autres membres qui pendant la durée de la guerre ont contribué à faire naître un grand nombre d'idées utiles et fructueuses, nous parlent d'abord de la nuée de mémoires, de projets qu'ils reçoivent des quatre coins de la France. Les inventeurs se sont montrés très-nombreux, mais peu sérieux. Quels rêves insensés ; quelles utopies, quelles bouffonneries !

Je n'oublierai jamais le monsieur qui voulait faire

revenir à Paris un convoi de cent mille montgolfières, portant cent mille bêtes à cornes, et celui qui voulait atteler deux mille pigeons à un aérostat, et des centaines d'autres inventeurs qui voulaient diriger les ballons avec des voiles latines, des phoques et des mâts, comme un navire. Quant aux mémoires sur les ballons-poissons, les ballons-bateaux, les ballons-oiseaux, on en formerait dix encyclopédies. Pour ma part je suis obsédé par les inventeurs qui me proposent les merveilles de leurs conceptions. L'un d'eux surtout me poursuit, il veut munir les ballons d'une grande voilure de son système.

— Mais, monsieur, je ne veux pas vous écouter, il n'y a pas de vent en ballon, vos voiles ne seront jamais gonflées.

— Ah! voilà bien comme sont les hommes du métier, vous chassez, sans même l'écouter, le génie incompris. J'ai déjà fait une grande invention, mais l'humanité m'a repoussé. C'était du papier à cigarette fabriqué avec la racine même du tabac. Personne n'en a voulu.

Je me sauve, et je cours encore !

Le plan que nous nous proposons de tenter pour rentrer dans Paris par la voie des airs n'exige pas des efforts d'intelligence bien extraordinaires. C'est celui auquel se sont arrêtés tous les praticiens sensés. Voici en quoi il consiste, dans toute sa simplicité :

On va envoyer des ballons et des aéronautes à Orléans, à Chartres, à Evreux, à Dreux, à Rouen, à Amiens, dans toutes les villes non occupées par l'ennemi, dans toutes celles qui sont proches de Paris, et où le gaz de l'éclairage ne fait pas défaut.

Chaque aéronaute aura une bonne boussole, et, connaissant l'angle de route vers Paris, observera les nuages tous les matins au moyen d'une glace horizontale fixe où sera tracée une ligne se dirigeant au centre de Paris. Quand il verra les nuages marcher suivant cette ligne, c'est-à-dire quand la masse d'air supérieure se dirigera sur Paris, il gonflera son ballon à la hâte, demandera à Tours, par le télégraphe, des instructions, des dépêches, et il partira. Son point de départ est à vingt lieues de Paris environ ; il va chercher une ville qui, en y comprenant les forts, offre une étendue de plusieurs lieues ; n'a-t-il pas bien des chances de la rencontrer dans ces circonstances spéciales ? S'il passe à côté, il continuera son voyage et descendra plus loin, en dehors des lignes prussiennes. Quand le vent sera du nord, le ballon d'Amiens pourra partir ; lorsqu'il soufflera du sud ou de l'ouest, les aérostats d'Orléans et de Dreux se trouveront prêts. Avec une douzaine de stations échelonnées sur plusieurs lignes de la rose des vents, les tentatives seront nombreuses.

L'une d'elles aura de grandes chances de succès, surtout si la persévérance ne fait pas défaut, et si l'on ne craint pas de renouveler fréquemment les voyages. Si un ballon est assez heureux pour passer au-dessus de Paris, il descendra dans l'enceinte des forts. Là, la campagne est assez vaste pour que l'atterrissage soit facile. Au pis aller, il pourra risquer la descente sur les toits si le vent n'est pas trop rapide. Enfin, s'il manque l'entrée, il aura la sortie pour lui, où de nouveaux forts le protégeront. Dans tous les cas, il lui sera possible de lancer par dessus bord des lettres et des dépêches.

Nous verrons plus tard pourquoi ce projet n'a été réalisé que très-incomplétement, comment il se fait que mon frère et moi soyons les seuls aéronautes assez heureux pour avoir tenté deux fois le voyage. Mais n'anticipons pas sur les événements. Disons toutefois dès à présent que la commission scientifique a apporté ici son concours le plus utile, et que M. Steenackers n'a jamais reculé devant aucun sacrifice pour mener à bonne fin une entreprise dont l'influence morale aurait été considérable.

Les ballons de Paris, disions-nous, sont excellents pour un voyage, mais leur étoffe est en coton ; s'il faut qu'ils restent longtemps gonflés, qu'ils supportent un grand vent, ils se déchireront. N'oublions pas d'ailleurs que nous sommes seulement dans les premiers jours d'octobre et que pas un ballon neuf n'est encore sorti de Paris. Il est décidé qu'on fabriquera à la hâte des ballons de soie. Duruof sera chargé de la construction avec le concours de Mangin et de Louis Godard ; on commencera par confectionner un premier type. La commission m'envoie à la hâte à Lyon pour acheter l'étoffe nécessaire.

5 *octobre*. — Je m'aperçois que les chemins de fer fonctionnent pendant la guerre d'une façon bien singulière. Je passe deux grands jours et deux grandes nuits dans mon wagon, avant d'arriver dans la patrie de la soie. Les gares sont encombrées partout de troupes, de voyageurs ; c'est un désordre épouvantable. Je passe à Orléans, où j'apprends que l'armée de la Loire, qu'on attend à Paris, n'existe que dans le cerveau des bons Français qui voient les événements couleur de rose, mais on me parle beaucoup de l'armée du Rhône. A Lyon, j'aperçois le drapeau rouge sur l'Hôtel-de-Ville, des braillards dans les rues, des caricatures chez les libraires, mais d'armée et de canons, point.

— Ici, me dit-on, nous n'avons pas de troupes, mais, croyez-moi, monsieur, l'armée de la Loire est vraiment formidable.

Je cours chez tous les fabricants de soie de la ville, accompagné d'un membre du conseil municipal, qui me sert de guide de la façon la plus obligeante, sous les auspices du préfet, M. Challemel-Lacour. Je fixe mon choix sur des pièces roses et bleues ; ce sont les seules que l'on puisse trouver de suite en quantité suffisante.

J'en achète, pour le compte de l'Etat, deux mille huit cents mètres, à quatre francs cinquante, prix très-modéré, que le fabricant appelle avec raison un prix patriotique.

Bientôt, à Tours, le nouveau théâtre est transformé en atelier de construction. Je reviens avec mes ballots de soie ; Duruof et Mangin ont déjà dressé des tables, fait l'épure pour la construction d'un aérostat de 1,200 mètres cubes. On se prépare à couper l'étoffe, on s'efforce de trouver des ouvrières. Quelques jours après, quatre-vingts aiguilles marchent sans cesse, car les côtes sont étroites, et la longueur de la piqûre qu'il s'agit de faire est considérable. Le travail est lancé avec activité, et se terminera dans un délai de quinze jours.

On n'a pas perdu le temps pendant mon absence ; le vendredi 7, une expérience est faite avec un ballon captif de 20 mètres cubes pour connaître à quelle hauteur un ballon est à l'abri des balles de chassepot. Un aérostat captif en papier est monté à 400 mètres de haut. Dix-huit bons tireurs le visent à cette hauteur. On ramène l'aérostat à terre, il est percé de 11 balles. A 500 mètres de haut, pas une balle n'a porté. MM. l'amiral Fourichon et Glais-Bizoin assistaient à l'expérience : ce dernier fit même le coup de feu avec une grande habileté.

J'utilise mes moments de loisir à publier dans le

Moniteur Universel une série d'articles sur *Paris assiégé*. On a soif de savoir ce qui se passe dans les murs de la capitale, les détails que j'apporte sur la physionomie des bastions, sur les travaux effectués au bois de Boulogne, au Point-du-Jour, les récits que je fais sur la formation des ambulances, sur l'organisation des gardes nationaux, excitent vivement l'attention de tous. Mais bientôt, d'autres ballons viennent après moi apporter des nouvelles plus récentes.

Les aérostats continuent en effet à attirer l'attention générale. On apprend que Gambetta a confié sa fortune à l'esquif aérien, qu'il est descendu près d'Amiens, après un voyage émouvant, rempli de dangers auxquels il a échappé comme par miracle. En même temps que Gambetta, un deuxième aérostat est parti de la place Saint-Pierre, conduit par M. Revilliod. L'arrivée du ministre de l'intérieur à Tours, le 11 octobre, produit une véritable révolution ; on ne doute pas que la face des choses va changer, chacun est persuadé qu'une main énergique va enfin imprimer à la France l'élan du salut et de la délivrance.

Peu de jours après, les descentes d'aérostats se succèdent. Farcot et Tracelet descendent en Belgique le 12 octobre. Bertaux et Van Roosebeke tombent à Cambrai, et subissent un traînage périlleux. M. Bertaux est grièvement blessé, et Van Roosebeke, roulé dans la nacelle, parvient à sauver les pigeons voyageurs qu'il amène de Paris.

On ne peut plus douter, non sans une joie indicible, que le service des ballons-poste est définitivement organisé. Cependant je suis profondément surpris de ne pas voir mon frère Albert Tissandier parmi les nouveaux débarqués du ciel. — Il devait partir le lendemain de mon départ et voilà plusieurs ballons qui viennent sans lui ; les aéronautes n'ont même pas entendu parler de son départ... Ce silence m'inquiète, car je ne puis croire que mon frère ait renoncé à son projet.

Dimanche 16 octobre. — Je rencontre rue Royale à Tours un de mes amis.

— Vous savez la nouvelle ? me dit-il.

— Quoi donc ?

— Votre frère Albert est ici. Nous venons de le voir, il vous attend à déjeuner, je vous cherche depuis ce matin.

Je trouve mon frère à *l'hôtel de l'Univers;* — nous nous jetons dans les bras l'un de l'autre. Il me raconte qu'il a manqué deux départs, que son voyage a été retardé, qu'il est parti enfin avec deux voyageurs.

Voici le récit qu'il a publié lui-même de son ascension ; j'en reproduis les passages les plus intéressants.

VOYAGE DU JEAN-BART.

« Le 14 octobre, à une heure un quart, le ballon le *Jean-*
» *Bart* s'élevait de Paris dans les airs, conduisant
» MM. Ranc, maire du 9ᵉ arrondissement, et Ferrand,
» chargés d'une mission spéciale du gouvernement. Outre
» les voyageurs confiés à mes soins, j'emportais avec
» moi 400 kilogrammes de dépêches, c'est-à-dire cent
» mille lettres, cent mille souvenirs envoyés de Paris
» par la voie des airs à cent mille familles anxieuses !
» Par un soleil ardent et superbe, nous passons les
» lignes des forts, à 1,000 mètres, nous distinguons
» nos ennemis qui en toute hâte se mettent en mesure
» de nous envoyer des balles. Mais nous planons trop

» loin de la terre, pour que l'artillerie puisse nous faire
» peur ; nous entendons les balles qui bourdonnent
» comme des mouches au-dessous de notre nacelle, et
» nous moquant des uhlans, des cuirassiers blancs, et de
» tous les Prussiens du monde, nous nous laissons mol-
» lement bercer par les ailes de la brise jusqu'au-dessus
» de la forêt d'Armanviliers.

» Là un spectacle plein de désolation s'offre à nos
» yeux. Les maisons, les habitations, les châteaux, sont
» déserts, abandonnés : nul bruit ne s'élève jusqu'à nous,
» si ce n'est celui de l'aboiement rauque et sinistre de
» quelques chiens abandonnés.

» Plus loin, au milieu même de la forêt de Jouy, c'est
» un camp prussien qui s'étend sous notre nacelle ; on
» remarque des travaux de défense habilement orga-
» nisés pour répondre à toute surprise. Les tentes for-
» ment deux lignes parallèles aux extrémités desquelles
» s'élèvent des remparts de gabions et de fascines. Près
» de là nous apercevons un immense convoi de muni-
» tions qui couvre les routes entières ; il est suivi d'une
» infinité de petites charrettes couvertes de bâches blan-
» ches ; des uhlans l'accompagnent en grand nombre.
» A la vue de notre aérostat, ils s'arrêtent, et nous devi-
» nons, malgré la distance qui nous éloigne, qu'ils nous
» jettent un regard de haine et de dépit.

» Cependant le soleil échauffe nos toiles, et dilate le
» gaz qui les gonfle ; les rayons ardents nous donnent
» des ailes, nous bondissons vers les plages aériennes
» supérieures, et bientôt la terre disparaît à nos yeux.
» Quelle splendeur incomparable, quelle munificence
» innommée dans cette mer de nuages que semblent ter-
» miner des franges argentées aux éclats vraiment
» éblouissants ! Au milieu du silence et du calme, nous

2

» admirons ces sublimes décors du ciel, et pendant
» quelques secondes nous perdons de vue les misères
» terrestres. Je charge M. Ferrand de surveiller le baro-
» mètre pendant que je dessine la scène grandiose
» qui s'offre à ma vue.

» Mais voilà la nuit qui couvre de son manteau le
» ciel et la campagne. Il faut songer à revenir à terre,
» regagner le plancher des braves défenseurs de la
» patrie. Nous voyons accourir des paysans qui nous
» crient à tue-tête : « Il n'y a pas de Prussiens ici !
» Vous êtes près de Nogent-sur-Seine, à Montpothier ;
» descendez vite ! » Tous ces cris nous décident enfin,
» et nous tombons pour ainsi dire dans les bras de nos
» braves amis sans aucune secousse.

» Grâce à leur aide obligeante, à celle de leur curé,
» dont nous ne saurions oublier l'accueil touchant, nous
» emportons vivement dépêches et ballon. « Les Prus-
» siens ne sont pas loin, disent-ils ; ils vous ont vu
» descendre, et peuvent vous surprendre. Allez-vous-en
» au plus vite. » C'est ce que nous nous empressons de
» faire, et nous arrivons chez le sous-préfet de Nogent,
» M. Ebling. Une réception enthousiaste nous est offerte ;
» nous le quittons bientôt, ne voulant pas perdre un
» seul instant pour gagner Tours, où notre devoir nous
» appelle.

» Nous sommes obligés de faire un détour immense,
» de passer par Troyes, Dijon, Nevers, Bourges, pour
» arriver enfin à bon port. »

A peine nous sommes-nous retrouvés, mon frère et moi, que nous ne parlons plus que du retour à Paris, — notre enthousiasme partagé se multiplie par deux, nous voudrions déjà être en l'air !

Comme certains détails d'organisation pour le retour

aérien ne marchent pas à mon gré, je me décide à demander une entrevue à M. Gambetta. J'arrive au ministère, où je suis reçu par M. Cavalié, dit *Pipe-en-Bois*, chef du cabinet. Il m'introduit auprès de M. le Ministre de l'intérieur et de la guerre, qui m'accueille avec une bonne grâce pleine d'affabilité. M. Gambetta me félicite sur mes projets, et m'apprend que M. Steenackers, nommé directeur des télégraphes et des postes, se chargera du service des ballons. Puis, prenant un papier, il y écrit ces mots :

« Je prie M. Steenackers d'activer le projet si coura-
» geux de M. Tissandier. »

M. Gambetta me serre la main et me congédie en me disant d'un ton dictatorial : « Bonne chance et bon vent ! »

Depuis ce jour, tous les chemins nous ont été ouverts pour activer nos projets !

III

Lettres pour Paris par ballon monté. — Le bon vent souffle à Chartres. — Cernés par les Prussiens ! — Évasion nocturne. — L'hôtel du Paradis. — Allons chercher le vent !

Du 15 octobre au 1er novembre.

Cependant, la nouvelle de la construction d'un ballon s'est répandue à Tours ; comme nous ne voulons pas renseigner l'ennemi sur nos projets, nous nous gardons bien de rien publier à cet égard ; aussi l'imagination du public se livre-t-elle à toutes les fantaisies. Les mieux renseignés prétendent que l'on construit un ballon dirigeable, qui, à coup sûr, va rentrer à Paris. L'apparition au bureau du télégraphe d'une vaste boîte aux lettres avec cette inscription : LETTRES POUR PARIS PAR BALLON MONTÉ, accrédite singulièrement cette manière de voir ; j'ai beau dire partout que nous voulons seulement essayer un voyage périlleux, incertain, que la réussite est douteuse, personne ne veut ajouter foi à cette opinion. On se répète de toutes parts : Un ballon va partir pour Paris, il va rentrer à Paris. Comment ? On l'ignore, mais on oublie que les deux mots tentative et succès sont souvent séparés par un abîme ; l'esprit humain est ainsi fait qu'il croit toujours ce qu'il désire, et souvent, sans réflexion, il se plaît à transformer le projet en fait accompli.

Mon frère et moi nous recevons sans cesse de véritables ovations ; on nous montre du doigt : « Voilà, dit-on, les aéronautes qui vont rentrer à Paris. » J'enrage parfois, car je sais bien, hélas ! que nous ne sommes pas encore dans l'enceinte des fortifications. « Nous n'allons pas à Paris, disons-nous, nous allons essayer d'y aller, c'est bien différent. » Mais rien n'y fait. Nous recevons des lettres innombrables ; ce sont des amis et des inconnus qui nous écrivent : « Voulez-vous être assez bons pour vous charger de porter à Paris la petite lettre que vous trouverez sous ce pli ? » En quelques jours, j'ai rempli de lettres pour la capitale tout un tiroir de ma commode. Les gens plus osés, plus indiscrets, viennent nous voir à l'hôtel et nous demandent à porter des paquets. On se figure qu'à nous seuls nous représentons les messageries. Je n'oublierai jamais un monsieur que je n'avais jamais vu et qui vient me réveiller à six heures du matin. Il me supplie de prendre la clef de son appartement à Paris pour visiter ses meubles, et de lui dire à mon retour si son mobilier est en bon état. Il me charge en outre de rassurer sa bonne, qui doit être très-inquiète sur son sort. Je n'avais jamais fermé une porte sur le nez de personne, mais ce jour-là, je me suis offert avec délices cette petite satisfaction.

Pendant que les lettres pleuvent sur nos têtes comme la grêle au mois de mars, mon frère et moi nous nous occupons de faire tous nos préparatifs. La construction du ballon de soie, malgré les efforts de Duruof, traîne en longueur ; la commission scientifique nous engage à ne pas attendre plus longtemps. Mon frère va chercher son ballon le *Jean-Bart* qui est resté à Dijon, et M. Revilliod, qui a appris nos projets, se propose spontanément pour tenter un voyage. D'après les renseignements fournis par l'Observatoire, il y a des chances pour que le vent sud-ouest règne longtemps en France à cette époque; c'est à Chartres que s'exécutera la première tentative. La commission me prie de fournir mon concours au départ de M. Revilliod, pendant que mon frère court après le ballon qui devra plus tard nous servir à nous-mêmes.

Je fais l'acquisition d'une bonne boussole. M. Marié Davy, de l'Observatoire, me donne l'angle de route de Paris à Chartres. Nous emballons un aérostat, nous prenons une provision de ballons en papier qui nous serviront à examiner la direction du vent. Nous allons voir M. Steenackers qui nous confie des dépêches, nous donne toutes les lettres de recommandations, de réquisitions, propres à faciliter le départ, et nous voilà bientôt partis, Revilliod, Gabriel Mangin qui se chargera du gonflement et moi. Nous étions loin de soupçonner les aventures qui nous attendaient !

Jeudi 20 octobre. —Nous sommes à Chartres. L'Observatoire s'est montré prophète. Le vent souffle du sud-ouest, Mangin gonfle de suite le ballon. Il a fallu se donner bien du mouvement pour obtenir douze cents mètres de gaz séance tenante, car les gazomètres, à Chartres, ne sont pas volumineux. La veille, le directeur de l'usine a déclaré que le gonflement était impossible, mais le préfet a pris notre parti avec beaucoup d'énergie, de patriotisme, et nous a tirés d'un grand embarras. Il fait venir le directeur de l'usine.

— Il faut absolument, lui dit-il, que vous fournissiez à ces messieurs douze cents mètres cubes de gaz.

— Mais, monsieur le préfet, je n'ai que ce volume de gaz dans mes gazomètres, et c'est précisément ce que la ville va m'absorber pour l'éclairage de la nuit.

— Eh bien! vous n'éclairerez pas la ville, on ne vous fera aucun procès, je me charge de tout.

Voilà comment les becs de gaz, à Chartres, n'ont pas été allumés dans la nuit du 19 au 20 octobre. Les rues étaient noires comme un four éteint, mais personne ne songeait à se plaindre : on savait dans quel but il fallait se passer de lumière.

Le jeudi, à midi, le ballon est gonflé, mais le vent est d'une violence extrême. Le commandant Duval, qui est à Chartres avec 4,200 marins, nous a envoyé une trentaine de matelots, qui ont toutes les peines du monde à maîtriser l'aérostat. On nous dit en ville que les Prussiens ne sont pas loin, qu'il est temps de partir; d'ailleurs, depuis quelques jours, les événements sont accablants, désastreux. Orléans vient d'être pris par l'ennemi ; Dreux a été envahi; Soissons a capitulé, et au moment où nous faisons les préparatifs du départ, Châteaudun est impitoyablement bombardé. Mais les nouvelles venues de Paris ont affermi le courage de tous ; on a foi dans le triomphe final; Gambetta vient de nous dire : « A Paris, le peuple, de jour en jour plus héroïque, prépare le salut de la France. »

A deux heures, les rafales s'élèvent puissantes et terribles ; le ballon est tellement torturé, secoué, penché, que c'est un miracle s'il ne crève pas. M. Revilliod est calme, plein de résolution; malgré la tempête, il va partir. Au moment où il se dispose à monter dans la nacelle, un officier nous aborde et nous remet une lettre du commandant. « M. l'aéronaute est prévenu que s'il ne peut partir immédiatement, il doit brûler son ballon et ses dépêches, s'il veut les sauver des mains de l'ennemi. » Le commandant demeure à deux pas ; nous courons chez lui. Nous le trouvons avec ses officiers.

Un grand feu flambe dans la cheminée, il y jette une quantité de lettres et de papiers.

— Messieurs, nous dit-il, j'ai ordre d'évacuer Chartres, qui ne sera pas défendu ; si vous ne pouvez partir, brûlez tout, les Prussiens peuvent être ici dans un quart d'heure.

Nous revenons vers le ballon ; les marins sont déjà partis, et les rues sont sillonnées de bataillons de mobiles qui se retirent. Par surcroît de malheur, le vent a été si violent qu'un accident irréparable est survenu. Le ballon, enlevé par la rafale, s'est heurté contre les arbres ; les caoutchoucs de la soupape ont été enlevés, les clapets se sont ouverts, et l'aérostat se vide ; Gabriel Mangin achève le dégonflement. On nous avertit que les Prussiens vont arriver. Nous nous demandons s'il n'est pas prudent de mettre immédiatement le feu à tout le matériel. Mais comment des aéronautes auraient-ils le courage de brûler leur navire ? Nous préférons cacher le ballon dans l'usine, derrière un monceau de charbon. Le directeur nous avertit qu'il ne veut pas prendre la responsabilité de ce qui surviendra, mais brûler pour brûler, n'est-il pas préférable d'attendre au dernier moment ?

Nous allons à la gare du chemin de fer.

— Tout est coupé, nous dit-on, les trains ne partent plus.

Le bureau du télégraphe est désert. A la préfecture, nous apprenons que le préfet est parti. En ville, on dit partout que les Prussiens cernent Chartres, nous voilà pris comme dans une souricière, et en notre qualité d'aéronautes, nous ne tenons que médiocrement à être présentés à nos ennemis.

C'est ainsi que j'assiste à une première débâcle, bien

loin de me douter alors que ce spectacle n'est que le prélude insignifiant d'un drame épouvantable, dont nous allions voir les tableaux navrants se dérouler devant nous pendant quatre mois. Les boutiques se ferment, les habitants rentrent, Chartres est un désert, mais derrière chaque porte, les cœurs palpitent, les femmes tremblent, et sans défense, sans moyens de secours, chacun attend avec anxiété.

Le jour est bientôt à son déclin ; il est certain que les Prussiens n'entreront ici que demain matin. Nous avons devant nous toute une nuit pour nous évader. Malgré l'ordre du commandant, nous voulons au moins sauver notre matériel, et nous courons la ville pour trouver une voiture à notre usage et une charrette pour le ballon. Mais le problème est bien plus difficile à résoudre que nous ne pouvions le croire. Un premier loueur nous répond avec beaucoup de flegme :

— Vous comprenez, messieurs, que ma voiture, escortée par un ballon, pourra certainement quitter Chartres, mais je ne suis pas bien sûr qu'elle y rentre ; je préfère la garder dans ma remise.

Le cocher qui entendait ces paroles ajoute avec vivacité :

— D'ailleurs ce n'est pas moi qui me chargerai de vous conduire, les Prussiens entourent la ville, nous serons pris !

Malgré nos instances, le loueur de remises est inflexible comme le destin, il nous abandonne à notre malheureux sort.

Nous finissons par rencontrer un voiturier intelligent et courageux qui se charge de nous tirer d'affaire.

— J'ai un de mes amis, nous dit-il, qui arrive de Dreux, où les Prussiens ne sont plus. Je vous affirme que l'on peut passer sur la route de Dreux, à moins que les uhlans n'y aient paru depuis deux heures ; mais le gros de l'armée ennemie est de l'autre côté de Chartres. Nous partirons à dix heures du soir, sans lumière, sans bruit, nous trouverons bien quelque bon chemin. Je connais le pays.

A 10 heures, Chartres était désert ; si vous aviez passé près de l'usine à gaz à ce moment, vous auriez vu sur la route un petit omnibus à quatre places, attelé d'un bon cheval. Vous auriez aperçu plus loin une charrette, sur laquelle une dizaine d'hommes chargeaient un gros ballot lourd et massif. C'était notre ballon. Une nuit obscure vient nous donner son aide. Nous filons au trot dans l'omnibus, un voiturier nous suit dans la charrette chargée de l'aérostat. Nous avons donné nos instructions au cocher.

— Si vous voyez des Prussiens, filez au grand galop ; s'ils sont en petit nombre et s'ils veulent vous arrêter, nos revolvers feront leur service. Nous sommes quatre avec l'aide-aéronaute, nous avons vingt-quatre balles à notre disposition.

Nous quittons Chartres ; nous sommes bientôt arrêtés par un poste de gardes nationaux ; on nous demande nos papiers ; on nous laisse passer. Nous continuons notre route au milieu de l'obscurité, et, pendant une heure, le silence de la nuit n'est troublé que par le roulement de nos voitures. La fatigue nous fait fermer les yeux ; nous commençons à nous endormir, quand notre véhicule est arrêté brusquement.

— Voilà les Prussiens, s'écrie d'une voix étranglée notre aide-aéronaute.

Je me réveille en sursaut et j'aperçois une dizaine

d'hommes couverts de grands manteaux blancs. Ils ont saisi notre cheval par la bride !...

Ces Prussiens étaient simplement de braves mobiles normands, qui nous prenaient eux-mêmes pour des ennemis, et se figuraient que nous emportions dans notre charrette les richesses de la ville de Chartres.

Nous rions bien de notre double méprise, et nous continuons gaiement notre chemin. A une heure du matin, nous arrivons à Dreux, nous traversons la ligne des avant-postes français sans que le moindre « qui vive » retentisse.

— Voilà, disons-nous, une ville bien gardée.

Nous arrivons, en effet, sur la place sans rencontrer un factionnaire. Un corps de garde s'offre à notre vue. Nous y entrons. Je montre au chef de poste nos papiers, les lettres de réquisition s'adressant à l'autorité militaire, je le prie de nous aider à trouver un asile. Les chevaux n'ont pas mangé, il leur faut une place dans une écurie.

— Dreux est bien encombré, nous dit-on, et je ne sais si vous aurez de bons lits, mais on vous donnera toujours bien un abri. Je vais vous mener à l'*Hôtel du Paradis*.

Nous frappons à la porte. Une vieille mégère arrive de très-mauvaise humeur. — Madame, dit très poliment l'officier qui nous sert de guide, ces messieurs ont des lettres de recommandation du gouvernement, ils sont chargés d'une mission importante, ils sont fatigués et désirent une chambre, une place à l'écurie pour leurs chevaux.

La patronne réplique très-insolemment : — On ne vient pas chez les gens à deux heures du matin. Je n'ai pas de place. Et puis je ne connais pas ces hommes-là, dit-elle en nous montrant, je ne peux pas loger les premiers venus.

L'amabilité de la patronne du *Paradis* nous fait monter la moutarde au nez. Nous ne répliquons rien ; l'officier, comme nous, est furieux ; nous partons et nous revenons avec quatre hommes et un caporal. Nous frappons une seconde fois à la porte de l'hôtel, et toujours très-poliment, nous disons à la patronne :

— Ouvrez vos portes, nous allons fouiller votre maison. Nous allons voir si la place manque.

La dame de l'*Hôtel du Paradis* est devenue muette sous l'effet d'une exaspération rentrée. Mais bientôt sa langue a retrouvé le mouvement.

— Monsieur, dit-elle à l'officier, c'est indigne ; je préférerais recevoir les Prussiens que tous les mobiles comme vous qui nous maltraitent. Vous êtes étranger à Dreux ; si vous étiez de la garde nationale, les choses se passeraient différemment.

— Vous traitez bien, madame, m'écriai-je, un officier français qui vient ici défendre votre ville, votre maison ; je vous félicite de votre patriotisme.

Cependant, nous nous assurons que l'hôtel est plein ; mais il y a bel et bien des places à l'écurie, et nos chevaux y prennent le repos jusqu'au lendemain, malgré les réclamations de la patronne.

Je n'ai cité cette histoire que pour montrer comment certains Français comprenaient la guerre ; le fait malheureusement n'est pas isolé, et ce n'est pas sans raison que l'on a dit que bien des paysans, bien des habitants de province, préféraient ouvrir leurs bras à l'ennemi qu'à ceux qui combattent pour la patrie. Nos soldats ont parfois trouvé un mauvais accueil, bien des officiers me l'ont affirmé; il aurait fallu, dans ces cas-là, ne pas craindre de parler le revolver à la main ; on n'aurait pas dû avoir de pitié pour les faux Français qui, par un sentiment d'égoïsme ignoble, se refusaient d'apporter leur concours à l'œuvre de la défense nationale.

Revilliod, Mangin et moi, nous passons la nuit au poste.

Le lendemain, nous faisons une visite au sous-préfet de Dreux. Il apprend avec désespoir que Chartres n'a pas résisté.

— Que voulez-vous que je fasse; je n'ai que 8,000 mobiles à Dreux? Chartres avait 12,000 soldats!

— Mais n'y a-t-il pas ici de l'artillerie, des canons? On le dit en ville.

— Chut! s'écrie le sous-préfet en me parlant bas à l'oreille. Nous avons deux canons, mais il n'y a de munitions que pour les charger sept fois chacun!

Deux jours après, nous étions revenus à Tours. Je retrouve mon frère qui a lui-même retrouvé son ballon. Chartres a été occupé le lendemain de notre départ. — C'est au Mans que vont maintenant commencer nos tentatives. Revilliod et Mangin seront des nôtres ; il y aura ainsi deux ballons prêts à partir ensemble quand le vent sera favorable.

22 *octobre*. — Nous sommes au Mans dans la nuit, le ballon est débarqué à la gare.

— Surveillez-le bien, dis-je au sous-chef de gare. Nous viendrons le prendre demain matin de bien bonne heure.

A 6 heures du matin nous demandons le ballon. — Pas de ballon. Un employé maladroit l'a expédié à Tours croyant qu'il venait directement de Paris. Me voilà forcé d'aller à Tours avec Revilliod. Je commence à avoir une véritable indigestion des chemins de fer surchargés de trains qui font des courses de lenteur. Il a fallu 40 heures pour aller à Lyon. Nous mettrons cette fois 6 heures pour nous rendre à Tours. Chaque gare est encombrée de troupes, de francs-tireurs; c'est un remue-ménage inouï; à chaque station, on ajoute des wagons, et on attend une heure. Revilliod reprend son ballon le *George Sand* qu'il reporte au Mans.

23 *octobre*. — Nous rejoignons notre collègue aujourd'hui avec le *Jean-Bart*. Nous voilà dans le département de la Sarthe, qui est aussi, comme nous l'avons appris, la patrie de Coutelle, le célèbre aérostier de Fleurus. A une station, nous nous sommes croisés avec les voyageurs d'un nouveau ballon descendu récemment. L'un d'eux est un de mes amis d'enfance, Gaston Prunières, que je n'avais pas vu depuis 12 ans! Il m'a montré le *Journal Officiel* de Paris, où est insérée une dépêche que nous avons envoyée par pigeons, prévenant les Parisiens de donner aide et protection aux ballons qu'ils pourront apercevoir au-dessus de leurs têtes.

Le lendemain de notre arrivée au Mans, nous rendons visite au préfet, M. Georges Lechevalier, qui est un ancien camarade de collège de mon frère; il nous accueille de la façon la plus obligeante, et nous prête le plus utile concours. Une fois nos dispositions prises pour le gonflement, il faut bon gré mal gré patienter, car le vent est défavorable : il souffle du nord, et il n'y a guère de chance de le voir tourner rapidement vers le sud-ouest. Je ferai remarquer ici que le projet adopté à l'origine n'a pas été réalisé. Pendant notre séjour au Mans, le vent ne nous a pas favorisés. Mais il aurait dû y avoir un ballon à Amiens, à Rouen, et, à cette époque, ceux-là auraient pu plusieurs fois tenter le voyage dans d'excellentes circonstances.

Le dimanche 30 octobre, l'aérostat est gonflé sur les bords de la Sarthe. On exécute plusieurs ascensions captives pour sonder l'air. Nous enlevons dans la nacelle quelques officiers, bien loin de soupçonner alors que plus tard nous devions nous retrouver à la même place, comme aérostiers militaires, sous les ordres du général Chanzy. Le temps est calme et le ballon plane immobile au-dessus de la Sarthe, où il se reflète comme dans un miroir. Une foule considérable assiste à nos ascensions captives et attend avec impatience le moment du départ. Mais le vent est toujours impitoyablement tourné au nord et au nord-ouest.

L'aérostat est confié à la garde d'un poste de zouaves pontificaux; ces braves soldats viennent d'arriver de Rome avec Charette.

Les journées se passent et le bon vent n'arrive pas. Toujours vent nord-ouest. M. Marié Davy nous télégraphie que les circonstances atmosphériques ne changeront probablement pas avant longtemps. « Ah! si nous étions à Rouen, nous pourrions partir et les courants aériens nous entraîneraient doucement sur Paris. » En faisant cette réflexion, il me prend l'idée d'imiter Mahomet qui marche vers la montagne. Le vent ne veut pas venir nous trouver. Allons le chercher.

Revilliod et Mangin restent au Mans avec un ballon; et nous voilà partis, avec l'aérostat le *Jean-Bart*, qu'il faut traîner péniblement, de gare en gare, car le chemin de fer fonctionne difficilement. Le train s'arrête toutes les dix minutes, et passant par des voies détournées, il met vingt-quatre heures pour gagner le chef-lieu de la Seine-Inférieure.

IV

Première tentative de retour à Paris par ballon. — Préparatifs du voyage. — Le bon vent. — L'ascension. — Le bon chemin. — Le brouillard. — Le déjeuner en ballon. — Le vent a tourné. — En ballon captif.

Du 1er au 8 novembre 1870.

Nous arrivons à Rouen, mon frère et moi, le 2 novembre, avec le ballon « le *Jean-Bart.* » Le préfet a été prévenu de nos projets ; il a eu l'obligeance de faire mettre à notre disposition un grand local où l'aérostat pourra être ventilé et vernis à neuf. C'est la grande salle de bal du Château-Baubet, le Casino de l'endroit, qui se transforme ainsi en atelier aérostatique. L'inspecteur du télégraphe envoie ses facteurs qui nous aident avec beaucoup de zèle dans l'opération de vernissage, vilaine besogne qui consiste à enduire l'aérostat d'huile de lin cuite sur toute sa surface. Le ballon ventilé est gonflé à l'air, on pénètre dans son intérieur, afin d'examiner, par transparence, l'étoffe dans toute son étendue.

Chaque fois qu'un petit trou se montre, il est bouché avec une pièce : la plus petite piqûre est cachée sous une feuille de baudruche. C'est mon frère qui s'occupe surtout de cette besogne avec un soin scrupuleux ; il fallait la guerre pour transformer ainsi un architecte de talent en réparateur de ballons.

Mais nous sommes seuls ; c'est nous qui conduirons

notre aérostat : s'il fuit, s'il est en mauvais état, qui donc, si ce n'est nous, en subira la conséquence ? Le voyage sera peut-être long, périlleux ; ayons au moins un bon aérostat, bien réparé, bien imperméable. S'il arrive un malheur, n'ayons aucun reproche à nous faire !

Pendant quelques jours, le vent n'est pas favorable ; il souffle plein nord et nord-est. La patience est devenue de notre part, une ferme résolution. L'accueil que nous recevons à Rouen est si affable, si gracieux, que le temps se passe assez vite, malgré les nouvelles de la guerre, toujours désastreuses, qui accablent le pays. Nous avons appris au Mans l'infâme trahison de Bazaine, qui a soulevé dans toute la foule un cri d'horreur et de dégoût (1). Voilà que Dijon vient de succomber sous les coups d'une armée de 10,000 Badois. Quand s'arrêtera donc la série des malheurs qui frappent la France sans trêve, sans pitié ? Parfois le découragement trouble notre esprit, mais ce n'est qu'une impression fugitive ; non, la France ne peut pas tomber, Paris résiste, et l'ennemi sera écrasé sous ses murs. Voilà ce que nous disions tous au mois de novembre. Voilà ce que l'on répétait alors dans toute la France !

6 *novembre*. — Le vent a passé momentanément au nord-est. D'après les avis de l'Observatoire, il faut ouvrir l'œil, le vent nord-ouest favorable pourrait bien régner d'une façon durable, d'un moment à l'autre.

---

(1). Ce chapitre a été écrit quelques jours après la proclamation de M. Gambetta qui qualifiait lui-même de *trahison* la conduite du maréchal Bazaine. Sans doute aujourd'hui nous ne serions plus si affirmatif, nous disant que l'histoire seule sera le grand juge. — Mais nous ne voulons pas dénaturer notre récit, ici comme ailleurs, en lui ôtant le caractère de l'impression première.

Pour être prêts à toute heure du jour et de la nuit, nous prenons la résolution de gonfler le *Jean-Bart*, afin qu'il puisse partir subitement à l'instant voulu. Une foule considérable assiste au gonflement qui s'opère dans d'excellentes conditions près de l'usine à gaz. Voilà les lettres pour Paris qui recommencent à surgir de toutes parts. On nous suit dans la rue, on nous supplie de prendre encore une lettre bien légère. A l'hôtel, en rentrant, il y a toujours à notre adresse tout un paquet de petites lettres, qui, quoique bien légères, finissent par faire un ballot très-lourd. Nous prenons des deux mains, bien heureux de faire des heureux, mais ayant toujours soin d'ajouter : « Votre lettre suivra notre destinée, il n'y a pas de garantie pour le succès. Nous essayons, voilà tout ! » Le directeur du bureau de la poste ajoute à ces paquets quatre sacs de lettres pesant 250 kilogrammes, ce qui met entre nos mains une centaine de mille lettres venant des quatre coins de France. Ah ! si nous pouvions les apporter à Paris. Que de bénédictions, que de marques de reconnaissance nous seraient données ! Comment songer sans émotion à cette belle perspective !

L'opération du gonflement est assez longue, car nos hommes d'équipe improvisés n'ont jamais touché un ballon. Il faut tout surveiller de près. J'ai été obligé de préparer le *cataplasme* aérostatique, formé de suif fondu et de farine de lin, et destiné à boucher les joints de la soupape ; en ma qualité de chimiste, j'ai parfaitement réussi cette petite cuisine. Nous descendons nous-mêmes les sacs de lest autour du filet ; le ballon est couvert d'huile, et nos vêtements ne tardent pas à être aussi luisants que notre aérostat. Il n'est décidément pas agréable de seller soi-même le cheval qu'on doit monter, et surtout de cirer ses harnais !

Mon frère montre le ballon à un inventeur avec lequel nous avons dîné la veille, à l'*Hôtel d'Angleterre*. Il nous expliquait son système avec un enthousiasme fougueux.
— « Je veux réunir, disait-il, un grand nombre de ballons, dans une charpente légère ayant forme de navire ; mon appareil, muni de mâts, de voilures, pourra louvoyer dans les airs! » En face de nous, un Anglais souriait. J'ai su depuis que c'était un des plus célèbres ingénieurs de la Grande-Bretagne.

En voyant le *Jean-Bart*, la ténuité de l'étoffe aérostatique, en s'apercevant que l'appareil oscille si facilement sous le moindre souffle de l'air, l'inventeur a enfin ouvert les yeux. Il est guéri de sa folie ! Je ne m'attendais pas à voir mon frère faire une cure aussi merveilleuse!

A cinq heures, le *Jean-Bart* est gonflé.

J'observe attentivement les nuages, leur direction, ma boussole et ma carte à la main. Connaissant l'angle de Rouen avec le méridien astronomique, et la déclinaison, je puis tracer sur le sol une ligne qui s'étend vers le centre de Paris. Nous partirons quand les nuages se dirigeront suivant cette ligne, quand nos petits ballons d'essai prendront bien cette direction. Les conditions atmosphériques ne permettent pas encore de lancer le ballon dans l'espace. Attendons le nord-ouest ; beaucoup d'habitants de Rouen regardent comme nous le ciel, les girouettes, et se demandent : « Quand le vent nord-ouest soufflera-t-il? »

Les nouvelles que l'on apprend le soir au bureau du télégraphe ne sont pas très-rassurantes. Les Prussiens sont à sept lieues de Rouen. Si notre départ est ajourné, il serait bien possible que les aéronautes soient délogés de Rouen, comme ils l'ont été de Chartres. Pendant la nuit, nous faisons, mon frère et moi, une série de réflexions tantôt agréables, tantôt peu rassurantes. Mais notre imagination ouvre Paris à nos yeux. La possibilité du succès fait oublier celle d'un échec. On a fait courir le bruit que les Prussiens condamnaient à mort les aéronautes qu'ils avaient pris, et, dans nos rêves, nous nous voyons parfois fusillés comme des espions ! Mais qu'est-ce que la vie à de tels moments ? Ne les compte-t-on pas par milliers, les héros qui meurent sur le champ de bataille ? Ne saurons-nous pas, s'il le faut, nous aventurer aussi bien dans la nacelle d'un ballon que près de l'affût d'un canon.

Le lendemain, 7 novembre, nous sommes réveillés en sursaut. C'est un ancien marin qui a surveillé le gonflement et qui entre précipitamment dans notre chambre.

— Messieurs, dit-il tout ému, je crois que le vent souffle vers Paris ; voyez donc si je ne me trompe pas !

D'un bond je me précipite sur le balcon de l'hôtel où nous logeons. Les nuages se reflètent dans la Seine qui s'étend sous mes yeux ; ils se dirigent bien, en effet, vers le sud-est, mais il est de toute nécessité de confirmer cette observation en lançant des ballons d'essai.

Nous courons à l'usine à gaz. Un petit ballon de caoutchouc est gonflé, lancé dans l'espace, le vent de terre le jette d'abord au-dessus de nos têtes, mais le courant supérieur lui fait décrire dans le ciel une ligne parallèle à celle que j'ai tracée sur le sol et qui donne la route de Paris ! Nos cœurs bondissent de joie, d'émotion, d'espérance.

L'inspecteur du télégraphe est prévenu à la hâte, il annonce à Tours notre départ ; une heure après on remet entre nos mains la dernière instruction du gouvernement (1).

Le directeur de la poste ne tarde pas à accourir avec un nouveau sac de lettres importantes. Nous rentrons précipitamment à l'hôtel prendre nos paquets; notre voiture est suivie dans la rue par une foule considérable, et grand nombre de Rouennais nous mettent dans la main leurs dernières lettres pour Paris.

A onze heures, mon frère et moi nous montons dans la nacelle. Le vent n'a pas varié depuis le matin. Nos sacs de dépêches sont attachés au bordage extérieur. Notre malle, nos couvertures pendent au cercle du ballon. Une foule si compacte entoure l'aérostat que nous procédons avec peine à l'équilibrage. On jette à même dans la nacelle les dernières lettres. Une vieille dévote remet à mon frère une médaille bénite et une prière qui, dit-elle, nous porteront bonheur.

Un monsieur très-bien mis me donne un papier plié que j'ouvre. C'est le prospectus d'une maison d'habillement, d'un Bon Diable rouennais. Cette plaisanterie de mauvais goût me fait fâcher tout rouge, et met fin à la pluie de missives. On fait reculer la foule. Les mains qui retiennent la nacelle se soulèvent sous nos ordres, le ballon bientôt s'élève avec majesté au milieu des cris d'enthousiasme de toute la foule.

Le public suit de terre notre direction et trois quarts d'heure après l'ascension, le gouvernement recevait à

---

(1) Voici la dépêche qui nous a été remise au moment du départ : « Extrême urgence, Rouen de Tours — Directeur général à inspecteur Rouen — Dites à Tissandier de partir et de dire à Paris, à nos amis, que nous sommes prêts à mourir tous pour sauver l'honneur du pays. »

Tours le télégramme suivant qu'il publiait le lendemain dans son *Journal officiel :*

Rouen, 7 novembre, midi.

« Inspecteur Rouen à directeur général Télégraphes à
» Tours. Le ballon le *Jean-Bart* monté par MM. Tis-
» sandier frères est parti à 11 heures et demie se diri-
» geant sur Paris, au milieu des acclamations.
» Vent favorable. Temps brumeux, ils font bonne
» route. Ces messieurs emportent lettres, paquets et
» dépêches. »

Le ballon le *Jean-Bart*, en quittant terre, passe au-dessus des gazomètres de l'usine; il bondit mollement au-dessus des nuages, en traçant dans l'espace une courbe gracieuse; puis il s'arrête un instant, immobile, hésitant comme l'oiseau qui cherche sa route. Il tourne sur son axe, oscille lentement et s'abandonne enfin au courant aérien qui l'entraîne.

Nous sommes à 1,200 mètres d'altitude : la ville de Rouen est vraiment admirable, vue du haut de notre observatoire flottant. A nos pieds, l'île Lacroix d'où nous venons de quitter terre, se baigne dans l'onde azurée de la Seine. Plus loin, le fleuve traverse la ville, comme un ruban jeté au hasard au milieu des maisonnettes d'une boîte de jouets de Nuremberg. Un soleil d'automne colore de tons vigoureux ce délicieux tableau qu'encadre un cercle de brume; l'air est semi-transparent, mais le coloris de la scène terrestre, pour être moins vif, moins éclatant qu'au milieu de l'été, n'en est pas moins pur et moins beau.

La plaine où le ballon s'est gonflé tout à l'heure est littéralement cachée sous les têtes humaines, qui toutes sont dirigées vers nous! Les hommes lèvent les bras vers le ciel, les femmes agitent leurs mouchoirs. Les vœux de tous nous accompagnent! Comment ne pas être profondément ému de ces marques de sympathie qui sont envoyées de si loin!

Cependant le *Jean-Bart* domine bientôt le sommet d'une falaise dont le pied est arrosé par les eaux de la Seine. Au même moment, mon frère fait une observation qui devient une révélation sans prix! Le ballon plane juste au-dessus de la chapelle de Notre-Dame de Bon-Secours, qui, droite comme un I, est perchée sur le rocher..., et cette chapelle, — nous l'avons remarqué à terre, — est précisément située sur la ligne qui conduit de Rouen au centre de Paris!

Mon émotion est si vive, ma joie si grande, que j'en ai la respiration momentanément arrêtée. Quant à mon frère, il regarde, ébahi comme moi, le clocher dont la pointe aiguë apparaît, comme le merveilleux jalon placé sur le bord de la route. Tous deux immobiles, silencieux, suspendus dans l'immensité céleste, nous avons la même pensée ; la même espérance fait battre nos cœurs! Notre imagination nous ouvre, dans le lointain, l'imposant tableau de la capitale assiégée ; elle fait tomber à nos yeux la muraille de brume, immense toile de fond qui nous cache l'horizon.

Derrière ce rideau de vapeurs se dressent l'enceinte des forts hérissés de canons, la ligne des bastions de Paris couverte de combattants ; c'est comme une apparition féerique qui surgirait au milieu des nuages... Là-bas sont nos amis, nos frères, prêts à mourir pour la patrie ; ils nous aperçoivent dans le ciel ; ils tendent les bras avec attendrissement vers la nacelle aérienne qui leur apporte la consolation avec l'espérance, comme la colombe au rameau béni !

. . . .

Il est midi. Le soleil est au zénith. Il y a bientôt une heure que le *Jean-Bart* plane au-dessus des nuages, nous n'avons pas encore perdu de vue la ville de Rouen. Nous marchons dans le bon chemin, mais avec une lenteur désespérante ! Le ciel au lieu de s'éclaircir se couvre partout d'une brume épaisse qui paraît s'abaisser lentement vers la terre, comme un immense couvercle de vapeurs. Mon frère observe attentivement la carte et la boussole pour trouver notre route au milieu des détours de la Seine.

Je ne quitte pas de vue mon baromètre, dont l'aiguille tourne rapidement autour de son cadran. La descente est rapide, le *Jean-Bart*, au milieu de la brume, s'est couvert d'humidité qui charge ses épaules. Je vide par dessus bord un demi-sac de lest, nous remontons bientôt à deux mille mètres de haut.

Le ballon est plongé au milieu d'un brouillard foncé, si épais qu'il disparaît à nos yeux. Il ne faut pas songer non plus à distinguer la terre noyée sous une brume épaisse ; impossible de suivre de l'œil les contours de la Seine, précieux points de repère échelonnés sur notre route. Nous laissons l'aérostat descendre bientôt pour chercher à revoir le sol ; mais le brouillard est compacte dans toute l'épaisseur de l'atmosphère.

— Il faut, dis-je à mon frère, attendre patiemment. Dans une heure, nous nous rapprocherons de terre pour reconnaître le pays.

Le lest est semé sur notre route pour maintenir le ballon à une altitude de 1,800 mètres. Ce n'est plus dans l'air que nous nous trouvons, c'est au milieu d'une véritable étuve de vapeur. Il n'y a plus rien à voir, rien à faire qu'à attendre... et à espérer. Car notre marche initiale a été si favorable, que nous ne doutons pas encore du succès. Nous causons de nos projets, nous nous répétons ce que nous ferons à Paris, ce que nous dirons ; nous allons même jusqu'à penser à un nouveau départ aérien de la gare du Nord ou de la gare d'Orléans. Et cependant nous connaissons la *peau de l'ours* de la fable! Mais on oublie trop souvent dans la vie le bonhomme La Fontaine..

Le ballon est équilibré à 2,300 mètres d'altitude. Nous réparons le désordre de notre nacelle, le guide-rope est largué, les sacs de dépêches et les sacs de lest sont soigneusement rangés, l'appétit ne nous fait pas défaut malgré nos émotions : le déjeuner nous attend. Un morceau de poulet et un bon verre d'un vin de Sauterne qui nous a été donné par un ami, voilà notre repas. Le couvert est simple, il se compose d'un journal étalé sur nos genoux, où le repas est servi. Nous mangeons, ma foi, très-gaiement, oubliant notre navigation dans les hautes régions de l'atmosphère !

Quelle sensation bizarre et charmante tout à la fois, que celle de planer dans les airs, au milieu d'un brouillard épais! La nacelle paraît immobile, et quand on ne remue pas soi-même, pas la moindre trépidation ne vous dérange. C'est le sentiment du calme absolu, inconnu sur la terre, même dans le désert, où le vent frôle le sable et produit un bruissement monotone.

Ici le silence complet règne dans ces régions aériennes, pas un être vivant ne trouble la sérénité de ces plaines vaporeuses que l'on sillonne, mollement bercé par l'air.

Que ne pouvons-nous fixer là notre demeure, oubliant

les misères terrestres, la guerre et ses calamités, nous moquant des tyrans qui sèment sous leurs pas l'incendie, le meurtre et le pillage !

Je regarde ma montre, et je m'aperçois que le temps s'est écoulé vite; il est bientôt deux heures. Il y a une heure que nous voguons dans le brouillard, dans une véritable étuve !

Se trouver pendant cinquante ou soixante minutes dans un bain de vapeur épais et compact, n'offre rien de bien émouvant. Si l'on a entre les mains un baromètre qui vous rappelle que dans votre bain de vapeur vous êtes à plus de 2,000 mètres au-dessus de la terre, si l'on se souvient qu'un ballon presque caché dans la brume est suspendu au-dessus de votre tête, on n'a certes pas encore lieu d'être inquiet, quand on a quelque peu l'habitude des voyages aériens.

Mais où l'impression peut changer, c'est quand on vient à se rappeler que l'on a quitté une ville, où les Prussiens allaient bientôt entrer; c'est quand on se demande si dans le fond de son bain de vapeur on ne trouvera pas des fusils ennemis, l'emprisonnement et peut-être l'horrible mort d'un espion ! Si ce n'est la crainte qui vous agite, c'est au moins une curiosité bien légitime qui vous pousse à jeter les yeux sur le plancher du commun des mortels.

Aussi, quand, après trois heures de voyage, le *Jean-Bart* descendit vers la terre qu'il avait complétement abandonnée pendant une grande heure, le lecteur ne s'étonnera pas quand il apprendra que les deux voyageurs dont il suit les péripéties se sont dit mutuellement :

— Si nous laissions revenir l'aérostat en vue de terre ? Nous ne serions pas fâchés de voir où nous sommes.

Notre ballon descend lentement dans l'atmosphère, il traverse le manteau de brouillard qui s'étend sur la campagne; nous apercevons la terre. Une inspection rapide nous fait connaître sur les replis de la Seine les hauteurs des Andelys. Le *Jean-Bart* a plané sans presque avancer; il n'a guère marché plus vite qu'une mauvaise charrette. Mais la lenteur de notre course n'est pas notre seule remarque; le vent a changé de direction, car nous avons laissé la Seine déjà bien loin sur la gauche, et c'est toujours à notre droite que nous aurions dû l'apercevoir, si nous avions continué à nous diriger vers Paris. C'est ainsi que tout à coup, nos beaux rêves s'envolent en fumée! Qui peut, hélas! compter sur les courants de l'air mobiles et changeants : bien fol est qui s'y fie!

— A quoi bon continuer le voyage? disons-nous; en passant la nuit en ballon, nous serons jetés vers le sud, sur Orléans peut-être! Là n'est pas notre but. Revenons à terre, peut-être un second essai sera-t-il couronné par le succès. Ce n'est que partie remise.

Un coup de soupape nous jette à cent mètres au-dessus des champs; notre guide-rope touche terre; une foule de paysans accourent de toutes parts. Le vent est si faible, l'air est si calme qu'ils rattrapent la nacelle en courant. Les voilà qui touchent notre câble traînant.

— Tirez la corde! leur crions-nous.

Une centaine de bras vigoureux font descendre le *Jean-Bart* lentement, sans secousse, sans que nous ayons eu la peine de jeter notre ancre. Jamais meilleure descente n'est venue seconder nos efforts; mais combien n'aurions-nous pas préféré un traînage, au milieu de la tempête, pourvu qu'il ait eu lieu sous les murs de Paris.

Des centaines de spectateurs nous entourent, une

nuée de mobiles arrive, car la nacelle a touché terre au milieu des avant-postes français. A quelques milliers de mètres plus loin nous tombions chez les Prussiens! Nous demandons où nous sommes.

— A Pose, nous dit-on.

— Y a-t-il près d'ici une usine à gaz où notre aérostat qui a perdu du gaz dans le trajet, puisse s'arrondir?

Un chef d'usine des environs, M. L...., met gracieusement à notre disposition sa maison pour nous recevoir, son gazomètre pour nous fournir une centaine de mètres cubes de gaz. — Mais pour aller jusque chez lui, il faut traverser une ligne de chemin de fer, un fil télégraphique et passer la Seine! C'est bien difficile de faire arriver jusque-là un ballon captif. Toutefois nous voulons essayer quand même.

Je harangue la foule et lui demande son aide. Mille hourrahs répondent à ma proposition. Je descends de la nacelle une corde de 50 mètres, pendant que mon frère en attache une autre au cercle. Nous attelons une cinquantaine d'hommes à chaque câble et le ballon captif s'élève à trente mètres de haut. Après nous être renseignés sur l'itinéraire à suivre, on nous traîne dans la nacelle jusqu'au petit village de Pose, où le maire reçoit les voyageurs tombés des nues. — Nous voici arrivés sur les rives de la Seine, où de vieux bateliers se concertent pour le passage de l'aérostat sur l'autre rive. Le temps est calme, et malgré la largeur du fleuve, le ballon est attaché par deux cordes à un bachot solide, où huit rameurs prennent place. Ils se lancent au large; c'est merveille de nous voir dans notre panier d'osier à 30 mètres au-dessus du courant rapide, remorqués par les solides biceps de nos mariniers, qui font parvenir le *Jean-Bart* sur l'autre rive, après un travail pénible et plein de danger pour eux. Car la moindre brise eût soulevé le ballon et fait chavirer l'embarcation ! Mais ces braves gens sont si heureux de venir en aide à des aéronautes, qu'ils ne veulent pas connaître d'obstacles !

Nous continuons notre route jusqu'à la voie du chemin de fer où les fils télégraphiques se dressent, comme ces dragons des *Mille et une Nuits* qui crient au voyageur téméraire : « Tu n'iras pas plus loin ! » Comment en effet faire passer un ballon captif retenu par des câbles à travers des fils tendus à quelques mètres du sol ? — Cet obstacle est surmonté. Suspendus dans l'air à une vingtaine de mètres, nous jetons au delà des fils une corde que saisissent nos conducteurs, tandis que l'on abandonne le câble qui est de l'autre côté des poteaux. Bientôt une petite rivière arrête encore notre marche, mais l'aérostat passe ce dernier Rubicon et arrive enfin à Romilly-sur-Andelle. Notre ballon est attaché à des masses de fonte pesantes, nous le clouons au sol, où des gardes nationaux le surveillent. Il passe la nuit dans la prairie, tandis que nous jouissons des douceurs de la plus charmante hospitalité que puissent recevoir des voyageurs tombés du ciel.

V

Seconde tentative de retour à Paris. — Le coucher du soleil et le lever de la lune. — La Seine et les forêts. — Adieu Paris ! — Descente dans le fleuve. — Les paysans normands.

Du 8 au 20 novembre.

Le lendemain le *Jean-Bart* a reçu une petite ration de gaz qui lui a donné des ailes. Mon frère et moi nous observons avec attention l'atmosphère. Le vent de terre est du sud-est, mais nous croyons remarquer que des nuages très-élevés se dirigent dans la direction de Paris. Nous sommes dans le feu de l'action, comme les soldats au milieu des fumées de la poudre, nous voulons marcher en avant, décidés à tenter un nouveau voyage à de grandes hauteurs, sans nous soucier de la nuit qui tombe, ni des Prussiens qui nous entourent.

Cette fois, ce n'est plus la même confiance qui anime notre esprit, car le courant inférieur est complétement défavorable ; mais il semble devoir nous pousser sur Rouen, où de toute façon il faut revenir. Dans le cas d'insuccès, ce trajet serait accepté comme un pis-aller favorable. Quant au courant supérieur, il est très-élevé ; comment se dissimuler les difficultés à vaincre pour s'y maintenir, pendant un temps d'une longue durée ? Nous faisons la part du possible et du probable, comptant beaucoup sur ce je ne sais quoi, qui parfois vous vient en aide. Partons toujours, disons-nous, on avisera en l'air. *Audaces fortuna juvat!* ce qui veut dire, en style aérostatique, qu'il faut s'élever en ballon pour que le bon vent vous favorise.

A quatre heures trente minutes, nous prenons les dispositions du départ. Nos valises bouclées à la hâte sont attachées au cercle du filet, un dernier paquet de lettres qu'apporte le maire de Romilly est placé dans la nacelle. Nous montons dans notre esquif d'osier ; il fait un temps magnifique, de grands nuages blancs se bercent dans l'air, l'heure du crépuscule va sonner, la nature est calme et majestueuse.

Le départ s'exécute dans les meilleures conditions, en présence d'une foule complétement étrangère aux manœuvres aérostatiques. Elle manifeste son étonnement par le silence et l'immobilité. Tous les spectateurs ont les yeux fixés sur l'aérostat ; quand il quitte terre, les têtes se dressent, les bras se lèvent, les bouches sont béantes.

Je ne me rappelle pas avoir jamais fait d'ascension dans des circonstances si remarquables. Nous quittons lentement les prairies verdoyantes, les lignes de peupliers qui les encadrent. Une légère vapeur, opaline, diaphane, couvre ces richesses végétales, avant que le manteau de la nuit ne s'y étende. Une indicible fraîcheur, odorante, pénétrante, monte dans l'air comme la plus suave émanation, elle nous enveloppe, jusqu'au moment où le *Jean-Bart* s'enfonce dans la zone des nuages ; jamais je n'avais éprouvé cette volupté secrète du voyage aérien, ce vertige merveilleux de l'esprit qui s'abandonne à la nature.

On croirait en se séparant du plancher terrestre, qu'on y laisse quelque chose de soi-même, la partie physique, matérielle : ce qu'on emporte avec soi, c'est l'idéal. Lisez Gœthe : le poëte décrit quelque part, l'impression qu'éprouve l'âme lorsqu'elle se sépare du corps au moment du trépas; il y a dans cette description poétique, imagée, écrite en un style puissant, quelque chose qui rappelle cet abandon des choses terrestres, dans la nacelle de l'aérostat!

Nous traversons comme la flèche le massif des nuages. Impression vraiment curieuse. Pendant ce passage rapide, c'est une buée légère qui vous entoure, une nébulosité semi-transparente. Puis au-dessus, c'est la lumière resplendissante, c'est le spectacle du soleil, qui lance ses rayons ardents sur les montagnes de vapeurs, Alpes célestes aux mamelons escarpés, arrondis. Sous les nuages, nous avons laissé la nature, presque endormie, somnolente à l'heure du crépuscule. Au-dessus, nous la retrouvons éveillée, pleine de vie, ivre de lumière. Quels tons puissants dans ces rayons qui s'échappent du soleil au déclin, quand on les contemple à la hauteur de trente pyramides! Quels reflets magiques au milieu de ces vallées vaporeuses, aussi blanches que la neige des montagnes, aussi étincelantes que des paillettes adamantines!

Dans un de nos précédents voyages, nous avons pu montrer un spectacle analogue à un navigateur qui avait sondé tous les coins du globe; juché dans la nacelle, il admirait, muet d'étonnement.

— J'ai vu, nous disait-il, le soleil se coucher au milieu des glaciers polaires, se perdre dans la mer d'azur de la baie de San-Francisco, j'ai vu les grandes scènes que la nature dessine au cap Horn, j'ai fait le tour du monde, mais jamais pareille scène ne m'avait tant ému!

Qu'on ne nous accuse pas d'enthousiasme facile, ou d'exagération. Quand la nature se mêle de faire du beau dans ce monde aérien, elle enfante d'incomparables merveilles. Là haut, il y a toute une révélation de couleurs et de lumières, qui défieront à jamais le pinceau des Michel-Ange futurs aussi bien que la plume des Gœthe de l'avenir.

Peu à peu le soleil s'abaisse à l'horizon. Quand il va se noyer dans la mer des nuages, il y jette ses derniers feux. L'immensité s'embrase, pour s'éteindre tout à coup.

Ces rayons ardents nous évitent de jeter du lest ; mon frère retrace sur son album aérostatique, ce tableau céleste aussi fidèlement que crayon peut le faire. Quant à moi je surveille l'aiguille du baromètre. Le soleil nous aspire, nous appelle à lui, et de couches d'air en couches d'air, nous atteignons l'altitude de 3,200 mètres.

A 5 heures, l'obscurité est presque complète. Le froid ne tarde pas à se faire sentir ; aussi l'aérostat, plus impressionnable que l'organisme humain, est brusquement saisi ; son gaz se contracte, sa force ascensionnelle diminue. Il descend avec une grande rapidité, revient en vue de terre, où le vent le jette sur la Seine, qu'il traverse lentement à 500 mètres de haut. Bientôt nous planons au-dessus d'une campagne couverte d'arbres, comprise entre deux bras du fleuve. C'est la forêt de Rouvray, qui s'étend à nos pieds comme un immense tapis de verdure.

Le vent paraît avoir changé de direction, il nous dirige vers l'Océan. Ce n'est pas encore dans l'enceinte des forts de Paris que nous toucherons terre ! Ayons le courage de faire contre fortune bon cœur, abandonnons nos belles espérances, comptant bien les retrouver plus tard.

Nous descendons si près de terre que nos guide-ropes,

longs de 200 mètres, touchent le sommet des arbres et impriment de violentes secousses à notre nacelle. Nous entendons distinctement le frôlement des cordes contre les feuilles. Elles glissent dans les branches en imitant le murmure d'un ruisseau qui coule sur un lit de cailloux. Quelquefois un bruit sec se fait entendre ; il est suivi d'un brusque soubresaut de l'aérostat ; c'est un de nos câbles qui s'est enroulé autour d'une branche qu'il a brisée comme un fétu de paille.

L'aspect de la forêt est celui d'un immense lit de mousse, car vus d'en haut, les arbres perdent leur grandeur, on n'en aperçoit que les cimes. On serait presque tenté de sauter à pied joint sur ce duvet qui repose la vue. Au milieu des bois quelques lueurs paraissent comme des étoiles qui brilleraient en un ciel sombre. Ce sont des paysans qui allument la lampe dans leur chaumière. Se doutent-ils qu'un regard leur est lancé du ciel ?

Nous ne voulons pas descendre au milieu de la forêt, dans la crainte de mettre en pièces le *Jean-Bart*. Quelques poignées de lest nous font remonter à un demi kilomètre dans l'air ; mais voilà qu'une circonstance inattendue va prolonger malgré nous notre voyage, en nous entraînant encore une fois dans les régions supérieures.

La lune vient de se lever au milieu de l'atmosphère. Elle dissipe les vapeurs suspendues dans l'air ; enlève-t-elle aussi l'humidité fixée aux cordages, à l'étoffe du *Jean-Bart* ? Nous le supposons, car nous remontons, lentement il est vrai, mais sans jeter la moindre parcelle de lest, à une hauteur de 2,400 mètres.

La scène qui s'offre à nos regards pour avoir changé d'aspect n'en est pas moins belle, moins saisissante.

L'astre des nuits trône sous un dais d'argent, formé par une voûte de nuages étincelants. Jusqu'à perte de vue, ses rayons caressent la surface des vapeurs atmosphériques, les découpent comme en écailles irisées, et s'y reflètent sur le fond obscur des régions inférieures. Il fait ici un froid pénétrant, intense, nous nous couvrons de nos fourrures, mais nos pieds et nos mains sont littéralement gelés. L'action de l'abaissement de température se fait sentir d'autant plus qu'il y a plus longtemps que nous sommes immobiles, nous finissons par subir les épreuves d'un réel malaise. La lueur indécise de la lune lance sur notre aérostat de faibles rayons qui ne suffisent plus à éclairer notre baromètre. Nous distinguons à peine son aiguille d'acier. Navigateurs sans boussole, nous errons au hasard dans l'immensité de l'atmosphère.

A 9 heures, nous sommes revenus en vue de terre; c'est encore un bras de la Seine qui se déroule sous nos yeux, comme un serpent d'argent. A 400 mètres de haut, nous planons au-dessus du fleuve où l'ombre du ballon se découpe en une grande tache noire. Sur l'autre rive, nous apercevons encore un immense bouquet d'arbres, serrés et touffus, où pas une clairière ne se présente pour faciliter notre descente. C'est la forêt de Roumare.

La nuit est venue, il faut absolument songer à la descente; mais où trouverons-nous une plaine hospitalière pour jeter notre ancre? Voilà la Seine qui plus loin, revient sur ses pas, et, au delà, à perte de vue, une forêt plus vaste encore que les précédentes, semble nous défier de ses cimes touffues et compactes. C'est la forêt de Mauny. — Quelle luxuriante campagne nous traversons du haut des airs, où l'eau et la végétation se disputent la nature! quel pays riche et verdoyant! Mais quelle déplorable contrée pour le navigateur aérien, qui ne rencontre sous sa nacelle que récifs, écueils qui le menacent du naufrage!

Semant du lest sur notre route, nous maintenons le *Jean-Bart* à 300 mètres de haut. Nous épions une plaine, mais il n'y a sous nos pieds qu'un amoncellement d'arbres répandus à profusion sur toute la campagne. Le vent est calme, nous sillonnons l'espace avec une extrême lenteur.

A 9 heures 30, nous sommes en vue d'un nouveau bras de Seine que le ballon va traverser encore. L'espérance nous fait croire que sur l'autre versant, une terre propice à la descente viendra prêter son aide aux aéronautes. Nous tombons de Charybde en Scylla.

Le *Jean-Bart* s'avance en droite ligne vers le milieu de la forêt de Bretonne, qui s'étend jusqu'à la mer, où le vent nous dirige, et par surcroît de malheur, les rives de la Seine sont hérissées de hautes falaises qui nous menacent. Traverser successivement quatre bras de Seine, et trois forêts, sans apercevoir un espace vide, c'est comme une fatalité qui nous poursuit. Il n'y a peut-être pas d'autres points du globe où pareil voyage pourrait se faire. Nous sommes à 400 mètres de haut, le ballon peut être brisé contre les rochers, s'il ne gravit pas les hautes plages aériennes. Mais s'il remonte, le vent le lancera sur la forêt de Bretonne, et le poussera jusqu'à la mer où nous courrons grande chance de nous perdre. Tout en faisant ces observations peu rassurantes, le *Jean-Bart* arrive au-dessus de la Seine, en vue de Jumiège. En cet endroit le fleuve est d'une grande largeur, il s'étend comme un lac immense dont les rayons lunaires font le plus admirable miroir. Le moment de l'hésitation est passé, il faut prendre une résolution subite et décisive. Le vent va nous lancer sur la rive opposée, contre une falaise énorme; en un instant nous nous pendons à la corde de la soupape, elle s'ouvre béante, fait entendre une musique étrange : c'est le gaz qui s'échappe. Nous rendons la main, les clapets se ferment, avec un bruit sonore qu'amplifie la rotondité de la sphère d'étoffe. Nous piquons une tête dans la Seine, mais en aéronautes experts, nous avons calculé notre chute. Nos cordes tombent dans l'eau, y glissent, et notre nacelle s'arrête à 15 mètres au-dessus du fleuve. Sachant imiter le mouvement de l'oiseau qui se laisse tomber de haut, pour effleurer la surface liquide, le *Jean-Bart* a évité la noyade.

La falaise est un écran immense qui intercepte le vent, et l'air est si calme au-dessus de la Seine, que notre ballon reste complétement immobile à quelques mètres au-dessus du fleuve. Le courant frappe les cordes traînantes, y clapote avec un léger bruissement; la lune éclaire le globe aérien, qui, au milieu de ce tableau nocturne, offre un aspect merveilleux.

Nous entendons bientôt des clameurs sur le rivage. Une foule de mariniers sont venus, à l'approche de l'aérostat tombé des nues. Parmi les cris de tous, on distingue quelques voix féminines qui se détachent de ce concert humain, comme les flûtes aiguës d'un orchestre.

— Si ce sont des Prussiens, dit l'une d'elles, nous allons les tenir, ils ne nous échapperont pas !

— Tirez les cordes, répondons-nous en criant de toute la force de nos poumons. Amenez-les sur le rivage.

Sur ces entrefaites une barque montée par quatre ou cinq hommes vient de paraître à la surface de l'eau. L'un d'eux nous crie qu'il arrive à notre aide.

Bientôt en effet les rameurs nous ont rejoints au

milieu du fleuve, ils saisissent un de nos câbles qu'ils amènent péniblement au rivage. On a toutes les peines du monde à se faire entendre au milieu des clameurs.

— Silence, silence, crions-nous avec le ton des huissiers à la Chambre, écoutez-nous !...

Le bruit se calme en effet, et sur nos ordres, les mariniers que l'on distingue difficilement au milieu de la nuit, tirent notre corde, mais ils s'y pendent tous avec un enthousiasme qu'il est impossible de modérer. Ils s'y cramponnent si brusquement dans leur ardeur, qu'ils impriment au *Jean-Bart* de terribles secousses. Nos protestations sont vaines. Il faut nous contraindre à être secoués dans la nacelle comme des feuilles de salade qu'on égoutte dans un panier.

En quelques minutes la nacelle a quitté la Seine, nous sommes suspendus au-dessus des peupliers qui bordent le chemin de halage. Nous disons aux mariniers de conduire le ballon dans un espace libre d'arbres. Ils se mettent tous en marche aux cris du « *oh hisse !* » familier aux bateliers. Notre ancre est encore pendante et s'accroche à un peuplier, d'où il faut la déloger. C'est tout un travail. Mais nous tranchons ce nœud gordien comme l'aurait fait Alexandre lui-même. Nous faisons tirer les câbles de l'aérostat, par nos remorqueurs, de toute la force de leurs biceps. L'arbre cède et se casse, non sans une violente secousse de notre esquif. Mais en vrais *loups d'air*, il ne faut pas regarder aux torgnioles !

On arrive enfin au village d'Heurtrauville, dont les maisons assises coquettement au pied d'une immense falaise, bordent le cours de la Seine. L'aérostat est ramené à terre sur la berge, les sacs de lest vides sont remplis de sable, on les entasse dans le panier d'osier, qu'ils rivent au sol. Nous mettons pied à terre.

Les femmes, qui nous prenaient pour des Prussiens, se sont vite détrompées en nous entendant parler le langage qui leur est familier. Mais elles se figurent maintenant que nous sommes envoyés par le gouvernement pour enlever *leurs hommes*, et les enrôler dans l'armée. Décidément ces braves Normandes voient dans l'aérostat un oiseau de mauvais augure. Il paraît que nos mines ne sont pas trop suspectes, car nos explications ne tardent pas à rassurer sur nos intentions la plus belle moitié du village d'Heurtrauville.

Voilà un groupe de paysans qui s'avance avec la gravité de présidents de cour. Ce sont des membres du conseil municipal précédés de M. le maire. Ils nous demandent nos papiers. Braves gens les Normands, mais un peu méfiants. L'un d'eux prend connaissance des pièces qui nous ont été données par le gouvernement, il les examine avec le sérieux d'un changeur qui flairerait un faux billet de banque.

— C'est bien, Messieurs, nous sommes à votre disposition.

Nous demandons un piquet de six gardes nationaux pour être de faction pendant la nuit autour du ballon, pour empêcher les fumeurs d'y mettre le feu, et les curieux de s'en approcher.

M. le maire donne ses ordres au commandant de place. Il nous conduit ensuite au *Grand-Hôtel* de la localité. C'est une humble chaumière, un cabaret de village, très propret, fort bien tenu. La patronne nous fait les honneurs avec une bonne grâce, ma foi ! charmante. Elle nous offre sa chambre pour passer la nuit. De grand cœur nous la remercions, heureux de trouver un lit pour nous reposer de nos fatigues et de nos émotions.

Nous dînons dans ce cabaret avec un appétit tout aérien. Mon frère et moi nous répondons aux questions des curieux, faisant l'un et l'autre de la propagande aérostatique.

— C'est égal, dit un vieux malin, quel fier toupet vous avez pour vous promener dans les nuages, avec une telle machine. Bonté divine ! il faut avoir envie de voir la lune pour monter si haut.

La conversation ne tarde pas à s'engager sur la politique. La nouvelle de la levée des hommes mariés n'est pas reçue ici avec tout le patriotisme qu'on pourrait attendre. Cependant quelques hommes sont résolus, et dans leur langage un peu rude, font preuve d'énergie, de courage.

— Qu'ils y viennent donc ici, les Prussiens, avec nos falaises nous ne les craignons pas !

Mais ceux-là malheureusement sont rares, d'autres bien plus nombreux protestent contre cette ardeur belliqueuse.

— Il n'y a rien à faire, allez, mes enfants ! Les Prussiens sont plus malins que nous. S'ils viennent ici, pourvu que nous leur donnions à manger et à boire, ils ne nous feront pas de mal. A quoi bon faire brûler nos maisons, et nous faire étrangler ! Nous serons bien avancés après.

On a beau dire que ce langage est indigne, que l'Alsace et la Lorraine, provinces françaises comme la Normandie, sont envahies, qu'il faut secourir ses frères, ces raisonnements n'entrent pas dans la tête des paysans qui ne voient dans la France que leur toit, leur femme, leurs enfants et surtout la vente de leurs produits.

— Que diriez-vous, braves Normands, si votre pays dévasté était en proie aux brigandages de l'ennemi et que toute la France vous abandonne?

— Ah ben! Monsieur! je ne suis pas assez savant pour répondre à vos beaux discours, mais si les Prussiens viennent chez moi, je leur offrirai un bon souper. Je ne connais que ça.

Après notre repas, un des plus anciens membres du conseil municipal nous invite à venir chez lui. Nous acceptons, et nous sommes contraints d'avaler un grand verre de cidre. — Nous n'avons pas la moindre soif, mais comment refuser de trinquer avec une des autorités du pays? Notre hôte est un vieux finot, qui n'aime pas le gouvernement, mais il déteste surtout de tout cœur le maire d'Heurtrauville, le « maire de Gambetta » comme il l'appelle.

— Dans le pays, nous avions d'honnêtes gens pour nous diriger, c'est bien autre chose à présent. Not' maire, voyez-vous bien, messieurs, il ne vaut pas ça... Et le vieux faisait claquer l'ongle de son pouce contre ses dents, d'un air expressif.

Ne croyez pas qu'il y ait seulement des nuages et des clairs de lune à observer en ballon. — Le touriste aérien peut faire en route ample moisson d'observations philosophiques et sociales, car je ne sais par quel enchantement, partout où il passe, il est reçu comme un personnage. On l'accueille, on lui conte ses peines et ses joies, toutes les portes lui sont ouvertes, et s'il est *bon enfant*, les cœurs ne tardent pas à imiter les portes. Que ne ferait pas un Aroun-al-Raschild, s'il visitait ses provinces dans la nacelle d'un ballon! Que de vérités apparaîtraient à ses yeux sous une forme saisissante! que d'abus à châtier, que de bienfaits à répandre, il trouverait en route ! Pour ma part, toutes les fois que je suis descendu des plages aériennes j'ai toujours pris plaisir à m'asseoir au seuil de Jacques Bonhomme. Lui ai-je appris grand'chose ? je l'ignore, mais il m'a toujours donné, le verre en main, de précieux enseignements !

A 11 heures du soir, nous allons dire bonsoir à notre *Jean-Bart*. — Il est là, sur le bord de l'eau, et reluit au clair de lune. Quatre factionnaires, l'arme sur l'épaule, montent la garde. Ils ont de grandes houppelandes, et le bonnet de coton traditionnel, perché sur leurs têtes normandes, remplace le casque ou le képi. Je ne me permettrai jamais de railler la garde nationale d'Heurtrauville; aussi je garde mon sérieux, tandis que j'aperçois mon frère, caché derrière une muraille comme un malfaiteur. Sans être vu, il fixe sur le papier l'image fidèle des quatre plus beaux bonnets de coton qu'on puisse rencontrer chez les défenseurs de la patrie.

A trois heures du matin, nous sommes réveillés en sursaut, le ballon en grande partie dégonflé fait voile sous l'effort du vent qui s'est levé. Il menace de se fendre contre un toit. — Un de nos factionnaires nous appelle à la hâte.

Le gaz s'est échappé par les fentes mal jointes de la soupape. Il est bien à regretter que l'on ait fabriqué à Paris des ballons munis d'appareils si grossiers. — Les clapets, une fois ouverts, ne se referment plus qu'imparfaitement, car ils ont fait tomber le lut grossier qui bouche les joints, souvent très-distants, quand le bois a travaillé. Que n'a-t-on pas façonné d'autres soupapes, il aurait été si simple de perfectionner dans ses détails le navire aérien. Mais il aurait fallu compter sans l'habitude et la routine. — O routine, sainte routine, que de prosélytes se prosternent devant toi dans le pays de France! Je sais bien que la hâte d'une construction faite à Paris dans des circonstances tout exceptionnelles, plaide les circonstances atténuantes. Mais notre ballon n'en a pas moins bel et bien perdu en quelques heures le gaz qui l'emplissait. Il était resté gonflé deux jours et deux nuits, quand on n'avait pas encore ouvert sa soupape.

Au lever du jour le *Jean-Bart*, séparé de son filet, est plié dans la nacelle. Après renseignements, le plus sûr chemin pour retourner à Rouen avec un ballot de 500 kilog est la Seine. Nous prendrons un des bateaux à vapeur du touage qui passe à 11 heures.

Les gardes nationaux, qui ont fait leur devoir, peuvent rentrer dans leurs foyers, je les remercie de leur aide obligeante. Mais voilà que l'un d'eux se détache du groupe et me demande un pourboire. — Un pourboire, grand Dieu! on n'a donc pas lu nos lettres de réquisitions, la force armée doit nous prêter son aide. Paye-t-on le soldat sur le champ de bataille? Paye-t-on le factionnaire qui monte sa garde?

Bientôt le maire s'avance, je m'adresse à lui.

— Mon Dieu, me dit-il, ces braves gens ne sont pas habitués au service militaire, ils ont *travaillé* toute la nuit, ils sont dix : Cela vaut bien trente francs.

— Toi, mon ami, pensai-je, tu veux faire de la popularité. Ma foi, soyons généreux. Je transige pour vingt francs que je donne aux gardes nationaux.

Je pensais bien que l'histoire en finirait là, malgré son étrangeté. Mais je comptais sans le vieux conseiller municipal qui avait assisté à cette scène. Il se chargea d'en faire jaser dans son Landerneau...

Huit jours après cette aventure, je recevais à Rouen un envoyé du conseil municipal d'Heurtrauville.

— Monsieur, me dit-il, le conseil municipal, après avoir entendu la réclamation d'un de ses membres, a blâmé très-énergiquement la conduite du maire, qui vous a demandé un salaire pour quelques-uns de nos compatriotes. — Le conseil municipal n'a pas voulu qu'on puisse dire que des Français aient été payés pour un service qu'ils doivent gratuitement à l'État, il a décidé qu'on voterait les fonds nécessaires à votre remboursement. Voilà vingt francs que je vous apporte, avec toutes nos excuses.

A 10 heures du matin, le *Jean-Bart* est hissé à bord d'un chaland que le vapeur du touage va remorquer à Rouen. Le capitaine nous fait déjeuner à bord, et dans une cabine à peine grande comme la moitié d'une commode, nous faisons la cuisine nous-mêmes. Mon frère confectionne une magnifique omelette aux oignons, je surveille la cuisson d'un lièvre.

Bientôt le toueur passe, nous accroche à lui, il siffle, il part. Pendant sept heures, nous voyageons au milieu de la Seine, admirant ses rivages vraiment grandioses, où de belles falaises, couvertes de verdure, encaissent le lit du fleuve. — Nous revenons à Rouen, non sans dépit, mais nous nous consolons en pensant que les deux voyages que nous venons de faire n'ont pas été inutiles à notre entreprise. Ils nous ont montré l'aspect du pays que nous devons traverser pour rentrer à Paris, ils nous ont initié au louvoiement aérien, au transport terrestre du ballon captif. Pour réussir, il faudra sans doute renouveler fréquemment les ascensions jusqu'à ce que le dieu des airs nous favorise, jusqu'à ce qu'il nous envoie un vent bien franc, bien rapide, nous poussant en droite ligne dans la direction de Paris

11 novembre. — Nous trouvons à Rouen un excellent accueil. On nous félicite, on plaint nos malheurs. Les journaux que nous lisons parlent de nos voyages. Mais ils ont commis une singulière balourdise. Ils ont fait descendre les *frères Tissandier* à Jumiége, en Belgique !

Le soir, une dépêche du gouvernement est placardée à l'Hôtel-de-Ville. C'est la victoire de Coulmiers, la reprise d'Orléans qui nous sont annoncées. L'enthousiasme ici est énorme. On a presque envie d'illuminer.

Dimanche 13. — Nous avons réparé hier les avaries du *Jean-Bart*. Nous le reportons sur le lieu de gonflement. Quand le bon vent soufflera, nous l'emplirons de gaz immédiatement. Mais une dépêche de l'Observatoire nous annonce que le temps n'est pas favorable, que le vent sud-ouest actuel a chance de souffler longtemps !

Lundi 14. — Vent sud-ouest violent et rapide. Temps brumeux. On parle ici d'un mouvement de l'armée de Bretagne commandée par M. de Kératry.

Mardi 15. — Pluie battante. Vent sud-ouest. Notre *Jean-Bart*, malgré les bâches qui le couvrent est inondé. Il faudra le ventiler et le revernir.

Le directeur du télégraphe nous offre de faire passer une lettre à Paris par un courrier à pied : c'est une bonne fortune. — Nous écrivons quelques lignes à notre frère aîné, qui doit être actuellement dans les bataillons de marche.

Nous voyons ce brave courrier, qui a déjà fait une tentative, mais à pied, il a échoué comme nous en ballon. Les Prussiens l'ont arrêté et l'ont fouillé, nu comme ver. Sa dépêche était cachée dans la semelle de ses souliers, qu'il avait choisis percés et vieux, car s'ils avaient été neufs, on n'aurait pas manqué de les lui prendre (1).

Nous nous disposons à revenir le *Jean-Bart* aujourd'hui, mais les circonstances doivent nous faire abandonner nos projets qui n'ont nulle part été tentés par d'autres, à notre grand regret. Ils auraient sans doute conduit au résultat voulu, s'ils s'étaient renouvelés, mais comme nous l'avons déjà dit, on nous a laissés seuls à Rouen, tandis qu'il aurait fallu placer des stations de départ tout autour de Paris.

Le service des ballons-poste est définitivement créé à Paris ; depuis notre séjour à Rouen, quatorze ballons sont sortis de la capitale, et parmi ceux-là on cite le voyage fantastique de M. Rolier à Christiania ! Les pigeons voyageurs rentrent à Paris, aujourd'hui le retour d'un ballon dans l'enceinte assiégée n'offre plus une si grande importance.

En outre notre armée de la Loire vient de chasser l'ennemi d'Orléans qu'il avait envahi. Toute la France frémit de joie, d'espérance à la nouvelle de la victoire de Coulmiers. C'est sur les bords de la Loire que vont se porter les efforts de tous. On songe aux aéronautes, aux ballons captifs comme éclaireurs de nos armées. Le ministre de la guerre se rappelle enfin Coutelle et les aérostiers militaires de la première République. Mon frère et moi, nous sommes appelés à Orléans avec le *Jean-Bart*.

Vendredi 18. — Nous partons de Rouen à 11 heures du matin. Nous n'arrivons à Tours qu'après 24 heures de voyage.

---

(1) Ce courrier n'a pas réussi, comme je l'ai su plus tard.

En wagon, nos compagnons de route sont des officiers français échappés de Metz et de Mayence. Leur indignation contre Bazaine est extrême. Ils ne doutent pas un instant de la trahison.

La deuxième partie du trajet se passe en compagnie de deux Espagnols qui reviennent de Londres.

— Les Anglais, nous disent-ils, sont dans un état de surexcitation indicible contre la Russie qui veut déchirer ses traités. — Ils applaudissent pour la France. — A l'Alhambra, on chante tous les soirs la *Marseillaise*, le *Rhin Allemand* et on crie *Vive la République* en français !

Mais ces manifestations anglaises ne sauraient plus toucher aucun Français. Elles sont trop tardives et trop intéressées !

LES AÉROSTIERS MILITAIRES

DE

L'ARMÉE DE LA LOIRE.

I

Le ballon « la *Ville de Langres.* » — Premières expériences d'aérostation militaire à Gidy. — La télégraphie aérienne. — Le *Jean-Bart* à Orléans. — Anecdotes sur les Prussiens.

Du 16 au 29 novembre 1870.

Avant notre arrivée à Orléans, le gouvernement de Tours avait déjà organisé une première équipe d'aérostiers destinés à surveiller les mouvements de l'ennemi, soit avant l'attaque, soit pendant la bataille.

— Nous sommes toujours surpris à l'improviste, se disait-on ; comment ne pas profiter de ces ballons, observatoires aériens qui, à 300 mètres de haut, ouvrent au regard une campagne de plusieurs lieues d'étendue? Un ballon captif au milieu du camp français sera pour le soldat un objet de distraction et de sécurité tout à la fois. Quelle ne sera pas sa confiance quand il verra qu'une sentinelle aérienne veille sur lui à la hauteur de plusieurs pyramides? De quelles ressources ne seront pas des ballons captifs au milieu de la mêlée du combat? Un officier d'état-major juché dans la nacelle pourra dévoiler les manœuvres de l'ennemi, signaler les mouvements tournants. Plus de soixante-dix ans se sont écoulés, depuis le jour où Coutelle, du haut des airs, contribuait par ses renseignements à la défaite des ennemis. Pourquoi nos aéronautes ne contempleraient-ils pas une nouvelle victoire de Fleurus ?

Aussi ne négligea-t-on rien pour organiser un service régulier de ballons captifs, et pendant nos expéditions de Rouen, Duruof et Bertaux, assistés des marins Jossec, Labadie, Hervé et Guillaume, sortis de Paris en ballon, avaient été envoyés à Orléans avec le ballon de soie fabriqué à Tours. — Ce ballon avait été baptisé la *Ville de Langres*. M. Steenackers avait tenu à ce nom, c'était un hommage qu'il rendait à ses électeurs de la Haute-Marne.

Mon ami Bertaux a bien voulu me communiquer le récit des expériences préliminaires exécutées à Orléans avant notre arrivée ; je dois les résumer ici, car elles offrent un intérêt réel.

C'est le mardi 16 novembre que fut gonflé pour la première fois le ballon la *Ville de Langres*. Dès le matin le gaz de l'usine d'Orléans arrondissait les flancs de l'aérostat. A 1 heure précise, deux marins montent dans la nacelle, attachent au cercle quatre câbles de 50 mètres de haut que retiennent 150 hommes du 39ᵉ de ligne. Ils se font élever à 30 mètres de haut environ, et, fouette, cocher ! le ballon se met en marche remorqué par les braves soldats.

La *Ville de Langres* sur son chemin rencontre des obstacles, des ponts où les soldats sont obligés de se réunir en un seul groupe qui n'offre plus alors qu'un point d'attache unique et moins équilibré, des fils télégraphiques, le désespoir des aérostiers obligés de se faire hisser dans l'air, et de jeter des câbles au-dessus des poteaux. Heureusement le temps est calme; le voyage s'effectue dans de bonnes conditions. Après deux heures de marche l'aérostat arrive à Saran près Cercotte, sur les derrières de l'armée française. Il est 3 heures, l'équipe se met en mesure de faire une première ascension d'essai.

On installe à terre des plateaux de bois chargés de pierres, et munis de deux poulies solides, autour desquelles glissent les câbles destinés à retenir au sol l'aérostat. A chaque corde une trentaine de soldats font la manœuvre. Suivant qu'ils laissent filer la corde ou qu'ils la tirent, le ballon convenablement lesté monte ou descend.

La première ascension s'exécute dans de bonnes conditions à 200 mètres de haut, et de cette hauteur, qui est celle de trois tours de Notre-Dame superposées, on a sous les yeux un vaste et splendide horizon.

Après cette expérience, une estafette accourt, c'est un aide de camp du général d'Aurelles de Paladine dont le quartier général est à Saint-Péravy; il vient savoir d'où est parti ce ballon qu'il croit libre; le chef de l'armée de la Loire n'a pas encore été prévenu par le gouvernement de l'arrivée des aérostiers militaires.

Pendant que des employés du télégraphe envoyés par M. Steenackers s'occupent des démarches à faire auprès du général, l'aérostat captif continue le lendemain ses ascensions. M. Bertaux s'élève à 180 mètres de haut, avec M. Regnault, employé du télégraphe. Un appareil Morse est installé dans la nacelle, le fil télégraphique descend jusqu'à terre et communique à un autre fil qui va jusqu'à Tours.

Suspendus au milieu des airs en présence de l'armée

française, les aéronautes correspondent par l'électricité avec le gouvernement de Tours. Voici la dépêche qu'ils envoient au directeur des télégraphes :

— Nous sommes en l'air à 180 mètres de haut, nous découvrons fort bien la plaine, mais un brouillard épais nous cache la forêt. Nous recommencerons expérience par temps plus clair.

Vingt minutes après, le ballon plane toujours dans l'espace retenu à la même hauteur par ses deux cordes ; l'appareil Morse s'agite, c'est une réponse qui vient de Tours.

— Nous vous félicitons, répète l'appareil électrique, tenez-nous au courant de tous vos essais.

Le temps est calme, l'air est presque immobile, les ascensions se succèdent ce jour-là jusqu'à six fois. M. Aubry, chef de la mission télégraphique à l'armée de la Loire, un capitaine d'état-major montent à tour de rôle et paraissent ravis de leurs impressions aériennes.

Le 19 novembre, on a reçu l'ordre de porter le ballon en avant jusqu'à Gidy, au milieu du camp français. Mais il est neuf et a perdu du gaz, il a besoin de recevoir une nouvelle couche de vernis. Duruof prend le parti de dégonfler le ballon, de le reporter à Orléans où il est reverni sur toutes ses côtes. Le 20, la *Ville de Langres*, bien imperméable, est regonflé, mais le vent violent souffle par rafales et le transport est pénible. Malgré les lenteurs de la marche, malgré des difficultés de toutes sortes, l'aérostat, à la nuit tombante, arrive enfin au milieu du camp français à Gidy.

Il est impossible de décrire l'enthousiasme des soldats à la vue de ce merveilleux appareil si nouveau pour eux ; ils se précipitent à sa rencontre et poussent des clameurs de joie, comme pour féliciter le nouveau factionnaire qui va monter la garde à 200 mètres au-dessus de leurs têtes. C'est bien autre chose encore quand, le lundi 24, ils voient l'aérostat s'élever dans les airs ; nos braves soldats ne se tiennent plus de joie, c'est comme une fête dans tout le camp. Un officier d'état-major monte dans la nacelle et ne paraît que fort médiocrement rassuré.

— Je veux descendre, dit-il à quarante mètres de haut, jetez du lest, criait-il à l'aéronaute.

Or, on jette du lest, comme chacun sait, pour monter et non pour revenir à terre ; mais il paraît qu'on peut être tout à la fois un excellent militaire et un très-mauvais aéronaute. Cette ascension, au reste, était assez émouvante, le vent était vif et la machine aérienne se penchait fréquemment à terre, oscillant au bout de son câble à la façon d'un grand pendule retourné. Dans la nuit, l'air devient menaçant, une véritable tempête se met à souffler, et le ballon, malgré sa solidité, ne peut résister à l'effort de l'ouragan. Le cercle de bois, qui craque comme la mâture d'un navire pendant la tourmente, vole en éclats ; le ballon, qui n'a plus de point d'attache suffisant, va être enlevé. Duruof et les marins se jettent sur la corde de soupape et dégonflent la *Ville de Langres*.

C'est ce jour-là même que nous arrivons à Orléans, mon frère et moi, avec le ballon le *Jean-Bart*. L'accident qu'on nous raconte ne décourage personne, nous sommes tous décidés à recommencer ces tentatives avec le même enthousiasme, la même ardeur.

Deux jours après, le ballon la *Ville de Langres*, remis en état, était gonflé et transporté à quatre kilomètres d'Orléans, sur la pelouse du château du Colombier, devenu, comme nous le verrons plus tard, le quartier central des aérostiers militaires. On devait rester là en attendant les ordres du général en chef de l'armée de la Loire.

Lundi 21 novembre. — On se met en mesure de ventiler et de vernir le *Jean-Bart*. Pendant que mon frère commence cette besogne avec les marins Jossec et Guillaume, je cours la ville pour m'assurer du gaz propre au gonflement et faire l'acquisition des cordes nécessaires aux ascensions captives.

Çà et là, en chemin, je cause et je fais une moisson d'anecdotes sur l'invasion prussienne des premiers jours de novembre. C'est un brave cordier du faubourg Banier, qui, le premier, me raconte ses émotions. Il a la physionomie d'un bon vieillard, d'un honnête commerçant; je n'oublierai jamais l'émotion, l'indignation de son récit.

— « Oh! monsieur, quels gueux, quels misérables que ces soldats barbares! Ils étaient dix-sept dans mon magasin, couchant les uns sur les autres, sales comme des pourceaux. A l'heure des repas, il fallait les regorger de vivres, et ma pauvre femme était obligée de remplir de café toute une énorme soupière, où s'entassait ma provision de sucre. S'ils n'étaient pas servis en toute hâte, ces soldats me menaçaient; l'un d'eux, monsieur, osa lever la main sur moi. Le rouge de la honte et de l'indignation me monta au visage. Mais que faire contre la force brutale? Ce sont toutefois de ces injures que l'on n'oublie pas. Je dois dire, cependant, que quand on menaçait les Prussiens de leurs chefs, ils se tenaient tranquilles. Une simple réclamation faite à un sergent les faisait trembler. Et les réquisitions, monsieur! quelle ruine pour notre malheureuse ville! Les Prussiens sont venus me prendre toutes mes cordes et ils me donnaient en raillant un bon à payer pour la mairie.

Un jour, ils dénichent une provision de cordes qu'ils veulent me prendre pour leurs attelages. Cette fois je n'y tiens plus, c'est la troisième fois qu'on me vole. Je m'arme de résolution et je demande une audience au général Von der Tann. Je suis reçu par un colonel, son chef d'état-major, je crois.

— Que me voulez-vous? me dit cet officier d'un ton bourru.

— Je viens réclamer, protester contre les vols dont je suis l'objet. Toute ma provision de cordes, toute ma fortune est dévalisée par vos soldats.

— Oh là! mon bonhomme, ne le prenez pas trop haut avec moi. Mais, dites-moi, n'avez-vous pas de lettres de réquisition qui vous sont données? Après notre départ, c'est la ville qui vous réglera notre compte.

— Tout cela est très-bien, mais pourra-t-on me payer?

— Oh! cela ne me regarde pas, je suis en règle avec vous, allez-vous-en.

Au moment où je partais, l'officier prussien se ravise et m'appelle.

— J'ai une idée, me dit-il; si le maire d'Orléans ne veut pas vous payer, vous m'apporterez deux mètres de corde avec laquelle je le ferai pendre. — Je me sauve, entendant les éclats de rire du colonel qui a sans doute trouvé sa plaisanterie très-fine et très-spirituelle. »

Le brave cordier continue son récit, et sa femme qui l'écoute les larmes aux yeux, ne tarde pas à prendre part à la conversation.

— Heureusement nous en sommes débarrassés, de ces Prussiens, dit-elle, ils ne reviendront plus maintenant, ces maudits Allemands, car nous avons autour de nous les soldats de Coulmiers. Oh ! comme ils s'en allaient piteux et tristes, les bataillons bavarois ; ils ne s'attendaient pas à être chassés de notre ville par l'armée de la Loire dont ils se riaient tout haut. En quittant Orléans, Von der Tann dit au préfet d'un air gouailleur :

— Au revoir, monsieur le préfet, sans adieu, car je reviendrai bientôt.

— Mais il ne reviendra pas, ajouta la brave femme.

Et toute l'armée, tout Orléans, toute la France disait alors : il ne reviendra pas.

Hélas ! il n'est que trop bien revenu pour frapper Orléans de nouveaux malheurs et de nouvelles ruines.

Il faut avoir vu l'occupation prussienne pour se douter des désespoirs, des haines qu'elle soulève sur son passage. Les maisons du faubourg Banier étaient pillées, et chacun, accablé de soldats à nourrir et de réquisitions à payer, voyait la ruine venir de jour en jour.

C'était en outre de perpétuelles taquineries. Les Prussiens étaient furieux de l'accueil qui leur était fait. Ils auraient voulu, ces Teutons barbares, qu'on les reçût à bras ouverts ; ils s'étonnaient qu'on n'applaudît pas à leur passage, et que les dames en toilettes élégantes ne vinssent pas écouter la musique militaire qu'ils faisaient entendre sur la place Jeanne d'Arc.

Tout le monde était en deuil, les rues étaient désertes. Le soir, nul ne pouvait circuler dans la ville sans tenir une lanterne à la main. Quelques jeunes gens s'amusaient à attacher des lanternes vénitiennes aux pans de leurs habits, comme pour gouailler ces ordonnances ridicules de l'autorité prussienne. Mais Von der Tann ne goûtait pas la plaisanterie, il fallait céder, sous les ordres des barbares, cacher sa haine et son indignation au plus profond de son cœur.

Mardi 29 novembre. — Dès six heures du matin, nous commençons le gonflement du *Jean-Bart*, qui convenablement plié depuis la veille, attend sa ration de gaz. Notre chef d'équipe Jossec, un marin breton, a tout *paré*, suivant son expression navale, avec le plus grand soin; l'opération s'exécute dans les meilleures conditions. A deux heures de l'après-midi, le *Jean-Bart* arrondi, frais verni, brille au soleil comme une énorme pomme de rainette. Il tend ses câbles avec force et ne demande qu'à voltiger dans les nuages, mais il est cloué au rivage terrestre par des poids qui défient sa force ascensionnelle.

Ce n'a pas été sans peine que nous avons obtenu les réquisitions nécessaires à la fourniture du gaz; il a fallu aller voir le préfet, le maire, toutes les autorités; selon l'excellent usage administratif, ces fonctionnaires ont entravé nos projets d'une foule de petits obstacles qui, réunis, deviennent des montagnes à soulever. Mais nos campagnes aérostatiques faites sous l'Empire nous ont familiarisés avec les difficultés administratives, nous savons amadouer le garçon de bureau, qui consent à nous ouvrir le sanctuaire du secrétaire, d'où il n'y a plus qu'un pas à franchir pour pénétrer chez le maître. Celui-ci, préfet ou maire, ne manque pas de froncer le sourcil à notre demande de gaz; malgré les papiers dont nous sommes munis, malgré l'utilité incontestable de notre mission, malgré l'urgence commandée par les circonstances, son devoir d'administrateur dévoué lui impose des difficultés, qu'il trouve toujours.

— C'est très-grave, messieurs; qui payera le gaz? Est-ce la guerre, est-ce le département? Revenez dans une heure. Je vais étudier la question avant de vous donner la réquisition nécessaire.

On revient une heure après, trop heureux si l'on peut pénétrer dans le cabinet du fonctionnaire. Il n'a nullement songé à votre affaire, il y répond en homme qui l'a méditée. Il trouve là bien des irrégularités, mais, en vrai patriote, il vous donne l'ordre demandé. N'aurait-t-il pas été bien plus simple de le donner de suite? Les saintes règles de l'administration s'y opposent.

A midi le *Jean-Bart* va se mettre en marche. Jossec, et son compagnon Guillaume, regardent le ballon avec admiration. Tous deux sont sortis de Paris en ballon, sans avoir auparavant jamais vu l'admirable appareil dû au génie des Montgolfier. Ils ont déjà bravé la tempête et les vents furieux; mais l'aérostat leur a laissé un souvenir plus profond que celui du navire. Ils nous ont parlé avec enthousiasme de leur premier voyage aérien; en hommes énergiques et dévoués, ils sont devenus les plus chauds partisans de la navigation aérienne.

— Ah! Monsieur, me disait Jossec, quelle différence entre le ballon et le vaisseau! — Il n'y a plus dans la nacelle aérienne ni vent, ni roulis, ni tangage, et rien à faire qu'à admirer le ciel. Je veux renoncer à la marine et me faire aéronaute.

Mais le brave Jossec parlait des ascensions en ballon libre, il n'avait pas encore goûté du ballon captif, il devait voir que le voyage est moins agréable, et hérissé de difficultés sans nombre.

Bientôt tout est prêt pour le départ, il faut nous rendre avec notre aérostat gonflé au château du Colombier, à côté du ballon la *Ville de Langres*, et là nous attendrons les ordres. Quatre cordes sont fixées au cercle du ballon. Cent cinquante mobiles empoignent chacune d'elles. Je monte dans la nacelle avec Jossec, mon frère reste à terre pour commander la marche. Nous vidons par dessus bord un assez grand nombre de sacs de lest, jusqu'à ce que le *Jean-Bart* s'élève ; il monte lentement à 40 mètres de haut où il est retenu par ses quatre câbles, à l'extrémité desquels sont pendues des grappes humaines. Le ballon se penche à droite et à gauche sous l'effort de la brise. Pauvre aérostat ! Fils de l'air, ami des nuages floconneux, le voilà rivé au plancher terrestre, il fait crier ses cordages et semble souffrir de cette captivité, dont il se plaint par le gémissement de la nacelle, tirée dans tous les sens.

Les mobiles attelés aux cordes remorquent le ballon dans la direction voulue ; c'est merveille de voir cette promenade que nous exécutons à 30 mètres au-dessus des toits. Jossec et moi, nous sommes bercés dans l'air, comme à l'avant d'un navire. Ce mouvement de va-et-vient nous donnerait le mal de mer, si nous n'avions le pied aussi marin qu'aéronautique. — Les habitants d'Orléans, qui se sont réunis à la hâte autour de nous, nous regardent avec admiration, et montrent, par leur air ébahi, que ce moyen de transport leur est complètement inconnu. Ne croyez pas que le ballon reste à la même hauteur au bout de ses cordes, le vent le fait osciller à la façon d'un grand pendule retourné ; il pique une tête jusqu'à proximité des toits, pour bondir à 40 mètres ; quelquefois le mouvement d'oscillation est tel que l'aérostat soulève de terre une corde entière, avec les mobiles qui y sont pendus. Ceux-ci sont ravis de cette besogne si nouvelle pour eux ; ils ont les biceps tendus, et attraperont de bonnes courbatures ; ils reçoivent quelquefois des horions, sont jetés par terre au milieu des éclats de rire de leurs compagnons, mais tout cela n'est-il pas cent fois préférable aux obus et aux boîtes à mitraille? Pour le moment ces amabilités prussiennes ne sont pas à craindre. Vive la manœuvre du ballon captif! elle vaut mieux que celle du chassepot sous le feu des batteries ennemies. Mais ne nous félicitons pas trop à l'avance, l'heure du danger sonnera peut-être aussi pour nous !

Si le transport en ballon captif est pittoresque, curieux et dramatique, il faut avouer qu'il est d'une lenteur vraiment désespérante. Nous avons à passer le chemin de fer et les fils télégraphiques, c'est un travail de Romain. Il faut retenir le ballon par deux cordes seulement, en jeter deux autres au-dessus des fils, que nos hommes saisissent, recommencer une seconde fois la même manœuvre. Il faut avoir soin, pendant cette opération délicate, que les mobiles ne lâchent pas prise tous à la fois, car le *Jean-Bart* ne serait pas long à bondir à 2 ou 3,000 mètres de haut, abandonnant et les Prussiens, et l'armée de la Loire. Nous venons à bout du passage de notre Rubicon et nous continuons notre route au-dessus des champs hérissés d'échalas de vignes. Le vent qui est vif nous est contraire, il frappe le ballon sur une surface de 400 mètres carrés, voile énorme d'une force surprenante, aussi nos pauvres mobiles dépensent toute leur force pour nous traîner avec la vitesse d'une tortue. Il y a une heure que nous marchons et nous n'avons fait que deux kilomètres! Nous sommes à moitié chemin... Arrêtons-nous quelques moments au milieu de cette verte prairie. « Oh hisse! larguez les cordages! » Le ballon descend lentement et vient se reposer mollement sur un tapis de verdure, où nous faisons la sieste pendant un bon quart d'heure.

Il fait un froid de loup dans la nacelle, mon frère et le marin Guillaume nous y remplacent; bientôt le ballon reprend sa marche avec une lenteur plus grande encore, car l'ardeur de nos moblots s'est ralentie ; les cris et les rires sont plus rares, voilà déjà quelques traînards qui ne veulent plus rien traîner du tout. Je fais reprendre les cordes à ces paresseux qui se font un peu tirer l'oreille, et qui ne se mettent à l'œuvre qu'avec un enthousiasme bien modéré. Quoi qu'il en soit, nous arrivons au château du Colombier. Le ballon passe sans encombre au-dessus d'un rideau d'arbres qui entoure une vaste pelouse où le ballon la *Ville de Langres* est déjà posé.

La nacelle ramenée à terre est remplie de sacs de lest pleins de terre, et de grosses pierres qu'on y entasse. Le *Jean-Bart* ainsi chargé peut passer la nuit sans qu'il y ait crainte de le voir s'envoler.

Nous allons prendre possession des chambres qui nous sont réservées dans le château où Duruof et des employés du télégraphe sont déjà installés ; cette habitation est devenue le quartier général des aérostiers militaires.

Quel ne serait par l'étonnement du propriétaire s'il voyait le sans-gêne avec lequel on couche dans ses lits ! Mais quelle ne serait pas surtout sa douleur s'il savait comment les Prussiens, qui ont passé par là avant nous, ont arrangé son mobilier !

Tous les meubles sont brisés, les tiroirs gisent pêle-mêle, des lettres, des papiers, couvrent les parquets. Tout est décimé, mis en pièces. Les lits sont d'un aspect repoussant, on voit qu'une armée y a couché avec des souliers crottés. On n'a respecté que la batterie de cuisine, où le cuisinier des moblots travaille déjà à la préparation de notre dîner. Il a déniché un grand tablier dans quelque coin, et il préside à la cuisson d'un gigot avec la dignité d'un Vatel émérite. Deux de ses compagnons d'armes lui servent de gâte-sauce, et font cuire la soupe. Inutile de leur demander s'ils soignent le repas, car ils en mangeront comme nous!

Le capitaine de la compagnie est un charmant homme, très-gai, très-affable, nous sommes déjà les meilleurs amis du monde; nous nous disposons à mettre le couvert, avec les assiettes qui ont échappé aux dévastations prussiennes. Quant au lieutenant, c'est un étudiant du quartier Latin, un Parisien comme nous; au milieu des péripéties de nos voyages, nous avons plaisir à causer ensemble des souvenirs de la capitale, des bonnes parties d'autrefois, de parler de ce temps où la France jouissait d'une prospérité factice, inquiétante, que notre aveuglement nous montrait comme réelle. Où est le temps où l'orchestre du bal Bullier faisait bondir sur un plancher poussiéreux une jeunesse insouciante? Notre lieutenant parle de tout cela en connaisseur! Pauvre garçon, j'ai les larmes aux yeux en pensant à lui. Quinze jours après cette bonne causerie, il devait mourir, et son corps de vingt-deux ans allait reposer, à jamais enfoui sous la terre des champs de bataille. O guerre horrible, fléau désastreux, où conduis-tu ces milliers de jeunes gens, pleins de force, pleins d'enthousiasme? A la mort, à la plus cruelle de toutes, celle que le bon sens des peuples pourrait éviter. Combien d'entre vous dorment-ils à cette heure dans ces campagnes, où notre ballon vient de passer? Que de larmes, que de scènes de désolation sont à jamais gravées sur ces prairies, où nous passions alors presque gaiement, avec l'espoir du succès! Comme nous étions loin d'envisager l'avenir, à ces heures où l'espérance était encore permise! Comme nous pensions peu aux malheurs qui allaient impitoyablement s'abattre sur notre malheureux pays! Dormez sous les champs de bataille, héros inconnus! Vos petits-fils vous vengeront un jour! Vous êtes morts au lendemain de Coulmiers, croyant encore à la Victoire. Vous n'avez pas vu de nouveaux et terribles désastres, vous ne saurez jamais à quelle honte la France a été condamnée! Dormez en paix, dans ces campagnes dévastées! Un Luther, en voyant vos ossements, ne manquerait pas de s'écrier, comme au cimetière de Worms : « Heureux les morts : ils reposent! »

Pendant que nous dînons, un télégramme nous est remis au nom du directeur des télégraphes, qui a pris les ordres du général d'Aurelles de Paladine. On nous dit de transporter immédiatement notre ballon au camp de Chilleur, éloigné de notre première station de douze kilomètres. Il est décidé que nous partirons le lendemain de grand matin, car si le vent est vif, il nous faudra peut-être dix ou douze heures pour faire ce trajet. Nous étudions notre chemin sur une bonne carte, et nous nous décidons à suivre le lendemain une voie de chemin de fer en construction, où les arbres ne gêneront pas le transport de notre aérostat.

Après l'examen de notre itinéraire, la soirée se passe dans le salon du château, où un piano à queue reste intact : il a besoin d'être accordé, mais, malgré les sons de casserole fêlée qu'il fait entendre, il contribue à charmer nos loisirs. Un secrétaire, dans la pièce où nous sommes, a été forcé, et les lettres dont il était rempli sont entassées sur le parquet. Parmi ces débris, nous trouvons un petit paquet soigneusement ficelé, où sont écrits ces mots : « Cheveux de ma Virginie. » Un de nous recueille ce souvenir cher au propriétaire inconnu, qui nous donne l'hospitalité sans le savoir, il se promet après la guerre de le renvoyer sous enveloppe au château du Colombier. Est-ce un père qui retrouvera la précieuse relique d'une fille morte, ou un mari celle de sa femme ? Nous l'ignorons. Mais quoi qu'il en soit, une victime des barbaries prussiennes verra qu'une main sympathique a passé parmi le pillage et les ruines.

A onze heures, nous nous couchons tout habillés sur nos lits qui ne sont guère plus propres qu'une étable. Je m'endors d'un profond sommeil à l'idée que les ballons captifs vont pouvoir venir en aide à l'armée de la Loire, mes rêves me montrent l'ennemi que j'observe du haut de notre observatoire aérien ; la vaillante armée de la Loire avance sur Paris, elle repousse les légions prussiennes, et bientôt c'est la zone des forts de la capitale qui s'offre à sa vue. Encore une illusion que la triste réalité devait dissiper bientôt.

II

Le départ. — Le voyage en ballon captif. — Accident à Chanteau — Réparation d'une avarie. — Arrivée à Rebréchien. — Tempête nocturne. — Le *Jean-Bart* est crevé. — Retour à Orléans. — Gonflement du ballon la *République*.

Du 30 novembre au 3 décembre 1870.

Le temps est légèrement brumeux, des nuages opaques se promènent lentement dans des régions atmosphériques assez rapprochées de la surface du sol. Le ballon a été si bien réparé, si bien verni qu'il est presque aussi rond que la veille, c'est à peine s'il accuse une déperdition de gaz par quelques plis légers qui rident un peu sa partie inférieure. Vers l'équateur, il est toujours tendu par la pression intérieure, et son filet forme à sa surface comme un capiton qui défierait la main du plus habile tapissier.

Il est 7 heures du matin, il y a grand branle-bas au château du Colombier. La compagnie des mobiles a plié ses tentes ; les fusils, les sacs sont entassés sur des charrettes qui vont nous suivre, car les hommes ont assez de besogne à remorquer l'aérostat captif, le moindre fardeau gênerait la liberté de leurs mouvements. Le capitaine fait l'appel, il n'y a pas de déserteurs.

Nous allons partir, laissant Duruof et la *Ville de Langres* comme équipe de réserve.

Jossec et Guillaume déchargent la nacelle des pierres qu'on y a placées, ce n'est pas une petite affaire, car un de nos *moblots*, ancien maçon, solide comme Samson, a apporté là de véritables rochers d'un poids énorme.

Nous avons envoyé en avant les plateaux qui nous serviront pour les ascensions captives, et la batterie que j'ai fait construire pour remplacer, par de l'hydrogène pur, le gaz perdu par la dilatation ou l'endosmose. Bertaux, notre capitaine-trésorier, a acheté pour nous mille kilog. de zinc et dix touries d'acide sulfurique, qui représentent plusieurs rations de vivres pour le *Jean-Bart*. Un bon commandant n'envoie pas ses soldats en campagne sans biscuits, par la même raison, un aéronaute ne doit pas partir avec son ballon sans une bonne provision de gaz. Aussi nous sommes-nous munis de tout le matériel nécessaire pour le produire.

Mon frère rassemble les hommes, je monte dans la nacelle qui, suffisamment délestée, s'élève. Le ballon est suspendu dans l'espace à la hauteur de deux maisons de cinq étages; les quatre cordes qui le retiennent sont tendues aux quatre angles d'un grand carré par les mobiles répartis à chacune d'elles en nombre égal. On se croirait attaché sous le ballon à un grand faucheux à quatre pattes qui rampe sur les champs, car qu'est-ce qu'une hauteur de quelques étages pour l'aéronaute qui pourrait compter ses étapes verticales par plusieurs dizaines de tours de Notre-Dame superposées ?

Ah ! décidément, le voyage en ballon captif ne ressemble guère à l'excursion en ballon libre. C'est la différence qui existe entre la prison et le grand air de la liberté. L'aérostat n'aime pas traîner un boulet à sa nacelle. Il s'incline sous l'effort du vent, il fait grincer ses cordes et sa nacelle. Le voyageur est secoué dans son panier comme un nautonnier sur sa barque au sommet des vagues. Le vent siffle violent et froid. Tandis que là-haut, en liberté, on plane avec l'air en mouvement, que nulle brise ne se fait sentir, ici-bas, en captivité, il faut retenir son chapeau des deux mains, si l'on ne veut pas qu'il s'envole.

Au-dessus des nuages, les villages, les villes, les provinces défilent sous vos yeux comme un vaste panorama roulant; à la surface du sol, nous comptons notre route arbre par arbre. Les mobiles se pendent aux cordages et s'évertuent, le moindre coup de vent les soulève de terre. Mais patience et persévérance doit être maintenant notre devise. Arrivés au camp, nous aurons l'espoir de surveiller les Prussiens de haut, et si nous pouvons dévoiler leurs mouvements, quelle récompense de nos efforts, quelle compensation apportée à nos fatigues!

A midi, le soleil a paru, il a écarté les nuages de ses rayons brillants, mais avec lui la brise s'est élevée. Le vent souffle âpre et froid; il imprime des oscillations fréquentes à notre navire aérien. Nous sillonnons l'espace au-dessus de la voie de chemin de fer en construction que nous avons appris à connaître sur notre carte, mais quelquefois le *Jean-Bart* se rapproche de la cime des arbres, véritables récifs du navigateur aérien. Il ne faut qu'une branche verticale pour crever l'étoffe du ballon, à tous les pas nous redoutons un malheur. Chaque cime est une épée de Damoclès retournée sous notre nacelle.

Il est une heure, une clairière s'offre à nous, le ballon y est descendu; nos hommes se reposent. Je suis littéralement gelé, et mon frère se dispose à faire son quart après moi. Il prend place dans l'esquif avec le lieutenant de mobiles, mais à peine le ballon a-t-il été traîné de quelques centaines de mètres qu'une voix nous crie de la nacelle : « J'en ai assez, faites-moi descendre ! » C'est le pauvre lieutenant qui a eu le mal de mer. Il est vert comme une pomme en mai et vient de lancer son déjeuner par dessus bord en guise de lest ! Il revient à terre complétement guéri de sa passion aérostatique.

Nous continuons notre marche bien lentement jusqu'à Chanteau. Nous avons là à passer un chemin étroit bordé de rideaux d'arbres, que nous allons franchir en faisant monter le ballon jusqu'à l'extrémité de ses cordes. Mon frère vide deux sacs de lest pour maintenir le ballon à une hauteur suffisante, et augmenter par l'accroissement de force ascensionnelle la résistance à l'action du vent. Je crie aux mobiles de marcher vite s'ils le peuvent, afin de passer rapidement ce détroit dangereux. Le *Jean-Bart* se penche, et frise le sommet des premiers arbres, sans les toucher, puis il se balance vers ceux qui se dressent de l'autre côté de la route. Il oscille de nouveau et redescend vers un chêne élevé. — Il s'en rapproche rapidement ; va-t-il s'y briser ? mon cœur bondit d'inquiétude. Patatra ! C'en est fait du *Jean-Bart*, une branche s'est enfoncée dans l'appendice, et l'a crevé comme une peau de tambour ! Tout est perdu ! pensons-nous. Nous ramenons le ballon à terre, nous voyons avec joie qu'il n'en est heureusement pas ainsi : l'avarie peut se réparer. L'appendice seul est crevé. Jossec monte dans le cercle, et de son cachenez, étrangle le ballon au-dessus du cercle de l'appendice. — Nous l'aidons dans ce travail difficile, car perchés dans le cercle, et les mains levées, nous touchons à peine la partie malade de l'aérostat. Il faut faire une ligature à bras tendu, pendant que le vent nous balance, et nous jette dans les cordages, tantôt sur le dos, tantôt à plat ventre. En nous soutenant mutuellement, nous cicatrisons la plaie du *Jean-Bart*. Jossec qui sait ce que c'est qu'une voie d'eau dans un navire, a appris qu'une voie de gaz ouverte dans un aérostat n'est pas moins dangereuse. Mais il a su réparer celle-ci en habile aéronaute ; il est excellent gabier, et la navigation aérienne touche en bien des points à la navigation océanique.

L'air est agité, et le vent augmente d'intensité. Les rafales sifflent, et font bondir le ballon qu'elles ont déjà en partie dégonflé. L'étoffe n'est plus aussi bien tendue, elle se creuse par moment, en faisant entendre un bruit sourd et lugubre. — Il faut attendre que la tourmente ait passé. Car le transport devient actuellement impossible. Nous postons quatre factionnaires autour du *Jean-Bart*, et nous allons jusqu'au village de Chanteau, où nous prenons un modeste repas que nous avons tous bien gagné. On remplit de vin deux seaux, et nos moblots y puisent à tour de rôle. Cette collation ranime leur ardeur. Ils trouvent que, décidément, il y a du bon dans le service des ballons captifs.

En dépit du vent, nous nous décidons à continuer notre route, car nous voulons arriver au camp de Chilleur. Nous savons que le général d'Aurelles n'est pas bien convaincu de l'utilité des ballons captifs ; que dira-t-il si ses premiers ordres n'ont pu être exécutés pour cause de vent ? Qu'importent les obstacles imprévus, l'insuffisance d'un matériel improvisé, les difficultés dues à la mauvaise saison ? — Expliquer toutes ces bonnes raisons quand on a échoué, c'est perdre son temps. Il faut réussir à tout prix. Un général vaincu est un mauvais soldat. Un ballon dans une première tentative a été crevé. Supprimons les ballons. Voilà comme on juge aujourd'hui. Nous ne l'ignorons pas, aussi faut-il nous efforcer de vaincre le vent, notre ennemi à nous.

Les mobiles se remettent en marche traînant à la remorque le *Jean-Bart*, où nous sommes montés tous deux mon frère et moi. Les chemins sont couverts d'une boue gluante, qui se colle aux semelles, et nous préférons geler dans la nacelle que patauger dans la crotte. — D'ailleurs tout à l'heure un coup de vent sec, imprévu, a failli faire lâcher prise à tous nos hommes à la fois. Nous avons entrevu la possibilité d'une ascension libre, faite malgré nous. Dans le cas d'un semblable accident, nous tenons à nous trouver ensemble. Nous songeons même que nous n'avons pas d'ancre dans la nacelle et qu'en cas de départ dans les nuages, le retour à terre ne serait pas facile. Mais nous chassons de notre esprit cette vilaine perspective, nous ne pouvons pas, pour le présent, réparer cette omission, n'y pensons plus.

Le traînage de l'aérostat devient de plus en plus pénible. — Les mobiles sont fatigués. — Nous essayons d'un nouveau moyen de locomotion que nous regrettons bientôt de ne pas avoir usité plus tôt, car il est plus pratique et moins fatigant. Au lieu de traîner le ballon juché dans l'air à 30 mètres de haut, nous le faisons descendre jusqu'à un mètre ou deux de la surface du sol, les mobiles le maintiennent presque au-dessus de leurs têtes. — Dans ces conditions les oscillations ont une amplitude moindre, et le travail de traction est plus facile. Il était bien simple de songer de suite à ce procédé, mais on n'apprend décidément qu'à ses dépens.

Nous arrivons bientôt au milieu de vastes plaines, où nous n'avons plus à craindre les récifs terrestres. — Mais le soleil se couche et le vent ne s'apaise pas. Il est six heures. Nos hommes sont épuisés. Ils commencent à se plaindre, ils ne tirent que mollement, et ont toutes les peines du monde à ne pas laisser entraîner le ballon par le vent qui nous est toujours contraire. C'est à peine si nous faisons un kilomètre à l'heure.

— Courage, leur crions-nous, nous arrivons bientôt à Rebréchien. Il faut aller jusque-là, car en restant ici, il n'y aurait pas de dîner. Et là-bas, vous aurez un bon repas !

Nous avons les pieds et les mains littéralement glacés, et le mouvement de roulis de la nacelle devient insupportable. Mais nous n'osons rien dire. Quel exemple pour les soldats si les chefs se plaignaient déjà !

Bientôt, il fait nuit noire, quelques paysans regardent stupéfaits le passage de ce monstre inconnu pour eux.
— Le ballon se découpe sur le ciel, en une vaste silhouette noire qui se balance au-dessus de la plaine; il est tiré par des groupes humains qui ressemblent de loin à des ombres échappées du monde infernal. Tous ces travailleurs sont fatigués et silencieux. On dirait l'apparition fantastique d'une légende.

A 7 heures, la lune se montre et complète le merveilleux de cette scène bizarre ; elle nous éclaire de ses rayons, et se reflète sur l'aérostat, en lui donnant l'aspect d'une grande sphère de métal poli.

S'il fallait continuer quelques heures de plus un semblable voyage, nous ne tarderions pas à tomber de fatigue, au milieu des champs. Les pauvres mobiles ont les mains coupées par les cordes, ils marchent avec peine dans la terre labourée. Depuis que la lune s'est montrée, le froid est insupportable. — Une bise glacée nous paralyse dans la nacelle. Heureusement nous apercevons dans le lointain le petit village de Rebréchien qui allume ses feux du soir.

C'est la terre promise qui s'ouvre à nous. Il faudra demain recommencer le voyage. Mais une bonne nuit nous aura rendu nos forces.

A 8 heures, nous faisons arrêter le ballon à l'entrée du village. Il y a douze heures que nous sommes traînés en ballon captif, il y a douze heures que nos mobiles tirent sur des cordes de toute la force de leurs poignets : ma foi ce sont de solides gaillards, et bien d'autres à leur place auraient succombé à la tâche. Mais leur bonne volonté est à la hauteur de leurs poignes, ils aiment, malgré eux, leur ballon captif qui leur a donné tant de mal, car leur instinct leur fait comprendre qu'il y a là quelque chose de nouveau, d'inconnu, d'utile. Braves cœurs ! Ils aiment la patrie, ils sont pleins d'ardeur, pleins de zèle. Que n'aurait-on pas fait avec de tels soldats ! Mais il aurait fallu savoir les conduire, les soigner. Ils travailleront demain avec la même ardeur, mais à condition que ce soir ils dîneront et dormiront bien. C'est ce qui ne leur arrive pas tous les jours en présence de l'ennemi. Privés de sommeil, privés de nourriture, accablés de fatigue, ils fuient sous le feu des batteries prussiennes. Mais qui donc tiendrait tête à des solides combattants quand les privations de tous genres ont transformé l'homme robuste en un malade, chez lequel l'abattement, le découragement ont succédé au courage, à la résolution ? Un estomac trop longtemps vide ne sait plus avoir d'énergie.

Avant de nous livrer à un repos dont nous avons tous grand besoin, nous prenons soin de disposer le ballon de telle sorte que les coups de vent violents auxquels il est soumis sans cesse ne puissent l'entraîner au loin.

Jossec et Guillaume vont chercher des pelles et des pioches; ils creusent un trou carré où la nacelle, remplie de pierres et de sacs de lest, est enterrée jusqu'au bordage supérieur. Nous ne tardons pas à nous apercevoir que ces précautions sont insuffisantes, le ballon qui a perdu une quantité appréciable de gaz, est flasque et distendu, son étoffe devient concave sous l'effort de l'air agité, et ce qui nous étonne, c'est qu'il ne vole pas en lambeaux d'un moment à l'autre. En se creusant ainsi, l'aérostat forme voile, et acquiert une force de traction énorme; en quelques minutes, il a si bien élargi le trou de la nacelle, qu'il l'en retire, et courrait à la surface des champs avec la vitesse d'un train express si les *moblots* ne s'étaient jetés à temps sur les cordages; nous faisons rentrer la nacelle du *Jean-Bart* dans sa prison; nous attachons au cercle une corde solide à l'extrémité de laquelle nous fixons une ancre que nous enfouissons à deux ou trois pieds sous terre. Cette fois le *Jean-Bart*, croyons-nous, est cloué au sol, il sera peut-être éventré sous l'action du vent, mais il ne se débarrassera pas de ses liens. Hélas! L'un et l'autre accidents allaient survenir dans la nuit au plus fort de la tempête.

A 6 heures du matin, les rafales sont si puissantes que l'aérostat se penche complètement jusqu'à terre; là il roule sur lui-même, son étoffe se soulève avec force comme une poitrine opprimée. On dirait le râle d'un être vivant qui va succomber, et qui lutte encore contre la mort. Les mobiles en faction nous ont éveillés à temps pour assister à cette agonie. Mais que faire pour conjurer le mal? Nous sommes de pauvres médecins qui viennent trop tard, et qui ont à lutter contre une force qu'ils ne peuvent vaincre. Ces tortures du *Jean-Bart* nous font mal à voir; que de peines, que de tourments, que de patience devenus inutiles ! — Nous allons échouer en vue du port.

Pauvre ballon ! Son étoffe est bien solide, car elle est froissée par le vent, avec une violence inouïe, l'air s'y engouffre précipitamment, et y résonne sourdement. Le *Jean-Bart* se crispe, s'agite, touche le sol, puis se redresse, bondit et s'allonge, comprimé par le poids de l'air en mouvement. Tout à coup une rafale siffle dans les arbres avoisinants qu'elle fait ployer, elle enlève le ballon comme un fétu de paille, et l'entraîne à cent mètres de son point d'attache. Arrivé là, le *Jean-Bart* s'affaisse, il a succombé dans cette lutte inégale du faible contre le fort, son étoffe s'est fendue de l'appendice à la soupape. Le gaz s'échappe en une seconde : Le fier aérostat si beau, si puissant, n'est plus qu'un lambeau d'étoffe informe, un amas de chiffons, une guenille. Il a perdu sa vie, son âme, il est mort. Mais, contrairement à l'être animé, il ressuscitera sous la même forme ; une bonne couture, une pièce d'étoffe et deux mille mètres cubes d'hydrogène carboné, produiront le miracle.

Les témoins de cette scène étrange sont stupéfaits de cette force de l'air, frappant une surface légère, car ils ont assisté à une expérience vraiment remarquable. Le ballon a soulevé sa nacelle remplie d'un poids de deux à trois mille kilogrammes, il a entraîné son ancre avec lui, en lui faisant tracer dans la terre labourée un sillon d'un mètre de profondeur. Je crois pouvoir affirmer que cinquante chevaux et peut-être même davantage n'auraient pas déraciné ce fardeau.

Cherchez donc la direction des ballons, avec un vent pareil ! Où vous cacheriez-vous, utopistes et faux inventeurs qui voulez conduire les aérostats dans l'air avec une paire de rames, avec une voile, grecque ou latine, si vous aviez été là parmi nous à voir succomber le *Jean-Bart!* Apprenez à connaître l'outil que vous voulez améliorer, avant de rêver pour lui des progrès insensés. Maniez les ballons, montez dans leurs nacelles, gravissez les sommets des nuages, conduisez-les à terre et en l'air, et dans ces promenades pratiques vous rencontrerez peut-être l'inconnu que vous cherchez. — Mais vous ne trouverez jamais rien, en faisant de l'aéronautique en chambre. Ce n'est pas assis devant un bureau que Watt a trouvé les merveilleux organes de la machine à vapeur, c'est le marteau à la main, dans un atelier de mécanicien.

Nous replions l'aérostat, et la foule des paysans qui n'était pas là hier à notre arrivée, accourt pour voir le ballon. La figure de quelques-uns d'entre eux est vraiment comique.

— Jean-Pierre, tu verras le ballon demain matin, avait dit un témoin de notre arrivée à son ami, c'est une grande machine ronde qui se remue, souffle, s'agite, qui est deux fois grande comme notre clocher et qui traîne dans un panier des messieurs de Paris.

Et Jean-Pierre est ébahi de voir un paquet d'étoffe pliée, qui tient dans un panier d'osier. Il se demande si on ne s'est pas moqué de lui. Mais il ne sait pas qu'il faut voir un ballon gonflé. Je ne puis m'empêcher de comparer le gaz d'un aérostat à la parole de certains avocats; que reste-t-il, quand le gaz est sorti?

Nous sommes assez penauds pour notre part, et c'est l'oreille basse que nous nous décidons à envoyer un télégramme à Tours où l'on attend de nos nouvelles. Nous revenons à pied à Orléans.

Après quatre heures de marche, nous entrons en ville;

la réponse à notre missive est déjà venue. Sachons rendre justice à l'intelligence du directeur des télégraphes qui s'occupe du service des ballons captifs, au lieu de bouder, de se plaindre et de nous décourager comme l'auraient fait tant d'autres, il nous félicite chaleureusement de nos efforts, et nous excite à recommencer. « Je vous envoie six ballons, nous dit-il, crevez-en autant que vous voudrez, mais réussissez. » Voilà de bonnes paroles qui nous réconfortent, c'est ainsi qu'on fait marcher des hommes d'action. — Malgré notre premier échec, on ne nous congédie pas avec l'épithète de traîtres. — Nous sommes décidément plus heureux que nos généraux.

Du reste, ce n'est pas la persévérance qui nous manquera, mon frère et moi, nous avons le défaut ou la qualité d'être têtus comme mulets, quand nous avons un projet en tête. Le lendemain nous réparons de bon cœur un autre ballon, la *République universelle*, venu de Paris le 14 octobre. Nous allons le gonfler au premier signal, et nous pensons bien qu'il n'y aura pas de tempête tous les jours aux environs d'Orléans. Pour plus de précautions, nous préparerons même aussi un second aérostat, voulant avoir deux cordes à notre arc. Je n'oublie pas d'ailleurs un conseil de mon ami Gustave Lambert qui a appris à connaître la vie : « Pour réussir, me disait-il un jour, il y a un mot qu'il est indispensable de bannir de la langue française, c'est le mot *découragement*. » Quelque modeste que soit notre sphère d'action, prenons le parti de le rayer de notre dictionnaire.

Un télégramme envoyé de Tours nous apprend que le mouvement de nos troupes est retardé de deux ou trois jours, et que nous avons le temps de prendre nos dispositions avant l'attaque. Cette nouvelle vient à point, car l'usine d'Orléans ne pourra nous fournir 2,000 mètres cubes de gaz avant le 3 décembre.

En attendant le jour du gonflement, nous faisons une visite au camp français accompagnés de quelques amis. Nous sommes reçus d'abord par les turcos, dont le campement si bizarre, si pittoresque, doit ressembler aux smalas du désert. Ces braves moricauds nous offrent un café excellent, et boivent à la santé de la France. Pauvres Arabes, quels vides effroyables sont ouverts dans vos rangs par le mécanisme de l'artillerie prussienne! L'homme est faible devant la machine impitoyable! Que peut le courage contre un projectile aveugle, contre une puissance aussi brutale qu'invincible?

Samedi 3 décembre. — Nous commençons au lever du jour le gonflement de notre nouveau ballon, la *République universelle*. Ce nom un peu long n'est pas très-heureux, mais nous ne voulons pas toucher au baptême de Paris. Nos marins Jossec et Guillaume, et les mobiles sont à leur poste, ils commencent à se familiariser aux manœuvres aérostatiques, que facilitent aujourd'hui un temps calme, un ciel serein.

A 3 heures de l'après-midi, nous nous mettons en route, et bientôt perchés dans notre nacelle, nous passons au-dessus des campagnes, remorqués par les mobiles, à travers les échalas de vigne. L'air est à peine agité, et la *République universelle* mollement bercée, à l'extrémité de ses cordes, ne nous secoue pas trop violemment dans notre panier d'osier. Nous dirigeons notre marche à côté du château du Colombier, vers un petit village, où nous ferons notre première étape. Demain nous espérons arriver, à la fin du jour, au camp de Chilleur, où l'on nous attend.

Duruof avec son ballon restera encore en réserve; il ne se plaint pas de son inaction et nous nous demandons s'il ne se félicite pas de se tenir à l'abri des projectiles prussiens.

III

La déroute de l'armée de la Loire. — Les ballons captifs au château du Colombier. — Aspect d'Orléans. — Le dernier train. — Les blessés. — Vierzon.

Dimanche 4 décembre 1870.

Après bien des difficultés, analogues à celles que nous avons décrites, le ballon la *République* arrive enfin au terme de sa première étape, près d'un petit hameau situé à 1 kilomètre à peine du château du Colombier. Il n'y a là que quelques chaumières tristes et monotones. Il est cinq heures, le vent assez vif agite l'aérostat qui plie sur son cercle, comme un arbre pendant l'orage. Les marins creusent dans le sol un trou profond pour y enfouir la nacelle, ils manient la pioche au milieu d'une plaine abritée par des peupliers, privés de feuilles et roides comme les mâtures d'un navire. On entend au loin le bruit de la canonnade qui fait retentir l'air comme le tonnerre pendant la tempête. Depuis deux jours, ce concert lugubre frappe sans cesse nos oreilles.

Le capitaine des mobiles préside à la distribution des vivres de ses soldats, nos marins cherchent des habitations où ils pourront trouver un abri. Quant à nous, l'hospitalité nous est offerte par de braves paysans. Ils ouvrent aux aérostiers leur humble maisonnette; un feu flambant pétille dans l'âtre; l'hôtesse prépare à notre intention un repas frugal composé d'une omelette et de fromage arrosés de vin blanc. Le soir, après l'inspection du ballon qui s'agite toujours convulsivement sous le souffle de l'air, nous rentrons nous coucher, mon frère et moi, étendus tout habillés sur deux matelas placés à terre. Le capitaine et le lieutenant de la compagnie de mobiles restent assis au coin du feu. La chambre qui nous abrite est ouverte à tous les vents, les carreaux des fenêtres ont été brisés par les Prussiens à l'époque de leur première visite à Orléans. Ces pillards n'ont rien respecté dans l'humble habitation ; quand ils y sont entrés, on leur a donné des fromages, du pain et du vin, tous les vivres de la campagne, mais ils ont cassé sans pitié les chaises, les commodes, ils ont brisé un vieux coucou, précieux souvenir de famille, ils ont mis en morceaux une glace, seul objet de luxe de l'ameublement de la pauvre chaumière.

A minuit, des pas sonores nous réveillent en sursaut. Ce sont des mobiles qui viennent appeler le capitaine.

— Venez, capitaine, disent-ils, on entend au loin un bruit singulier ; sur toutes les routes c'est comme le roulement de nombreuses voitures, on croit apercevoir aussi des cavaliers qui passent sur le sol glacé.

Tout le monde est bientôt sur pied. Rendus à travers champ à la route la plus proche, un sinistre défilé s'offre à nos yeux. Des voitures d'approvisionnement passent en files serrées, puis ce sont des cuirassiers qui trottent au milieu des ténèbres suivis d'une formidable procession de canons et de caissons d'artillerie. Çà et là des soldats égarés traversent les champs, comme des ombres effarées, sautent par dessus les haies ; mornes, abattus, ils marchent la tête basse, sans rien dire, sans rien voir, leurs vêtements sont en lambeaux, les uns ont la tête enveloppée d'un foulard, les autres, demi-nus, se drapent dans de méchantes couvertures ; ceux-ci boitent et traînent le pas, ceux-là ont le bras en écharpe, quelques-uns, maladifs et pâles, s'appuient sur l'épaule d'un ami.

— Tout est perdu, nous dit un vieux zouave à barbe grise, les obus tombent on ne sait d'où. Dieu me damne, si j'ai rien vu de semblable ! Ces maudits Prussiens sortent du sol pour nous écraser, nulle résistance n'est possible !

Tout en faisant la part de l'exagération des fuyards, nous nous rendons à l'évidence, car le lugubre défilé se prolonge à perte de vue, avec toute la physionomie d'une déroute. Comment traduire les sentiments qui s'agitent dans notre esprit consterné ? Quelle tristesse s'empare de notre âme au retour dans la pauvre chaumière ! C'en est donc fait de la France ! L'armée de la Loire, victorieuse à ses débuts, est déjà terrassée !

La fatigue est le meilleur palliatif de la douleur ; malgré l'émotion qu'a fait naître l'horrible tableau du désastre, nos yeux se ferment, et le sommeil vient arrêter le souvenir.

Lundi 5 décembre. — A 5 heures du matin, tout le monde est sur pied. La déroute a duré toute la nuit, le défilé lugubre n'a pas discontinué un instant. Au lever du jour, elle s'accentue plus complète encore, et les premiers rayons d'un soleil d'hiver éclairent les milliers de voitures qui se dirigent vers Orléans. Plus loin, on voit encore des cuirassiers aux manteaux rouges, et de nombreuses pièces d'artillerie. Des blessés, le teint pâle, l'œil livide, sont ramenés sur des cacolets.

La *République* est toujours gonflé au milieu de la prairie. Que faire ? Nul ordre ne nous est envoyé ! Nous laisserons-nous prendre sottement par les Prussiens qui approchent? Un mobile court au château du Colombier, où est installé un poste télégraphique. Aucune nouvelle, aucun ordre : notre devoir nous impose l'obligation d'attendre jusqu'à la fin. Comment se décider à plier bagage, en songeant que le ballon peut être utilisé au dernier moment.

Que les Prussiens viennent s'ils le veulent ! Qu'ils nous cernent, qu'ils nous entourent ! Il sera toujours temps de couper nos cordes, et de lancer la *République* au-dessus des nuages ! Nos mobiles et nos marins, débarrassés de leur ballon, trouveront bien à se sauver à pied. Ils ont tous des chassepots, des revolvers et sont décidés s'il le faut à en faire bon usage.

Attendons. C'est la décision qui est prise au milieu de la panique.

— Attendons si vous voulez, nous crie d'un air insouciant le lieutenant des mobiles qui vient de se joindre à nous, mais, pour Dieu ! déjeunons.

Et disant ces mots, il nous montre en riant un magnifique lapin qu'il vient d'acheter trente centimes à un paysan. Ce brave homme s'est excusé de le faire payer un peu cher. Mais les temps sont durs. Hélas ! A trente lieues d'ici, dans les murs de Paris, ce lapin coûterait à nos amis autant de pièces de cinq francs que nous l'avons payé de sous !

A 11 heures, le bruit de la canonnade se rapproche singulièrement, des paysans accourent consternés ! Les obus, disent-ils, tombent à 1000 mètres d'ici.

Qu'allons-nous devenir ? L'équipe est vite rassemblée, il faut faire les préparatifs de l'ascension. Au même moment, une estafette accourt. On nous donne l'ordre de plier le ballon, et de le porter de l'autre côté de la Loire, où l'armée se rassemble. Le dégonflement se fait en toute hâte. Mais il y a pour une bonne heure de travail.

Voilà une charrette qui passe attelée d'un bon cheval.

— Holà ! mon bonhomme, crie le capitaine au charretier, vous êtes vide, je mets votre voiture en réquisition, nous en avons besoin.

— Ma foi, mon capitaine, prenez, si vous voulez, la voiture et le cheval ne sont pas à moi.

Le filet plié, le ballon, la nacelle, sont hissés sur la charrette qui se met en marche. Il était temps : les projectiles ennemis sifflaient dans l'air et tombaient à profusion sur le château du Colombier.

Je cours payer notre brave hôtesse, et je vois le lieutenant de mobiles devant le foyer de la cheminée. Une cuiller à la main, il fait mijoter son lapin.

— Allons, mon lieutenant, en route. Vous avez fait là un joli déjeuner pour les Prussiens. Mais consolez-vous, nous mangerons à Orléans !

Le pauvre village va être abandonné. Les ennemis vont venir. Tous les paysans sont en proie à la plus violente émotion, on en voit qui se sauvent, on en voit d'autres qui se hâtent de cacher les objets qui leur sont chers !

Nos 150 mobiles suivent la charrette. On arrive bientôt par un chemin de traverse à la grande route qui conduit en ville. Mais nous attendons une grande demi-heure pour prendre rang au milieu de la longue queue de voitures d'approvisionnement et de troupes qui défilent depuis plus de douze heures.

Il faut avoir assisté au spectacle de la retraite de cent mille hommes pour se faire une juste idée du chaos, de l'encombrement désordonné qui en résulte. Deux files de charrettes suivent la route au milieu des troupes ; des cavaliers dominent pêle-mêle cet océan humain, chaque charretier veut devancer son voisin, à chaque minute la file s'arrête pour ne reprendre qu'un pas lent et irrégulier. Tout le monde est silencieux, atterré, comme abruti. Tantôt des estafettes courent pour porter des ordres; il faut leur ouvrir un passage; des canons remontent le courant pour protéger la retraite jusqu'à la nuit. — Cependant le bruit de la canonnade augmente d'amplitude, l'ennemi approche ! Aura-t-on le temps de traverser la Loire ? Fasse le ciel que les obus ne tombent pas sur la route, cachée sous un ruban de soldats et de voitures !

L'encombrement augmente à mesure qu'on avance. Devant la porte d'Orléans le courant s'arrête pendant près d'une heure. La foule serrée, est immobile. Chacun est cloué à la même place, sans pouvoir faire un pas en avant ou reculer d'une semelle. Je ne sais quoi de triste, de lugubre domine ce tableau. Toutes les maisons du faubourg Banier se ferment, les ruines du premier envahissement sont encore fumantes et semblent menacer les habitations intactes. Les portes sont tirées au dedans, les volets sont clos; de temps en temps une tête passe pour voir si ce sont encore des pantalons rouges qui défilent !

A trois heures de l'après-midi, les pièces de canon de la marine, placées en avant des faubourgs d'Orléans, commencent à tonner au moment où nous arrivons place Jeanne d'Arc ; nous voyons là un colonel furieux, les yeux injectés de sang, qui court après des fuyards un revolver à la main ; il les rassemble en un peloton. Un tambour résonne, et les lâches sont contraints de se porter à l'ennemi. La caisse sonne la charge d'un ton lugubre et monotone.

La faim commence à nous faire subir ses angoisses,

mais il ne reste plus un morceau de pain à Orléans. Cent mille hommes viennent de passer là avant nous. Nous courons à la gare où Bertaux, Duruof et son équipe, les colombophiles Van Roosebeke et Cassiers sont réunis. Nos ballons sont sauvés du naufrage. Nous allons tous partir par le dernier train qui se forme sous nos yeux. Il est uniquement composé de fourgons où s'entasse une foule énorme.

Jamais je n'oublierai l'épouvantable tableau qu'offre en ce moment la gare d'Orléans. Elle est encombrée de blessés, aux yeux hagards, qui se traînent jusqu'au train pour s'enfuir. Notre fourgon contient six ballons, nous sommes dix-sept avec nos équipes, et en outre cinq capitaines de la ligne ont pris place accroupis sur les nacelles. De malheureux blessés nous supplient de leur donner asile, mais il est de toute impossibilité de placer une aiguille parmi nous. Les uns ont la tête ouverte par une balle, d'autres ont le bras ballant et inerte, d'autres s'appuient sur les épaules d'un camarade. Tous ces soldats sont à demi couverts de vêtements en lambeaux, des zouaves n'ont plus ni molletières ni souliers, la plupart n'ont pas de capotes, ni de képis, ni de couvertures... et il gèle à pierre fendre!

Le train va partir. C'est le dernier, il est cinq heures Les blessés qui ont encore quelque force se hissent sur le toit des fourgons; malgré le froid, ils se tiennent là immobiles, couchés à plat ventre. Ceux-là sont encore privilégiés, car d'autres, bien plus nombreux, ne partiront pas. La captivité les attend! Ils gémissent, ils pleurent, ces malheureux, à l'idée d'être enlevés à ce lien si cher, à la patrie, à la famille, aux amis. Le cœur saigne devant de tels tableaux que nulle plume ne saurait décrire! Au milieu de tout cela, des têtes affolées crient et s'agitent, des paniques s'emparent de la foule.

— Les rails sont coupés, disent les uns, votre train va être brisé !

— Les canons prussiens, disent les autres, vous attendent au tournant de la Loire.

A cinq heures et demie, la locomotive siffle. Le train part, au milieu du gémissement des blessés exposés sur le toit des fourgons. Le coup de collier brusque de la machine a ouvert leurs plaies et leur a arraché des cris de douleur. Nous suivons lentement le bord de la Loire; les boulets français sifflent à travers les arbres, on aperçoit au loin le pont d'Orléans littéralement couvert d'une mer humaine. A côté, un pont de bateaux jeté sur le fleuve facilite le mouvement de la retraite. Le soleil se couche; son disque, rouge comme du sang, lance ses derniers rayons sur cet horrible panorama qu'accompagne le bruit du canon. Au milieu d'une telle désolation, je me figure entendre la grande voix du poëte, s'écrier comme après Waterloo :

> C'est alors
> Qu'élevant tout à coup sa voix désespérée,
> La déroute géante, à la face effarée,
> Qui, pâle, épouvantant les plus fiers bataillons,
> Changeant subitement les drapeaux en haillons,
> A de certains moments, spectre fait de fumée,
> Se lève grandissante au milieu des armées,
> La déroute apparut au soldat qui s'émeut
> Et, se tordant les bras, cria : Sauve qui peut !

Nous croisons en chemin le train de M. Gambetta, mais un signal le fait arrêter. Il n'est plus temps d'entrer à Orléans. Les rails viennent d'être coupés. Le ministre de l'intérieur et de la guerre est obligé de rebrousser chemin, de revenir à Tours.

Cependant nous sommes entassés pêle-mêle dans notre fourgon, plongés dans une obscurité complète, l'estomac vide et littéralement gelés, car la bise glaciale siffle à travers les portes mal jointes. Mais comment oser se plaindre en entendant sur nos têtes le bruit que font en frappant du pied les malheureux blessés juchés sur le toit du fourgon? Quelques-uns sont râlants, la douleur les a vaincus, la mort va les saisir ! En effet, à minuit, le train s'arrête à Vierzon. On retire des cadavres des voitures. Quelques blessés, pendant le voyage, sont morts de froid ! Détournons les yeux de scènes aussi épouvantables et entrons à Vierzon, où nous devons rester jusqu'à quatre heures du matin.

Il fait nuit noire. Pas un passant dans les rues. Un hôtel est en face la gare, une lumière y brille. Le marin Jossec frappe à la porte, on ouvre.

Nous entrons dans une grande salle qui est le restaurant de l'endroit.

— Que voulez-vous? nous dit le patron d'un ton grognon, je n'ai pas de place ici pour vous loger.

— Nous venons d'Orléans, épuisés de fatigue, de faim. Voilà plus de vingt-quatre heures que nous n'avons pas mangé. Donnez-nous à souper et allumez un bon feu. Nous partons dans trois heures.

— Impossible, riposte le patron, il est passé minuit et je ferme. Je ne peux vous recevoir, retirez-vous.

J'insiste poliment en faisant comprendre à mon interlocuteur que nous venons de l'armée, que son patriotisme devrait le mettre dans l'obligation de nous mieux accueillir. Il ne veut pas entendre raison.

— Retirez-vous, dit-il insolemment, et il ferme la

porte au nez de nos marins qui viennent nous rejoindre.

Nous commençons à nous fâcher tout rouge.

— Ouvrez de suite, disons-nous, ou la porte vole en éclats.

Et voilà nos marins qui frappent au dehors avec violence. Le patron se décide à ouvrir, il est furieux.

— Je vais aller chercher le poste, dit-il. D'ailleurs, qui êtes-vous ? Je ne vous connais pas.

— Votre insolence nous dispenserait de vous donner d'explication, mais voici nos papiers bien en règle qui vous montreront d'où nous venons. Maintenant, rappelez-vous que nous sommes ici quatorze hommes bien décidés, forts de notre droit et de notre argent, à prendre l'asile et le dîner que vous refusez.

Cette menace ne produit pas mauvais effet. La patronne est descendue, elle appelle son mari dans la cuisine ; la bonne arrive. Il se tient là un petit conseil de guerre qui se termine en notre faveur.

Le maître d'hôtel se décide à allumer un grand feu, à nous servir un excellent repas que nous dévorons avec un appétit de naufragés. Il nous fait chauffer du café, nous causons en fumant jusqu'à quatre heures du matin, heure à laquelle nous reprenons un train qui nous transporte à Tours.

IV

Organisation définitive des aérostiers militaires à Tours. — Expérience d'une montgolfière captive. — Expédition de Blois. — M. Gambetta et le chef de gare. — Nouvelle défaite. — Tours et le Mans. — Le camp de Conlie. — Ascensions captives.

Du 6 au 20 décembre 1870.

Tours, que nous retrouvons, n'a pas changé d'aspect. Toujours même mouvement dans les rues. On rencontre des officiers de tous les régiments, des francs tireurs de tous les costumes, de toutes les espèces, des solliciteurs de tous les rangs. Mais le niveau de l'espérance a singulièrement baissé, on parle du déménagement du gouvernement; les optimistes les plus convaincus ne se dissimulent plus la gravité de la situation. Où nous mèneront ces désastres accumulés? Où allons-nous? C'est ce que chacun se demande avec anxiété.

Le nouveau théâtre est transformé en un arsenal aérostatique où sont amoncelés les ballons venus de Paris. Ils sont réparés, pliés dans leurs nacelles, afin qu'il soit possible au moment voulu de les utiliser. La famille Poitevin, venue d'Italie, pour offrir ses services aériens à la France, critique l'emploi des ballons à gaz pour les usages de l'armée, et veut substituer les montgolfières qui, sans exiger une usine pour être gonflées, nécessitent seulement quelques bottes de paille enflammées.

M. Steenackers me fait l'honneur de me demander mon avis à ce sujet. Je ne lui dissimule pas ma façon de penser : — Certes, lui dis-je, le ballon à gaz a contre lui l'embarras du gonflement, mais une fois rempli, il a une force ascensionnelle assez considérable pour résister à un vent d'une intensité moyenne, il reste gonflé plusieurs jours de suite, toujours prêt à transporter l'observateur à deux cents mètres dans l'atmosphère. — La montgolfière se gonfle vite, mais elle a une faible force ascensionnelle, elle se penchera contre terre sous l'effort de la moindre brise, et vite refroidie, elle perdra en un clin d'œil toute son énergie.

Du reste toute discussion, toute opinion, ne valent pas une expérience. Que ceux qui ne partagent pas notre manière de voir sachent nous convaincre par les faits; nous ne demandons pas mieux que de changer d'avis quand nous aurons vu.

7 décembre. — Une montgolfière construite à Tours, se gonfle à midi, dans le jardin de la Préfecture. Les membres de la Commission scientifique, M. Steenackers, quelques aéronautes assistent à l'expérience. L'appareil est suspendu à une corde horizontale fixée à la cime de deux grands arbres ; on apporte des bottes de paille que l'on allume à sa partie inférieure. L'élévation de température produite par la combustion, dilate l'air contenu dans la sphère de toile, qui s'arrondit complétement en moins de vingt minutes. On attache à la hâte une petite nacelle où le fils Poitevin se tient à peine ; il jette un peu de lest, et la montgolfière s'élève, enlevant avec elle un câble que quelques hommes retiennent à terre. Mais c'est bien péniblement que l'appareil se soulève du sol, il monte à dix mètres et s'arrête là, haletant, épuisé. L'aéronaute jette un sac de lest, puis un second, et tout ce qu'il peut faire, c'est d'atteindre le sommet d'un bouquet d'arbres, où il se pose comme un pauvre oiseau auquel on aurait coupé les ailes. Déjà la montgolfière se dégonfle, elle est fixée à un obstacle terrestre qu'elle ne veut plus quitter. — Le fils Poitevin abandonne sa nacelle, et descend de l'arbre de branche en branche. Une mauvaise langue lui dit au retour de son humble voyage : — Pour en faire autant, il n'est pas besoin de montgolfière. Vous auriez pu monter à l'arbre comme vous en êtes descendu ! »

Pour ma part je m'attendais à ce résultat, et je me demande même comment des aéronautes experts ont pu s'engager dans une semblable tentative. Il est bien facile de calculer la force ascensionnelle d'un aérostat à gaz ou à air chaud, il n'est pas nécessaire d'être mathématicien pour savoir que si elle varie, ce n'est certes pas selon la volonté de son aéronaute. Un athlète qui est capable de porter 20 kilogrammes à bras tendu, ne s'engage jamais à en porter 100. Une montgolfière de 1200 mètres cubes enlève un voyageur en liberté, mais elle n'est pas capable de soulever en outre la corde qui la retient captive, et de lutter par un excès de force ascensionnelle, qu'elle ne possède pas, contre l'impulsion du vent.

Cette expérience a cela de bon, qu'on ne parle plus des montgolfières. On en revient aux ballons à gaz, et il est décidé que pour régulariser notre situation, on organisera une compagnie d'aérostiers militaires, attachés à l'armée et dépendant du ministère de la guerre, car à Orléans nous n'avions aucune commission en règle. Si l'ennemi nous avait pris avec nos ballons, il n'aurait certainement pas manqué de nous fusiller d'abord. On aurait avisé ensuite.

Voici les aéronautes que M. Steenackers a signalés au ministre de la guerre, et qui viennent de recevoir les galons de capitaines :

Gaston Tissandier.
Albert Tissandier.
J. Revilliod.
A Bertaux.
Poirrier.
Nadal.
J. Duruof.
Mangin.

Il est convenu que mon frère et moi, nous prendrons possession du ballon de soie la *Ville de Langres*, et du *Jean-Bart* qui sera réparé. Nous aurons, comme chefs d'équipe, Jossec et Guillaume, et quatre autres matelots comme aides-manœuvres.

MM. Revilliod et Poirrier dirigeront les opérations de deux ballons de 2000 mètres cubes. Leurs chefs d'équipe sont les marins Hervé et Labadie, venus de Paris en ballon, qui seront aidés par quatre matelots.

M. Bertaux est choisi comme capitaine trésorier de la compagnie : il sera assisté de M. Bidault. M. Nadal sera chargé des démarches à faire pour le gonflement, il prêtera son concours aux deux équipes.

MM. J. Duruof et Mangin sont incorporés dans la compagnie, mais ils resteront à Bordeaux, chargés de surveiller le matériel de réserve, et de préparer ce qui est nécessaire à leurs collègues en activité.

Chaque ballon en campagne sera accompagné de 150 mobiles.

On nous a fait faire un costume très-simple, qui offre

quelque analogie avec celui de la marine. Seulement les galons sont en argent et l'ancre de la casquette est penchée. On nous remet notre nomination du ministère de la guerre, et nous touchons le jour même notre solde d'entrée en campagne, qui s'élève à 600 francs. Elle est destinée à nos frais d'équipement. Nous avons des appointements de 10 fr. par jour.

La compagnie des aérostiers militaires est ainsi parfaitement organisée, mais on en complique malheureusement la formation par la nomination d'un colonel et d'un commandant. — Rien de mieux, direz-vous ? — Sans aucun doute, si ces chefs que l'on nous impose ont quelque connaissance pratique qu'ils sont à même d'utiliser. Mais leur seul mérite aérostatique est d'être parents et amis de hauts fonctionnaires. Ils n'ont jamais été en ballon et n'iront probablement jamais, mais ils n'en touchent pas moins de gros appointements. On leur donne en outre la direction du service des pigeons voyageurs qu'ils ne connaissent pas mieux que les ballons ; ils regardent faire les hommes spéciaux, Van Roosebeke, Cassiers et leurs collègues venus de Paris en ballon avec leurs messagers ailés, mais ils touchent encore de ce côté de bonnes et grasses rétributions. — Pendant que nous allons gonfler plus tard nos ballons au Mans, à Laval, notre colonel et notre commandant resteront à Poitiers, jouant au billard et fumant des cigares. Le premier janvier, ils seront nommés chevaliers de la Légion d'honneur pour action d'éclat. — Vous riez, n'est-ce pas ? Et cependant rien n'est plus vrai, les choses se sont passées exactement comme nous le disons là. Ce serait comique, si ce n'était navrant, car il est à supposer malheureusement que ce fait n'est pas isolé, et que la France a été en proie à un désordre, un gaspillage inouïs, élevés à la hauteur d'une institution.

Hélas ! faut-il qu'aujourd'hui, comme hier, il y ait mêmes abus, mêmes faveurs ! Est-il donc écrit que les gouvernements doivent se suivre et se ressembler ! Suivant l'expression d'un de nos plus spirituels journalistes, serait-ce bien toujours la même boutique, et n'y aurait-il de changé que l'enseigne ?

Vendredi 9 décembre. — A 8 heures du matin, la compagnie des aérostiers militaires part pour Blois. Nous avons à notre disposition deux fourgons, où sont nos ballons, une plate-forme roulante où se trouve la batterie à gaz ; le zinc en lamelles et les touries d'acide sulfurique. Il paraît qu'on va se battre dans ces parages et que nous pourrons rendre d'importants services.

Nous arrivons à Blois, dans nos fourgons, car il ne faut plus songer aux wagons de voyageurs. Du reste, quoique ce mode de locomotion soit peu confortable, c'est bien là le cadet de nos soucis.

On ne vit plus réellement dans les temps où nous sommes, les malheurs s'abattent sur la France avec une telle rapidité, que l'esprit égaré, éperdu, est en proie à un vertige perpétuel qui lui ôte toute réflexion. A Blois, nous trouvons une ville bouleversée. Tout le monde parle de nouveaux revers, de nouveaux désastres. Dans les rues, on nous apprend que les Prussiens sont aux portes, nous courons à la préfecture et ces tristes renseignements se confirment.

Le général P... fait sauter sous nos yeux le pont de pierre. On nous apprend ensuite que dans sa précipitation, il a oublié d'envoyer chercher les approvisionnements de farine qu'on a laissés de l'autre côté du fleuve. On nous affirme que 10,000 soldats qui s'étaient cachés à Chambord, pour attaquer les Prussiens à l'improviste, ont été surpris eux-mêmes pendant la nuit, que trois batteries de canons ont été prises par l'ennemi. Mon Dieu ! mon Dieu ! quelle confusion, quel désordre !

A la gare, nous voyons revenir des convois chargés de blessés, voilà ce qui ne manque plus aux spectacles que nous sommes appelés à voir. Dans l'ambulance un jeune soldat a la mâchoire inférieure enlevée, sa bouche est devenue béante, son œil hagard est effrayant. Je détourne la tête. C'est horrible à voir. Une sœur de charité panse cette plaie.

Quel tableau pour un grand artiste ! Au lieu de nous représenter la guerre par des bataillons qui prennent une redoute au milieu d'une fumée de poudre et de gloire, qu'il retrace cette scène navrante, et que, dans le lointain, il nous montre une mère qui pleure. Ce sera là la véritable image de la guerre.

Et nos ballons? Nous n'y songeons déjà plus ! Pourquoi nous envoyer ici, il est trop tard, il n'y a plus rien à faire.

Voilà un train spécial qui accourt sur la voie ferrée. C'est M. Gambetta qui arrive. Il descend précipitamment, avec M. Spuller, son chef de cabinet. Il demande le chef de gare qui n'a pas été prévenu de l'arrivée du ministre, et qui, au milieu d'un travail incessant, a pris quelques minutes de repos.

M. Gambetta s'agite et tempête contre le chef de gare qui ne vient pas. Il se promène impatiemment, puis s'arrête en frappant du pied. Il est furieux.

Le chef de gare arrive enfin, c'est un vieillard modeste et respectable. M. Gambetta le malmène, et lui dit les choses les plus dures, les plus humiliantes, devant un public nombreux qui n'approuve nullement du reste cette manière d'agir si peu courtoise.

— Pauvre chef de gare, disait un spectateur, un si excellent homme, si dévoué, si laborieux, c'est bien triste.

— Ce qui est bien plus triste, répondit quelqu'un, c'est de voir M. Gambetta, un ministre, un souverain, humilier injustement un vieillard, sans savoir seulement s'il est coupable.

Je me rappelais à ce moment ce qu'un homme d'un grand mérite m'avait dit sur notre dictateur : « Il a deux défauts dont il ne guérira jamais, il est avocat et méridional. »

M. Gambetta part comme il est venu, et les choses ne vont pas mieux. Le chef de gare reçoit dans la soirée l'ordre d'évacuer son matériel de guerre. Il nous conseille de partir. Nous voulons attendre, persuadés qu'un télégramme va être envoyé, qu'on n'a pu expédier ici les aérostiers et leur matériel sans but, sans motif. Nous attendons jusqu'au lendemain matin, passant la nuit dans la gare, assistant à la funèbre procession des trains chargés de blessés, qui passent de quart d'heure en quart d'heure. A l'ambulance de la gare, il y a une sœur de charité et un moine, ils ont à soigner des centaines de blessés à la fois. Heureusement que nos marins sont là, ils se mettent sous les ordres de la sœur de charité, distribuent les bouillons aux malades, et se transforment en infirmiers. Les aérostiers à Blois n'auront pas passé tout à fait inutiles.

Le lendemain à 10 heures, il ne reste absolument rien en gare, les Prussiens vont arriver, dit-on. Il serait trop maladroit de se laisser prendre avec son matériel. Une locomotive est accrochée à nos fourgons, elle nous ramène à Tours.

A notre arrivée à Tours, nous apprenons que décidément la délégation du gouvernement de la Défense nationale va se *replier* à Bordeaux. Le chef-lieu de l'Indre-et-Loire ressemble à une fourmilière remuée fortuitement par un bâton. C'est un mouvement fébrile, une agitation sombre et lugubre.

M. Steenackers nous donne l'ordre de gagner le Mans, pour nous mettre à la disposition du général Marivaux, commandant l'armée de Bretagne.

11 décembre. — Nous partons dans nos fourgons à 8 heures du soir. La gare de Tours est envahie par une foule énorme qui abandonne ses foyers. Des milliers de wagons, chargés de vivres, de munitions, s'évacuent lentement au milieu d'un gâchis indescriptible. Nous sommes obligés de nous tenir prêts à partir trois ou quatre heures à l'avance. Si nous avons le malheur d'abandonner nos ballons, ils seront enlevés par une locomotive, emportés je ne sais où. Il faut rester auprès de notre matériel, et demander de quart d'heure en quart d'heure, si le moment d'être attachés à un train est arrivé. Personne ne sait plus où donner de la tête. Des officiers, chargés de faire partir des fourgons de munitions, se querellent avec les employés du chemin de fer, ce sont des discussions, des cris à n'en plus finir. Il s'élève sur ce flot de têtes qui encombre la gare, un brouhaha perpétuel, qui souffle comme un vent d'inquiétude et de désespoir. C'est la panique, c'est la débâcle!

Nous sommes entassés dans notre fourgon comme des harengs dans une barrique. Les ballons pliés tiennent presque toute la place. Par dessus ces ballots, on se perche tant bien que mal, Bertaux, Poirrier, Revilliod, mon frère et moi, avec nos quatre chefs d'équipes et nos huit marins. Nous sommes plongés dans l'obscurité la plus complète, il fait un froid de loup, et six heures de voyage nous séparent du Mans; trop heureux si quelque retard imprévu ne nous fait pas faire le tour du cadran dans notre prison cellulaire.

Nous arrivons à 2 heures du matin, moulus, brisés, mais nous arrivons, c'est l'essentiel. Les jours suivants se passent à chercher un local pour nos ballons. L'atelier des bâches à la gare est mis à notre disposition. La *Ville de Langres* y est étalé; nos marins le vernissent à neuf.

Il faut s'occuper à présent des rations de vivres que le ministre de la guerre a mises à la disposition des marins aérostiers. Nous avons nos commissions en règle, l'intendance ne fera pas de difficultés. Erreur profonde. L'intendant n'a pas reçu d'ordre direct, il y a encore quelques formalités à remplir; bref, il ne nous donne pas nos vivres, mais il a eu soin de nous faire attendre une heure dans son bureau pour arriver à cette solution. Heureusement que nous sommes assez riches pour avancer deux francs par jour à huit hommes, mais si nous commandions un bataillon, que ferions-nous? Il faut le demander aux colonels de notre armée qui se sont vu refuser des vivres pour leurs soldats par des intendances, où des milliers de pains moisissaient dans la cour. Mais à quoi bon se donner la peine d'attaquer l'intendance française? On n'en dira jamais assez à ce sujet, c'est chose malheureusement connue et convenue.

Notre ballon est prêt, allons prendre les ordres du général commandant en chef l'armée de Bretagne. Le jeudi 15, à 10 heures, nous arrivons au camp de Conlie. Est-ce bien un camp? C'est plutôt un vaste marécage, une plaine liquéfiée, un lac de boue! Tout ce qu'on a pu dire sur ce camp trop célèbre est au-dessous de la vérité. On y enfonce jusqu'aux genoux dans une pâte molle et humide. Les malheureux mobiles se sont pourvus de sabots et pataugent dans la boue où ils pourraient certainement faire des parties de canots. Ils sont là quarante mille, nous dit-on, et tous les jours on enlève cinq ou six cents malades. Quand il pleut trop fort, on retrouve dans les bas-fonds des baraquements submergés. Il y a eu ces jours derniers quelques soldats engloutis, noyés dans leur lit pendant un orage.

Mais, sont-ce bien des soldats ces hommes que nous voyons errer comme les ombres du Dante? Comment connaîtraient-ils un métier qu'on ne leur a jamais appris? Arrachés à leurs familles, à leurs campagnes, on leur a parlé des Prussiens, de l'invasion de la patrie en danger. Ils sont partis, pleins de résolution, pleins d'enthousiasme. Ils rêvaient le succès, la gloire du combat, le salut de leur pays. On les enferme dans un marais où ils sont emprisonnés plusieurs semaines. Jamais ils ne manœuvrent, jamais ils n'apprennent le maniement des armes. Leurs souliers sont percés à jour, ils n'ont pas une couverture pour se préserver du froid. La nourriture est rare. En ont-ils même tous les jours? Ils souffrent, ils s'ennuient, mais ils sont résignés et patients, quoiqu'ils se demandent, si c'est bien là ce qu'ils doivent faire pour sauver le pays. Les jours se passent au milieu de ces tortures physiques et morales, le découragement, la lassitude arrivent. A force d'attendre, ils désespèrent. Ils errent dans ce camp si triste sans avoir conscience de la vie; ils ne savent plus ce qu'ils font ni ce qu'ils vont faire, ils perdent confiance en leurs chefs, ils en arrivent à regarder d'un air mélancolique ces malades qu'emportent les civières! Ils sont heureux, ceux-là, ils vont mourir!

Un beau jour, le tambour résonne, les bataillons se rassemblent, on va partir. Partir où, grand Dieu ! Aller à l'ennemi, résister à des troupes solides, aguerries, bien nourries, recevoir la mitraille et la pluie d'obus ! — Mais ces fusils que nous portons sur nos épaules, nous ne savons pas les charger, nous n'avons jamais fait brûler une seule cartouche dans leurs canons ! Nous sommes fatigués, malades, nous ne savons rien faire ! — Qu'importe, il faut partir, il faut vaincre ou mourir.

Ils reviennent vaincus. Ils ont fui sous le feu de l'ennemi. Qui donc oserait leur jeter la pierre ?

Nous sommes d'abord reçus par le chef d'état-major qui nous fait conduire dans une humble baraque en bois, où nous arrivons en nous tenant en équilibre sur des planches qui forment un chemin à travers les lagunes du camp. Une construction primitive en planches, forme le quartier général de l'armée de Bretagne. Il y a dans la pièce d'entrée un assez grand nombre d'officiers qui attendent leur tour ; on prend place à côté d'eux.

Bientôt, l'aide de camp me prie d'écrire sur une feuille de papier le but de notre visite au général. Je rédige quelques lignes que je soumets à l'approbation de mon frère, de mes collègues et que je fais passer à M. de Marivaux. Quelques secondes après, le général me fait entrer dans son bureau. Je suis reçu avec la plus grande affabilité. Le général me félicite sur mes ascensions antérieures dont il a connaissance, il me parle aussi de mon frère, dont un de ses voyageurs lui a fait le plus grand éloge. Il me questionne longuement sur l'usage des ballons captifs, et approuve l'emploi des aérostats dans la guerre. Le général est un marin, homme de progrès, d'initiative, il comprend l'importance de ces appareils merveilleux, qui peuvent si bien observer les mouvements de l'ennemi du haut des airs.

— Je serai très-désireux d'assister à des expériences préliminaires, gonflez au Mans un de vos aérostats, je verrai le parti que l'on peut tirer des ascensions captives. Du reste, je ne puis prendre encore aucune décision, car le camp de Conlie forme une réserve où les Prussiens ne viendront pas, et les plans de l'ennemi ne sont pas encore connus. Mais attendez patiemment; les occasions ne vous manqueront pas de vous rendre utiles.

Nous ne tardons pas à faire tous les préparatifs nécessaires à l'exécution de nos ascensions captives. Je me charge de surveiller le transport du ballon au lieu de gonflement situé près de l'usine, sur les bords de la Sarthe. Mon frère rend visite au préfet, au maire, pour obtenir les réquisitions de gaz. Revilliod, Bertaux, Poirrier, vont à l'intendance pour demander une tente où nos marins pourront passer la nuit auprès de l'aérostat.

Samedi 17. — On commence le gonflement de la *Ville de Langres*, mais les provisions de gaz de l'usine ne sont pas très-abondantes. Impossible de remplir entièrement le ballon. Par bonheur, le temps est favorable, l'aérostat, chargé de sacs de lest, dresse son hémisphère supérieur au-dessus du sol, l'opération sera terminée demain.

Dimanche 18. — A midi, l'aérostat est plein. La nacelle est attachée au cercle, il ne reste plus qu'à essayer le matériel par une première ascension.

Le système que nous employons est extrêmement simple. Le cercle du ballon est muni, aux extrémités, d'un axe en cordage, de deux câbles d'une longueur de 400 mètres. Chaque câble s'enroule dans la gorge d'une poulie fixée à un plateau de bois, que l'on remplit de pierres, et qui forme ainsi un point d appui fixe. Des hommes, au nombre de vingt-cinq, tiennent chacune des cordes, qu'ils laissent glisser dans la poulie quand le ballon s'élève. En la tirant à eux, ils font descendre l'aérostat.

Le temps est très-calme et la première ascension s'exécute dans les meilleures conditions. Je m'élève à une hauteur de 300 mètres. L'aérostat plane au-dessus de la Sarthe et s'y reflète comme dans un miroir de cristal. Je reste là quelques minutes, suspendu à l'extrémité des cordages, et j'admire la belle campagne qui entoure le Mans. Ma vue se porte jusqu'à plusieurs lieues tout autour de la ville, je distingue les routes, les maisons, les champs, et je verrais facilement le moindre bataillon à une très-grande distance. Pour monter et descendre à volonté, nous avons une trompe qui sert de signal : un coup de trompe donne le signal de l'ascension, deux coups, celui de l'arrêt, trois coups, celui de la descente.

Quand je veux revenir à la surface du sol, je donne trois coups de trompe. Le chef d'équipe répète à terre le signal, et les cordes, tirées par les mobiles, ramènent bientôt l'aérostat dans son enceinte.

Mon frère, assisté de Jossec, fait une seconde ascension, il dépasse la hauteur que j'ai atteinte et s'élève à 320 mètres. Une troisième et une quatrième ascensions sont exécutées avec le même succès par Bertaux, Revilliod et Poirrier.

Lundi 19. — Le ciel est légèrement brumeux, l'horizon est très-borné. Le ballon a passé la nuit sans perdre de gaz, il est aussi gonflé que la veille.

A une heure, nous exécutons une première ascension. Mon frère, Jossec et un de nos matelots sont dans la nacelle. Celui-ci n'a jamais été en ballon et paraît ravi de faire ses premières armes aériennes. Nous voulons faire monter successivement les huit matelots de l'équipe.

Le vent est assez vif et l'aérostat ne s'élève pas à une grande hauteur. Il serait dangereux de le laisser monter comme hier à 300 mètres d'altitude.

Je fais une deuxième ascension captive avec deux marins, puis une troisième, mais le brouillard est assez épais, et c'est à peine si l'on distingue les prairies les plus voisines du Mans.

Ces premiers résultats nous paraissent aussi satisfaisants que possible. Le ballon la *Ville de Langres*, en soie double, est d'une grande solidité et résiste à des vents intenses sans se détériorer. Il est d'une imperméabilité presque complète et paraît remplir toutes les conditions d'un aérostat captif transportable. Que ne ferait-on pas avec un semblable appareil bien utilisé? Qui empêcherait qu'on n'exécutât des ascensions nocturnes en enlevant à bord un fanal électrique qui, de son rayon lumineux, sonderait au loin la campagne? Ce n'est pas le désir qui nous manque de tenter cette belle expérience, mais le professeur de physique du Mans, M. Charault, qui a déjà mis à notre disposition plusieurs appareils, n'a pas de bobine de Ruhmkorff suffisante à la production d'une lumière intense.

Mardi 20. — Nous voyons le général de Marivaux. Il n'a pu assister encore à nos ascensions et nous annonce qu'il ne sait pas s'il devra s'en occuper à l'avenir. Le général Chanzy va venir au Mans avec son armée.

A une heure, nous nous mettons en mesure de faire

quelques ascensions. Le temps est limpide et clair. Nous atteignons, au bout de nos câbles, la hauteur de 300 mètres. Le spectacle qui s'offre à notre vue est admirable. La campagne s'ouvre à nous en un cercle immense qui n'a pas moins de quarante à cinquante kilomètres de diamètre.

Jusqu'à perte de vue, nous apercevons des bataillons français qui défilent sur les routes et qui reviennent au Mans. C'est l'armée du général Chanzy qui se replie de Vendôme.

Des escadrons de cuirassiers aux manteaux rouges, défilent au milieu des prés verts, ils offrent l'aspect de rubans de coquelicots. Nous sondons le lointain avec notre lunette, mais les mouvements de la nacelle gênent l'observation. Toutefois, avec un peu d'application, on arrive à viser un point déterminé. Mais que ne ferait-on pas avec la pratique, avec l'habitude? L'art des ascensions captives est à faire, c'est une école à organiser.

Les soldats lèvent la tête de toutes parts et se demandent quelle est cette nouvelle sentinelle juchée dans les nuages. Nous sommes vus à la fois par cent mille hommes dont nous dominons les têtes du haut des airs.

Nous profitons du temps clair pour faire monter et descendre la *Ville de Langres*, nos collègues Bertaux, Revilliod, Poirrier, nous succèdent à tour de rôle dans la nacelle. Un grand nombre d'habitants du Mans, des dames, voudraient bien tenter l'ascension, mais nous ne permettons pas qu'on se fasse un jeu de notre aérostat. Il appartient à l'armée, quelques rares privilégiés seulement prennent part aux ascensions.

A quatre heures, le capitaine de la compagnie des mobiles qui font nos manœuvres, nous apprend qu'il a reçu l'ordre de nous quitter. C'est le général Chanzy qui va prendre au Mans le commandement militaire. Il va falloir sans doute nous mettre en rapport avec lui.

Les journaux ne parlent qu'en termes assez vagues des mouvements de la deuxième armée qui revient au Mans. On s'accorde à rendre hommage à l'habileté, à l'énergie de son général en chef. Chacun espère que la France a enfin trouvé un sauveur.

V

Une visite au général Chanzy. — Ascension faite en sa présence. — Accident à la descente. — Un peuplier cassé. — Opinion du général sur les ballons militaires.

21 décembre 1870 au 11 janvier 1871.

On savait depuis quelques jours que l'armée du général Chanzy allait se replier sur le Mans, après de terribles combats qu'elle avait livrés sans trêve ni relâche.

C'est le mercredi 21 décembre que l'on apprit l'arrivée du commandant en chef de l'armée de la Loire, qui établit son quartier général dans un hôtel particulier en face la préfecture.

Notre ballon était gonflé, mais à la suite des mouvements de troupes occasionnés par l'approche d'une nouvelle armée, on nous avait retiré les mobiles qui aidaient aux manœuvres des ascensions captives. Nous nous décidons à nous adresser au préfet, M. Georges Lechevalier.

Mes collègues aéronautes me désignent pour cette démarche. Le préfet m'accueille avec la meilleure grâce.

— C'est au général Chanzy, me dit-il quand je lui eus demandé conseil, qu'il faut vous adresser pour utiliser vos ballons; il commande en chef la deuxième armée de la Loire campée autour du Mans. Je vais vous donner un mot pour lui.

Et le préfet me donne quelques lignes des plus aimables, qui me serviront d'introduction auprès du général.

— Traversez la place, me dit M. Lechevalier, le général vous recevra au reçu de cette lettre.

Dix minutes après, un officier d'ordonnance m'introduisait auprès du général Chanzy, que j'aperçus debout, devant une grande table, décachetant des dépêches électriques, et examinant en même temps une grande carte des environs du Mans qu'il avait déployée devant lui. Un aide de camp était debout à côté de lui.

J'attendis quelques instants : quand le général eut fini d'examiner son courrier, il se tourna vers moi. Je pus voir son visage intelligent, expressif qui me parut être celui d'un homme affable et *sans pose*, comme on dit dans le langage parisien.

— Le gouvernement vous envoie ici avec des ballons captifs, mais dites-moi ce que vous pouvez faire avec ces aérostats, et comment je puis les utiliser.

— Général, répondis-je, mes collègues et moi nous avons ici cinq aérostats tout prêts à être gonflés ; une fois remplis de gaz, un de ces ballons peut être transporté où bon vous semblera aux environs du Mans. Là nous aurons une batterie à gaz pour préparer de l'hydrogène et compenser les pertes de gaz dues aux fuites, à l'incomplète imperméabilité de l'étoffe. Notre ballon reste ainsi toujours gonflé ; à tout moment, il peut monter à 100 à 200 à 300 mètres de haut, et l'officier d'état-major qui nous accompagnera dans nos ascensions pourra voir l'ennemi jusqu'à plusieurs lieues si le temps est clair.

— Mais c'est merveilleux, je veux employer tous vos ballons.

— Je dois ajouter cependant, répliquai-je, que des accidents peuvent malheureusement survenir, que nos ballons ne résistent pas aux tempêtes, et qu'ils ne servent à rien quand le temps est couvert. Mais si le jour de la bataille, le ciel est pur, il n'est pas douteux qu'ils donneront les renseignements les plus précieux sur les mouvements de l'ennemi.

— Quel malheur, dit le général, que je ne vous aie pas eu avec moi à Marchenoir, l'ennemi avait si bien caché ses positions que je ne pouvais savoir d'où étaient lancés les obus qui accablaient mes soldats. Je suis monté sur un clocher, mais je n'ai pu m'élever assez pour dominer un rideau d'arbres qui arrêtait mes regards. Vous en souvient-il? ajouta le général en se tournant vers son aide de camp. Ah! ce fut une rude et terrible journée.

Il y eut un moment de silence que rompit bientôt le général Chanzy.

— Votre ballon est gonflé? me dit-il.

— Oui, mon général.

— Où est-il?

— Près de l'usine à gaz, sur le bord de la Sarthe.

— Êtes-vous prêt à faire une ascension en ma présence? Je serai curieux d'assister à vos expériences.

— Quand vous voudrez, général, mon frère et moi, nous nous élèverons devant vous à trois cents mètres de haut.

— Eh bien! je me rends de suite auprès de votre ballon.

Puis le commandant en chef de la deuxième armée dit à son aide de camp :

— Faites seller mes chevaux; je pars de suite.

Je me sauve, en courant de joie, prévenir notre équipe, afin de tout disposer pour l'ascension.

— Enfin, m'écriai-je, voilà donc un homme intelligent, qui a oublié la routine, la vieille et sainte routine! Il ne m'a pas demandé si je sortais de Saint-Cyr ou du génie militaire, il m'a questionné sur ce que je pouvais faire, et prend au moins la peine de venir voir des expériences aérostatiques. Voilà vingt ans que des aéronautes se présentent aux généraux, au gouvernement, s'offrent dans toutes les guerres; mais les officiers de cour ont toujours dit avec dédain :

— Vous n'êtes pas de l'armée, mes amis, passez votre chemin !

Ce sont ceux-là même qui disaient aux rudes habitants de l'Ardenne et des Vosges :

— Vous n'êtes pas de l'armée, vous n'aurez pas de fusils.

Et aux paysans qui connaissent les ravins, les défilés, les gorges escarpées, les bons coins, en un mot :

— Vous n'êtes pas de l'armée, vous ne pouvez pas nous renseigner.

J'accours auprès du ballon.

— Le général va venir, dis-je à mon frère et aux marins, vite à la besogne.

Nous voilà tous joyeux, car nous brûlons du désir de nous montrer, d'agir, de nous rendre utiles. Et nos braves marins comme ils se mettaient à l'ouvrage avec ardeur, car eux aussi ils n'avaient qu'une seule ambition, c'était de voir l'ennemi du haut de notre ballon, et de braver plus tard au milieu de l'air la pluie d'obus et de mitraille.

On se met en mesure de tout préparer pour l'ascension, mais le vent si calme depuis trois jours s'est élevé et souffle par rafales. En outre le général de Marivaux nous a retiré nos hommes de manœuvre. Nous ne voulons pas être arrêtés par ces obstacles.

Une foule de francs-tireurs, de flâneurs, de soldats, accourent autour de notre aérostat. Le marin Jossec leur adresse quelques paroles et leur demande le concours de leurs bras pour tenir les cordes. Tous acceptent de grand cœur. Je monte dans la nacelle pour faire une ascension préliminaire, mais l'air est agité, le ballon se penche avec violence, il ne faut pas songer à s'élever très-haut.

Je suis seul dans mon panier d'osier, je jette par-dessus bord plusieurs sacs de lest, pour donner au ballon une force ascensionnelle capable de résister à l'effort de la brise. Je parviens à m'élever à 80 mètres de haut, mais à cette hauteur un coup de vent me fait décrire au bout des câbles un grand arc de cercle qui me jette presque au-dessus des maisons avoisinant le point de départ. Deux sacs de lest vidés à propos me ramènent sur la verticale.

Cette expérience montre clairement que malgré le vent l'ascension est possible, on pourra montrer au général Chanzy ce dont les ballons sont capables. A la hauteur où j'ai pu m'élever, les horizons du Mans s'étendaient sous mes yeux comme un vaste panorama, au milieu duquel j'apercevais distinctement les tentes du camp de Pontlieu.

A peine suis-je revenu à terre, on aperçoit de l'autre côté de la Sarthe, un groupe de cavaliers qui accourent au galop.

C'est le général Chanzy et son état-major. Il est monté sur un magnifique cheval arabe qui caracole avec grâce, trois aides de camp le suivent, et derrière les officiers, galopent des goumiers arabes, aux manteaux rouges et blancs : ce sont des grands nègres, qui se tiennent sur leurs selles, droits comme des I, et semblent étreindre de leurs jambes, comme dans un étau, leurs minces chevaux qui bondissent avec la légèreté la plus gracieuse.

En quelques secondes, les chevaux ont passé le pont et s'arrêtent devant le ballon. Le général descend de cheval, je vais à sa rencontre en lui disant : — Nous sommes prêts, mais le vent est violent, il sera impossible d'atteindre une grande hauteur. Vous aurez toutefois une idée des services que nous pouvons rendre.

Mon frère saute dans la nacelle, et le ballon s'élève lentement, se penche à l'extrémité des câbles qu'il tend avec force, en leur donnant la rigidité de barres de fer. Arrivé à 100 mètres de haut, l'aérostat s'arrête, il a une force ascensionnelle considérable, par moment il oscille dans l'air, en se rapprochant de terre, mais ce n'est que pour bondir bientôt au bout de ses cordes. Le général observe le ballon avec attention, il se fait expliquer la disposition des câbles, les moyens de transport de l'appareil, il me demande ce qu'il nous faudrait de soldats pour nous aider, de voitures pour porter nos acides et nos batteries.

— Quand j'aurai besoin de vous, me dit-il, quand je connaîtrai les positions de l'ennemi, je vous indiquerai votre poste d'observation. Mais, dites-moi, à quelle distance faut-il vous placer de l'ennemi ? Craignez-vous les balles et les boulets ?

— Général, répondis-je, nous ne craindrions pas personnellement de nous exposer au danger, et les balles de fusil à 300 mètres de haut ne nous feraient pas très-peur. Si le ballon était atteint, il serait percé de deux petits trous qui ne l'endommageraient pas sensiblement. Mais il est indispensable d'être hors de portée des obus qui incendieraient nos ballons.

Sur ces entrefaites, un coup de vent pousse l'aérostat

toujours en l'air, et le ramène à une trentaine de mètres au-dessus du sol ; il décrit un grand arc de cercle, et rebondit ensuite comme une balle, en planant d'une façon imposante. Le général regarde attentivement, et les Arabes qui sont autour de lui paraissent stupéfaits à la vue d'un spectacle si bien fait pour exciter leur curiosité.

— Faites revenir à terre l'aérostat, dit le général, afin que j'assiste à toute votre manœuvre.

Trois coups de trompe sont donnés. Les marins font tirer les câbles, l'aérostat revient près de terre, mais le mouvement qui lui est imprimé le fait osciller, il se penche au-dessus d'un peuplier, et une des cordes qui le retiennent s'enroule autour de l'arbre à quelques mètres au-dessous de la nacelle. Une nouvelle rafale siffle, et l'arbre se casse en deux comme un fétu de paille. Le ballon éprouve une secousse terrible, mais mon frère est tellement tranquille et impassible dans la nacelle que personne ne pense au danger qu'il y a pour lui de se rompre les os.

Après cet incident, l'aérostat revient dans son enceinte.

— C'est égal, dit le général, il faut un certain sang-froid pour faire ces ascensions. Et se tournant en souriant vers un de ses aides de camp :

— Voudrez-vous vous charger de faire les observations avec ces messieurs ?

— Ma foi, général, dit l'officier, je vous répondrai franchement : Non. — Envoyez-moi contre des canons, j'irai sans sourciller. Mais les ballons ne sont pas mon affaire.

— Eh bien ! j'irai moi-même, répliqua gaiement le général Chanzy. Au revoir, Messieurs, je connaîtrai demain les positions de l'ennemi et n'ayez pas peur, ce n'est pas la besogne ni l'émotion qui vous feront défaut.

Le général nous entretient encore quelques instants, il se fait présenter nos collègues, MM. Revilliod, Bertaux et les marins, puis il s'élance légèrement sur son cheval, qui l'emporte avec la rapidité de la flèche.

Jeudi 22 décembre. — Les nouvelles qui circulent au Mans depuis l'arrivée du général Chanzy et de son armée paraissent monter au beau. A la gare ce ne sont que convois d'approvisionnement, fourgons de munitions, plate-formes d'artillerie qui arrivent sans cesse.

L'atmosphère devient respirable.

La visite du général nous a donné du cœur, nous ne doutons pas que le moment de l'action est proche.

Malheureusement on n'a jamais tous les bonheurs à la fois. Le temps est mauvais. Le vent est d'une force extrême. Le froid est terrible. Je ne me rappelle pas avoir vu d'hiver aussi rigoureux. La *Ville de Langres* est torturé par les rafales. Le ballon gémit et se cabre avec violence. Il va crever si cela dure. Il vole en éclats, vers la fin de la journée !

Nous nous mettons en mesure de le réparer de suite, et de faire gonfler, si cela est nécessaire, le ballon de Revilliod et Poirrier.

Samedi 24. — A midi le ballon captif, complétement remis à neuf après un travail de 12 heures, est gonflé. — Je cours au quartier du général Chanzy, qui me reçoit. Il ne connaît pas la position de l'ennemi, et ne peut encore nous assigner aux environs du Mans un poste d'observation.

Le ballon s'agite toujours avec assez de force. Nous

essayons de le maintenir vertical à l'aide de 16 cordes d'équateur attachées à son filet et fixées au sol. Il ne bouge plus, et paraît se fatiguer moins par ce procédé d'amarrage.

Dimanche 25. Noël. — Froid terrible. Vent du nord très-violent. — Dans la journée une bourrasque rompt toutes les cordes d'équateur de notre aérostat. — Malgré la tempête, le ballon tient toujours, mais plusieurs mailles de son filet sont brisées.

Lundi 26. — Le vent est tombé. Dans l'après-midi nous réparons les avaries de la *Ville de Langres*. Jossec raccommode le filet, nous bouchons des petits trous qui se sont ouverts dans l'étoffe.

On dit que les Prussiens s'éloignent du Mans. On se demande si c'est une feinte, pour masquer une attaque prochaine.

Mardi 27. — La *Ville de Langres* fuit. Le ballon est en partie dégonflé. Nous y introduisons 200 mètres cubes de gaz qui l'arrondissent.

Mercredi 28. — Temps brumeux. Neige. Mon frère et moi nous faisons deux ascensions captives à 100 mètres de haut, mais l'horizon est entièrement caché par le brouillard.

Le Mans offre une physionomie bien curieuse, surtout le soir. Les cafés étaient ces jours-ci encombrés d'officiers, les rues remplies de soldats errants. Il a fallu remédier à tout prix à ce relâchement de la discipline militaire. — On vient de prendre des mesures rigoureuses. Des patrouilles de gendarmes arrêtent tous les soldats, et les mènent aux avant-postes. Les cafés, les hôtels sont gardés par des factionnaires qui empêchent d'entrer tous les officiers qui ne sont pas munis de cartes spéciales émanées du commandant de place.

A table d'hôte les officiers qui dînent à côté de nous sont interrogés par des gendarmes qui leur demandent d'exhiber leur carte de circulation.

Il fallait cette surveillance, car le désordre était dans les rangs de l'armée. Les officiers, au lieu de rester dans leurs cantonnements, venaient en ville. Et les soldats ne tardaient pas à suivre l'exemple donné par leurs chefs.

Jeudi 29. — Le vent est toujours d'une violence extrême. Le ballon souffre et s'use inutilement. Le général Chanzy nous donne l'ordre de le dégonfler. Il nous dit qu'il ne suppose pas qu'il y ait de combat avant quelque temps. Il nous fera signe au moment voulu.

Samedi 31. — Un ballon de Paris vient de tomber aux environs du Mans. L'aéronaute, M. Lemoine, est ici. Nous passons la soirée avec lui.

Il nous rapporte que Paris est toujours dans les mêmes conditions, qu'il y a encore des vivres pour longtemps, que la physionomie de la ville n'est guère changée, que des boutiques du jour de l'an se sont établies sur le boulevard, etc.

Nous craignons bien qu'il n'obéisse à un mot d'ordre en donnant partout d'aussi merveilleuses nouvelles.

Nous nous séparons à onze heures, nous souhaitant une bonne fin d'année. Adieu 1870, année funeste, 1871 te ressemblera-t-il par ses désastres? Est-il permis d'espérer des beaux jours!

Dimanche 1ᵉʳ janvier 1871. — Nous déjeunons avec nos collègues Bertaux, Poirrier, et un capitaine de mobiles, avec qui nous avons fait connaissance. La tristesse préside au repas. Depuis notre plus grande enfance, c'est le premier *jour de l'an* qui se passe si loin des nôtres.

Nos marins viennent nous souhaiter la bonne année. Braves gens, ils se sont attachés à nous et nous aiment déjà. Mais nous leur rendons bien leur affection, leur sympathie.

J'écris une longue lettre à mon frère aîné, par un nouveau procédé mystérieux auquel je ne crois guère. Il faut adresser la lettre à Paris *par Moulins* (*Allier*) et l'affranchir avec quatre-vingts centimes de timbres-poste.

Lundi 2. — Le Mans est triste. L'armée est cantonnée à Changé et à Pontlieue. L'ordre est rétabli. Pas un soldat, pas un officier dans les rues. Aucune nouvelle. Rien que le silence du cimetière !

Nous recevons une lettre de Paris. Notre frère aîné nous raconte ses campagnes dans les bataillons de marche. Il est campé hors Paris et mène une bien dure existence. Mais il est confiant et résolu.

3 janvier. — Nous mettons en ordre notre matériel aérostatique, pour être prêts à gonfler au premier signal.

A la table d'hôte de *l'hôtel de France*, où nous logeons, nous dînons en face d'officiers prussiens prisonniers sur parole. Ils parlent haut, et rient bruyamment; leur conduite pleine d'inconvenance nous indigne, mais nous sommes trente à table, et il n'y aurait pas grande gloire à faire cesser leur insolence.

Notre capitaine trésorier Bertaux est malade. Il est poitrinaire, le pauvre garçon, et la chute qu'il a faite à la descente en ballon lors de sa sortie de Paris, a aggravé son mal. — Nous lui tenons compagnie dans sa chambre (1).

Grands mouvements de troupes autour du Mans. Arrivée d'une quantité énorme de voitures d'approvisionnements, et de troupeaux de bœufs, destinés, dit-on, au ravitaillement de Paris.

On annonce que Gambetta va venir.

Voici enfin des nouvelles de Paris. On apprend le bombardement du plateau d'Avron et des forts du sud.

Des officiers nous affirment que l'armée française devait marcher en avant aujourd'hui même, mais qu'un contre-ordre a subitement arrêté le mouvement.

Mercredi 4 janvier. — Nous passons une partie de la journée avec notre ami M. G..... directeur de la compagnie du Touage de la Seine. Il a été chargé d'étudier la question du ravitaillement de Paris, et il se fait fort de transporter par ses bateaux à vapeur jusqu'à Paris 14,000 tonnes de marchandises !

Hélas ! que de rêves on fait ainsi d'heure en heure ! On parle d'approvisionner Paris, de voler à son secours. Mais il y a auparavant des combats à livrer, des victoires à remporter ! Toutes nos espérances se réaliseront-elles ? N'est-ce pas folie que d'y ajouter foi ? Quelle déception quand on s'adresse non plus à l'imagination, mais à la raison !

Nous allons à la gare, où des ouvrières réparent notre

---

(1) A son retour à Paris après l'armistice, M. Bertaux est mort, suffoqué dans la nuit par une congestion. Il avait trente ans à peine.

ballon de soie. — Nous faisons mettre de bonnes pièces neuves dans les parties faibles.

Vendredi 6. — Le général Chanzy s'informe de l'état de nos ballons. Il nous fait dire que l'armée est toujours en repos, mais que bientôt sans doute de graves événements vont se dérouler.

Dimanche 8. — Des bruits contradictoires de toute nature circulent au Mans. On nous affirme au bureau du télégraphe que l'armée du général Chanzy va décidément marcher en avant demain matin.

Cette armée compte deux cent mille hommes, cinq cents pièces de canon, la victoire n'est pas douteuse. Ah! quand on se souvient de ces époques, comme on se rappelle jusqu'où peut aller l'illusion conduite par le désir! Après avoir vu les débâcles d'Orléans, de Blois, après avoir touché du doigt les causes de désorganisation de l'armée, poussés par l'amour de la Patrie, nous espérions encore!

Les Prussiens, nous dit-on le soir, s'avancent du côté de Nogent-le-Rotrou. — Les nouvelles de l'armée de Bourbaki, dans l'Est, sont favorables.

Mardi 10. — On entend des coups de canon. Cette fois, la grande action va s'engager. Le bruit de la canonnade est assez éloigné, il est faible, c'est le grondement lugubre du tonnerre avant la tempête.

Le soir des paniques courent la ville. On prétend que les Prussiens sont à cinq lieues, que nos avant-postes ont été surpris. Mais les gens sensés n'ajoutent pas créance à ces bruits de mauvais augure. Il n'est pas douteux qu'une grande bataille va s'engager.

VI

La bataille du Mans. — Poste d'observation des ballons captifs. — Le champ de bataille. — La déroute. — Laval. — Rennes.

Du 11 janvier au 18 février 1871.

Dans la matinée du 11, on entendait autour du Mans le bruit d'une violente canonnade. Tout le monde est surexcité par ce concert lugubre; la grande partie est en jeu. Je vole au quartier général, pour recevoir des ordres. Le moment n'est-il pas venu de gonfler un ballon, et de surveiller du haut des airs les mouvements de l'ennemi?

Mais je crois comprendre, d'après ce qui m'est dit, que l'attaque des Prussiens a eu lieu à l'improviste; le général Chanzy, quoique malade, est à cheval au milieu du combat. Un de ses officiers m'affirme qu'il a pensé aux ballons, et que l'ordre du gonflement va nous arriver d'un moment à l'autre, on me conseille toutefois de m'approcher du champ de bataille pour choisir un bon poste aérostatique, j'ai le *laissez-passer* qui me permettra de m'avancer jusqu'auprès des batteries.

Le combat a lieu tout près du Mans, au pied des collines que domine Yvré-l'Evêque. Je pars à pied, et au sortir de la ville j'aperçois déjà des gendarmes postés de distance en distance pour arrêter les fuyards qui sont rares aujourd'hui. La canonnade est d'une violence formidable. On entend le bruit des mitrailleuses, de pièces de campagne que domine la puissante voix des pièces de marine installées sur les hauteurs. Je suis la route d'Yvré-l'Evêque, et sur mon chemin je traverse des parcs d'artillerie. C'est la réserve qui ne donne pas encore.

La campagne est couverte de neige, le froid est intense, le ciel est d'une pureté absolue, j'arrive à 3 kilomètres du Mans, sur le sommet d'une colline, où se trouve un groupe de spectateurs. En face de nous, à 600 mètres environ, nous découvrons le feu d'une batterie qui tonne de seconde en seconde. Je me risque à m'avancer jusqu'auprès des canons. Les artilleurs me disent que pas un obus n'est encore tombé là, et que je puis rester auprès d'eux sans danger.

Le champ de bataille tout entier s'offre à ma vue. Sur une étendue de plusieurs lieues, les canons français sont placés sur les hauteurs, ils vomissent la mitraille, et lancent dans l'espace des éclairs qui illuminent au loin le ciel. En face de nous est le bois d'Yvré-l'Evêque, où nos troupes sont en partie massées. A trois heures des colonnes prussiennes serrées et compactes se mettent en marche pour forcer la vallée d'Yvré-l'Evêque qui ouvre l'entrée du Mans. Elles sont reçues par des mitrailleuses et des troupes de ligne, qui font leur devoir. A plusieurs reprises les Prussiens reviennent contre cette barrière qu'ils veulent enlever, mais ils sont repoussés et reculent. A cinq heures, ils cessent d'attaquer ce point qu'ils renoncent à franchir.

Que se passe-t-il sur les autres points du champ de bataille? Je l'ignore. Mais il semble que la canonnade ennemie est moins nourrie, moins puissante.

Combien je regrette de me trouver là à pied, au milieu de la neige, au lieu de gravir l'espace dans la nacelle de notre ballon, pour embrasser d'un seul coup d'œil le champ de bataille. — Mais toutefois la colline où je me trouve me paraît un point favorable pour le lendemain.

A 6 heures, le soleil commence à descendre à l'horizon. Le feu des ennemis est ralenti, le bruit du canon est affaibli. Nul doute les Prussiens s'éloignent! A 7 heures, des signaux lumineux s'élèvent successivement de toutes nos batteries qui éteignent leurs feux! Tout à coup le silence de la mort succède au vacarme qui a retenti pendant 12 heures. Mais il ne me semble pas douteux que la victoire est de notre côté.

Je retourne au Mans. Tout le monde est dans l'enthousiasme ; les Prussiens sont battus, dit-on, de toutes parts ils reculent. Pas une batterie française n'a bougé de place, demain on poursuivra l'ennemi (1).

Nous passons la soirée dans un état d'excitation facile à comprendre. Notre joie est encore retenue par des sentiments de doute dont nous ne pouvons nous défendre. Car nous avons été si souvent le jouet d'illusions ! Mais cependant le général Chanzy cette fois a tenu bon, s'il n'a pas vaincu, au moins il n'a pas cédé un mètre de terrain.

A minuit, nous commencions à sommeiller quand on nous réveille en sursaut. C'est une estafette du général Chanzy qui me remet la lettre suivante, dont voici la copie textuelle :

(1) Le général Chanzy a publié un remarquable ouvrage sur les opérations militaires de la 2ᵉ armée. On pourra voir, en lisant ce livre, que nos appréciations sur les incidents de la bataille du Mans sont exactes. Du reste, les Prussiens eux-mêmes, une fois arrivés dans le chef-lieu de la Sarthe, ont affirmé que le soir du 11 janvier ils avaient reçu l'ordre de battre en retraite, comme nous l'avons appris en passant au Mans sous la Commune.

« 11 janvier 1871.

» 2ᵉ ARMÉE DE LA LOIRE.

» *Le général en chef.*

» Monsieur,

» Je crois que le moment est venu de mettre à profit
» les renseignements que l'emploi des ballons captifs
» peut fournir sur les positions de l'ennemi. En consé-
» quence, je vous prie de vouloir bien venir demain au
» quartier général, à 8 heures et demie du matin, con-
» férer avec mon chef d'état-major général, au sujet
» des expériences aérostatiques que vous pouvez orga-
» niser pour étudier le terrain autour du Mans.
» Recevez, monsieur, l'assurance de ma considération.

» Le général en chef,
» P. O. Le général chef d'état-major,

» VUILLEMOT.

» A M. Tissandier, chargé des reconnaissances aéros-
» tatiques de la 2ᵉ armée. »

12 janvier. — A 8 heures je cours au quartier général,
la joie dans l'âme. La journée d'hier a dû être favorable, comme nous le pensons. Le général Chanzy est à
la veille de remporter une grande victoire, avec quel
bonheur nous allons gonfler nos ballons, avec quel enthousiasme nous allons procéder à nos ascensions devant
l'ennemi !

Nous arrivons mon frère et moi au quartier général,

en face la préfecture du Mans. Nous entrons dans le salon où se tiennent le chef d'état-major et les officiers d'ordonnance ; ces messieurs, semblent affairés, navrés, abattus. Quelque chose de sinistre est dans l'air.

— Vous voilà, me dit l'un d'eux, vous venez chercher l'ordre du général? Eh bien! vous pouvez vous sauver de suite, replier votre matériel, et partir à la hâte si vous ne voulez pas être pris par les Prussiens.

— Est-ce une plaisanterie?

— C'est bien la triste réalité. Nos positions ont été tournées cette nuit. Les mobilisés ont lâché pied à 4 heures du matin du côté de Pontlieu. La retraite a été ordonnée. Elle commence depuis 5 heures du matin. Tout le matériel de guerre s'évacue sur Laval. Partez, vous n'avez pas un moment à perdre, si vous voulez sauver vos ballons.

— Mais les Prussiens ne peuvent pas entrer au Mans instantanément. Ne se bat-on pas encore?

— Je ne puis vous donner des détails. Mais il se pourrait que presque toute l'armée soit tournée. Sauvez-vous vite, vous dis-je.

Nous partons la mort dans l'âme! En traversant la place du Mans, une affiche qui vient d'être placardée, nous apprend par le ballon *le Gambetta* la nouvelle du bombardement de Paris. Nous lisons que le Panthéon, le Val-de-Grâce, le Muséum, sont criblés de projectiles, mais que les Parisiens apprenant les succès des armées de province sont pleins de courage et de résignation!

C'en est trop cette fois! Des larmes abondantes me mouillent les yeux! Je viens d'assister au succès que l'on a appris à l'avance aux habitants de Paris!

Nous retournons à *l'hôtel de France*, dire à nos collègues, Bertaux et Poirrier, de faire leurs paquets. Sur la place, on saupoudre avec de la cendre les pavés rendus glissants par la gelée ; c'est pour faciliter le passage de notre artillerie. Des troupes défilent déjà et se replient.

Mais les habitants, toujours confiants, croient à un mouvement stratégique. Ils ne se doutent pas que c'est la débâcle qui commence !

A 4 heure nos fourgons de ballons sont accrochés à un train, il y a encore en gare deux ou trois cents voitures de munitions et de vivres. Aura-t-on le temps de les faire partir ?

Le train se met en marche au milieu d'un encombrement indescriptible. Par surcroît de malheur, la neige a collé les roues contre les rails, et on a toutes les peines du monde à faire glisser les wagons. Nous avançons lentement, le train passe sur le pont de la Sarthe, de chaque côté des masses humaines se pressent et rentrent en ville. Les routes sont couvertes de voitures, de canons, de fourgons, de soldats qui se heurtent pêle-mêle ; c'est un chaos indescriptible.

Au moment où nous quittons le Mans, des obus tombent sur la gare !

A 7 heures du soir, notre train s'arrête à une lieue de Laval. Il y a sur la voie, dix trains qui stationnent avec le nôtre. Nous laissons nos ballons à la garde de deux marins, et nous entrons à pied à Laval.

Vendredi 13. — Nous allons à la mairie, chercher des billets de logement pour nous et nos hommes d'équipe.

Dans la journée nous recevons des nouvelles du Mans. La ville a été prise une heure après notre départ. L'arrière-garde française s'est battue sur la place des Halles. Il y a 10,000 Français faits prisonniers. Les Prussiens se sont emparés à la gare de deux cents fourgons, et de trois machines à vapeur. Les derniers trains n'ont pas pu marcher, car la voie était encombrée par les troupes en débâcle.

Le train qui est parti après le nôtre à 1 heure 30, a été criblé d'obus, et plusieurs hommes ont été tués. Pour surcroît de malheurs, il a déraillé à 5 kilomètres de Laval. Il y a eu 13 voyageurs écrasés dans les fourgons.

Cette journée est décidément riche en nouvelles horribles. Le ballon *le Képler* vient de tomber aux portes de Laval. Il donne d'épouvantables détails sur le bombardement de Paris.

Il paraît d'autre part que l'armée de Bourbaki est perdue dans l'Est et que celle de Faidherbe, dans le Nord, occupe des positions difficiles.

Que peut-on nous apprendre encore ?

Samedi 14 janvier. — Mon frère et moi, après avoir passé une excellente nuit dans de bons lits, chez M. D., nous retrouvons Bertaux et Poirrier à l'*Hôtel de Paris*. Nous allons voir le marin Roux, l'aéronaute du *Képler*. Il nous dit que le fort de Rosny n'est pas pris comme on l'a affirmé, que Paris a encore des vivres, mais que le bombardement a commencé dans le quartier Latin.

Nous rencontrons le général de M... qui nous félicite d'avoir sauvé notre matériel. Il regrette que l'on n'ait pas utilisé à temps nos aérostats.

— On retombe toujours dans les mêmes errements, dit-il, fatiguant les hommes inutilement, les lassant, les décourageant, et quand le moment est venu d'agir, l'énergie, dépensée à l'avance, est épuisée. — L'armée de Chanzy a été perdue au Mans par la fuite des 10,000 mobilisés de Pontlieu qui ont lâché pied à quatre heures du matin au premier coup de feu. 600 bons soldats valent bien mieux que ces hommes inexpérimentés, ne sachant pas se servir de leurs armes et écoutant les alarmistes qui leur disent que leurs fusils ne valent rien. Toujours les mêmes erreurs, on compte sur le nombre des hommes, au lieu de ne se baser que sur leur valeur comme soldats.

— Mais, général, répondis-je, une lueur d'espoir est-elle encore permise, pensez-vous qu'une revanche soit possible ?

— Hélas ! je ne compte plus sur rien maintenant ! la France est perdue ! Pour la sauver, il n'y a plus à attendre que quelques-uns de ces hasards providentiels qui se voient dans l'histoire, espérance bien incertaine.

A six heures, nous dînons, mon frère et moi, chez M. D. Société charmante fort distinguée. On parle des événements actuels; que de reproches s'entrecroisent dans la conversation sur les préfets du jour, nommés à la hâte par Gambetta. La plupart des départements sont honteux des chefs qu'ils ont à leur tête, et qui, dit-on, paralysent toute action. A tort ou à raison, ce n'est pas à Laval que les récriminations font défaut.

Dimanche 15 janvier. — Une panique effroyable règne aujourd'hui à Laval. On dit que les Prussiens vont venir, que l'ennemi n'est pas à six lieues de la ville. A Sillé-le-Guillaume on s'est battu hier; les armées de Mecklembourg et de Frédéric-Charles poursuivraient les Français en déroute.

Le soir, à table d'hôte, nous causons avec un officier français échappé de Hombourg, après avoir été fait prisonnier à Sedan. Il est arrivé à l'armée de Chanzy en passant par le Luxembourg, la Belgique, Londres et Bordeaux.

On dit ce soir que Paris a capitulé. Je ne veux pas croire une telle nouvelle. Et cependant, cette terrible catastrophe est imminente.

Lundi 16 janvier. — Dès le matin, mon frère apprend à la gare de Laval que le matériel de guerre qui s'y trouve va être évacué sur Rennes. Nos fourgons de ballons sont accrochés à un train. Il faut partir de suite.

Nous montons dans le train, à 10 heures 25, avec Poirrier, Bertaux et nos marins, campés dans nos fourgons, selon notre habitude. Le train s'arrête plus d'une heure entre Vitré et Rennes. Le temps se passe dans une petite auberge de campagne, où une brave bretonne, coiffée d'un énorme bonnet blanc, nous sert des crêpes de sarrasin et du café.

En arrivant à Rennes, à 9 heures, les aérostiers sont l'objet de la plus vive curiosité. Nos marins, qui nous suivent avec nos bagages, sont arrêtés et questionnés par la foule qui leur demande avec anxiété des nouvelles du Mans.

Les journaux d'ici disent que Chanzy s'est battu avec énergie à Sillé-le-Guillaume. Les nouvelles de Bourbaki dans l'Est paraissent bonnes. Celles de Paris, arrivées par un nouveau ballon, sont favorables.

Fasse le ciel qu'il soit permis d'espérer encore!

On voit passer à Rennes une quarantaine de prisonniers prussiens, dont un officier, tous beaux hommes et bien équipés.

En approchant de la gare de Rennes, nous avons compté plus de cinq cents fourgons remplis de vivres destinés à l'approvisionnement de Paris. Dans les circonstances actuelles, ce spectacle n'est-il pas navrant? Quel abîme, hélas! sépare les Parisiens de ces vivres qu'on a amassés pour eux!

En rentrant ce soir dans les rues de Rennes, je me demandais, avec mon frère, où j'étais. Notre vie, depuis quatre mois, est vraiment extraordinaire. Toujours en mouvement, allant d'émotions en émotions, c'est un étourdissement, un rêve perpétuel.

Impossible de coucher trois jours à la même place! Quand je me réveille le matin, je ne sais plus où je suis! Je cherche des yeux ma chambre de Paris, mon *at home*, ma bibliothèque, et ne retrouvant rien, la triste réalité se représente à mes yeux.

Mardi 17 janvier. — Il pleut toute la journée. Pas un passant dans les rues de Rennes.

Nous envoyons au général Chanzy, dont le quartier général est décidément à Laval, le télégramme suivant :

« Compagnie des aérostiers est à Rennes attendant
» vos ordres. »

Le soir, à dix heures, on m'apporte une réponse envoyée avec une exactitude toute militaire.

» Attendez à demain, je vous donnerai des instruc-
» tions. »

Mais de longues journées devaient se passer dans le silence. La deuxième armée prenait de nouvelles positions autour de Laval.

Vendredi 20 janvier. — Les nouvelles montent encore une fois au beau. Toutes les troupes régulières de Rennes sont rappelées à Laval.

La ville offre une physionomie très-animée, des régiments partent, d'autres arrivent. Ceux-ci sont les bataillons des mobilisés qui se sont enfuis au Mans; le général Chanzy s'en est débarrassé. Il ne veut plus que des soldats sur lesquels il puisse compter.

Le bruit court que la deuxième armée a obtenu quelques avantages. Quant aux armées du Nord, de l'Est et de Paris, les nouvelles les plus contradictoires circulent, mais en réalité, on ne sait rien.

La compagnie des aérostiers est triste et se plaint de son inactivité forcée. Elle ne demande qu'à agir. Rennes est une grande ville, monotone et bigote. On y vend des cierges, des gravures de piété et des cœurs de Jésus en drap rouge qui arrêtent les balles prussiennes. Qu'on en vende; je le conçois, mais qu'on les achète comme *pare à balles*, voilà ce que je ne comprends plus.

Nous tuons le temps en faisant de longues promenades aux environs de la ville. La conversation revient toujours sur Paris! Quel cauchemar sans trêve! Nos yeux se dirigent de ce côté, et malgré nos espérances passagères, comment ne pas entrevoir l'horrible situation de la France? Chanzy vient d'être battu. Les mouvements de Bourbaki sont arrêtés dans l'Est. Quel drame nous attend encore? Ce ne peut être, hélas! que l'agonie. On pense à ses amis de Paris, à leurs souffrances. Comme nous, ils attendent! s'ils voyaient l'armée de la Loire à cent lieues de leurs murs, quelle brèche dans leur courage si résigné!

Mardi 24 janvier. — Les journaux parlent enfin de Paris, ils ont reçu des nouvelles tombées du ciel par ballon monté. Il est question d'une grande sortie, opérée le 19, en avant du Mont-Valérien, mais les résultats ne sont pas connus. Quelque chose nous dit que le dénoûment du drame de la guerre est proche, mais quel supplice que le silence de mort qui règne autour de nous. On ne sait rien d'officiel, c'est l'incertain qui se dresse aux yeux de tous, l'inconnu de mauvais augure.

Le soir, encore une nouvelle qui, inopinément, réveille le courage. Garibaldi a battu les Prussiens devant Dijon. Nous sommes ainsi faits, que dans l'horrible suite de nos malheurs, le plus petit revirement de la fortune se transforme en un événement destiné à changer la face des choses. Comment ne pas croire aveuglément à ce que l'on désire avec ardeur? Le prisonnier, dans son cachot, ne pense-t-il pas à la délivrance, quand un rayon de soleil apparaît à ses yeux!

Une lettre reçue de notre frère aîné qui est à Paris dans les bataillons de marche, augmente notre joie momentanée. Il nous apprend qu'il a reçu de nos nouvelles, par pigeon, pour la première fois, le 15 janvier.

Il raconte ses émotions de soldat, avec entrain, avec animation, et c'est les larmes aux yeux que nous lisons le récit du départ des bataillons de marche pour les avant-postes. Les sédentaires, musique en tête, les femmes, accompagnant jusqu'aux portes des bastions, leurs maris, leurs fils, leur insufflant l'énergie des résolutions vaillantes, quel admirable tableau, quelle scène touchante et pleine de grandeur! Soldats improvisés, Paris a les yeux sur vous, mais, de bien loin aussi, des vœux sincères accompagnant vos bataillons.

Jeudi 26 janvier. — Le ballon *la Poste de Paris* apporte des nouvelles de la capitale des 19, 20, 21 et 22 janvier. La sortie de Trochu a avorté ! Voilà des événements aussi funestes que décisifs. Quelle triste et lamentable journée! Notre collègue Poirrier nous parle de sa femme, de ses filles enfermées à Paris ; Bertaux, de ses parents, de ses amis restés dans la capitale. Quel avenir va s'ouvrir à la France? Il faut entrevoir le jour où Paris affamé ouvrira ses portes aux soldats de Guillaume.

Vendredi 27 janvier. — Le général Chanzy s'apprête à une attaque énergique. Nous recevons le télégramme suivant qui nous tire de nos cauchemars :

« Général Chanzy à Tissandier, aérostier, à Rennes.

» Prière venir ici de suite avec tous les ballons; vous
» vous entendrez avec l'amiral pour observer les mou-
» vements ennemis sur la rive gauche en avant de
» Laval. »

VII

Les ballons captifs à Laval. — Ascensions quotidiennes. — L'armistice. — Nantes. — Bordeaux. — L'Assemblée nationale. — Paris ! — Vides dans les rangs.

Du 28 janvier au 17 février 1871.

A peine arrivés à Laval, nous allons en toute hâte au quartier du général Chanzy. Le commandant en chef de la deuxième armée nous félicite sur notre exactitude. Les hostilités vont reprendre plus énergiques et plus actives que jamais, il est nécessaire de gonfler de suite trois ballons. Il y en a un d'entre eux qui restera à Laval sous les ordres du général Colomb, les deux autres seront mis à la disposition de l'amiral Jaureguiberry.

Dimanche 29 janvier. — Pas une minute n'a été perdue, le préfet, le directeur de l'usine à gaz ont tout fait pour activer nos opérations. A trois heures de l'après-midi, le ballon *la Ville de Langres*, tout arrimé, tout gonflé est prêt à monter dans l'atmosphère.

Il fait un temps magnifique, notre sphère de soie immobile ressemble de loin à une grosse toupie qui ronfle. A quatre heures elle va s'envoler au bout de ses cordes.

Trois ascensions consécutives s'exécutent dans les meilleures conditions, nos marins sont maintenant initiés à la manœuvre qui s'opère avec la plus remarquable précision.

Mon frère et Poirrier ouvrent l'ascension, ils s'élèvent jusqu'à 300 mètres de haut, et reviennent enthousiasmés de leur voyage. La vue est admirable, l'œil embrasse une campagne d'une étendue énorme.

Je fais une seconde et superbe ascension avec Lissagaray, le commissaire extraordinaire de la République, qui trouve un grand charme à ce voyage si nouveau pour lui.

Jossec s'élève ensuite avec trois passagers. Jamais *la Ville de Langres* n'avait si bien enlevé quatre voyageurs à l'extrémité de ses cordes.

— Bravo, mes amis, m'écriai-je à la descente. Le temps est beau, tout va bien. Mais ne flânons pas, demain nous gonflerons s'il est possible les deux autres ballons que nous conduirons aux avant-postes de l'armée. Il ne sera pas dit que les aérostiers militaires, toujours surpris par les déroutes et les désastres, ne recevront pas en l'air le véritable baptême de feu !

A peine ai-je ainsi parlé qu'un capitaine de la ligne s'approche de nous.

— Vous ne savez pas la grande nouvelle !
— Qu'y a-t-il ?
— La guerre est finie ! Un armistice vient d'être signé.

Inutile d'ajouter que toute la ville de Laval est en émoi. On ne parle que de l'armistice. Quels sont les termes de cet acte immense ?

Mais le fait est-il bien vrai ? On a été si souvent trompé que, malgré soi, on en arrive à l'incrédulité de saint Thomas lui-même.

Lundi 30 janvier. — Grand nombre de sceptiques croient que décidément l'armistice est un canard. Pour plus de sûreté, occupons-nous toujours de notre ballon. Si l'armée doit combattre, elle aura cette fois sa sentinelle aérienne.

L'air est d'un calme absolu. On exécute dans l'après-midi cinq ascensions. Le ballon s'élève verticalement sans dévier d'une ligne de sa marche perpendiculaire au sol. Le préfet, M. Delattre, est monté dans la nacelle, il est resté immobile avec mon frère à 350 mètres de haut, ne se lassant pas d'admirer l'admirable panorama étalé à ses yeux surpris. Je m'élève avec le secrétaire de la Préfecture, et je suis remplacé dans la nacelle par un commandant des éclaireurs à cheval, qui demande la perche à 30 mètres de haut et fait revenir le ballon à terre.

Mardi 31 janvier. — L'armistice est confirmé. Il n'y a plus de doute à cet égard. Les Prussiens occupent les forts, l'armée de Paris va être désarmée.

Voilà le triste dénoûment de ce drame horrible, qui compte trois événements également funestes pour la France, et qu'on peut résumer en trois mots : Sedan, Metz, Paris !

Nous recevons l'ordre de dégonfler *la Ville de Langres*. Je monte une dernière fois dans la nacelle, mais le vent est assez vif, et me lance à deux mètres d'une cheminée d'usine, où le ballon manque de se briser.

Bientôt l'aérostat est vidé, plié dans sa nacelle, non sans regrets de la part de l'équipe. Pauvre ballon ! quand te retrouverons-nous, fier et majestueux, gracieusement arrondi dans l'atmosphère !

Nos expériences de ballon captif devaient se terminer là. Les tentatives exécutées ailleurs pendant la guerre, n'ont donné lieu à aucune expérience. MM. Gilles et

Farcot ont été envoyés à Lyon, mais l'occasion ne s'est jamais montrée pour eux de gonfler un ballon.

Il en a été de même pour M. Revilliod, qui avait été rejoindre le général Bourbaki à Besançon. Le commandant en chef de l'armée de l'Est, comme le général Chanzy, approuvait l'usage des ballons militaires, il comptait beaucoup sur les services de M. Revilliod. La déroute est venue comme partout en France déjouer tous ces projets.

Avant l'expédition dans l'Est, M. Revilliod, accompagné de Mangin, avait été à Amiens se mettre aux services de l'armée du Nord. On gonfla le ballon *le Georges Sand*, mais il ne fut pas amené à temps sur le champ de bataille.

Quelques jours avant l'armistice, MM. Duruof et de Fonvielle avaient été chargés de se mettre à la disposition du général Faidherbe avec deux ballons.

On a vu par les expériences réitérées que nous avons successivement exécutées à Orléans, au Mans, à Laval, que les aérostats sont susceptibles, presque par tous les temps, de fournir à un général d'armée un observatoire aérien d'où il peut embrasser d'un seul coup d'œil le champ de bataille. Mais, vers la fin de cette guerre malheureuse, on n'a trouvé presque nulle part, hélas! un véritable champ de bataille, on n'a vu guère que des *champs de déroute!* Il est certain que les aérostats pourront être efficaces dans des temps moins désastreux et dans des saisons plus clémentes!

Dimanche 5 février. — La discipline est rigoureuse à Laval, nul officier ne peut, sous quelque pretexte que ce soit, quitter son poste. Cependant sachant ce que parler veut dire, nous ne doutons pas que le mot armistice dans les circonstances présentes signifie : paix. A quoi bon demeurer inutilement ici, nos ballons ne se sauveront pas tout seuls. Faisons nos efforts pour quitter Laval, allons à Bordeaux, et nous reverrons bientôt Paris ! C'était là notre rêve le plus cher.

A force de démarches, de pourparlers, de diplomatie, le chef d'état-major consent à nous donner nos feuilles de route pour Bordeaux. Nous partons le lendemain, avec nos papiers en règle.

Le voyage s'effectue dans des conditions de lenteur désespérante. Nous passons par Rennes, Nantes, Poitiers et Bordeaux. Trois nuits consécutives sont passées en chemin de fer.

Jeudi 9 février. — Le train s'arrête à Bordeaux à 7 heures du matin. Impossible de voir M. Steenackers, il est tout aux élections. Il attend avec impatience les résultats du scrutin, et ne se doute certainement pas qu'ils ne lui seront pas favorables.

Nous faisons la rencontre de trois aéronautes : MM. Martin, Turbiaux et Vibert ; ces deux derniers sont venus vers la fin de janvier, ils nous racontent leurs intéressants voyages. M. Vibert est parti de Paris le 16 janvier, dans le ballon *le Steenackers*, il est descendu en Hollande après une longue traversée. Il avait avec lui deux caisses de dynamite, matière fulminante effroyable, que mon ami M. Paul Champion a si bien étudiée pendant le siége. On la destinait, paraît-il, à l'armée de Bourbaki. M. Turbiaux, a quitté la gare du Nord le 18 janvier dans le ballon *la Poste de Paris*, sa descente s'est opérée à Venray dans les Pays-Bas. Quant à M. Martin, mon frère et moi avions déjà eu le plaisir de faire sa connaissance à Tours. Il était parti de

Paris le 30 novembre, pour descendre à Belle-Ile-en-Mer, après un voyage vraiment dramatique. Nous reparlerons plus tard de cette curieuse ascension.

Vendredi 10 février. — Mon frère rencontre un de ses anciens camarades de l'école des Beaux-Arts, qui lui donne un laissez-passer prussien pour Paris. Il part de suite, trop heureux de retrouver après tant d'aventures son toit et ses foyers. Je suis présenté par un de mes amis à un avocat distingué qui, pendant la guerre, a eu le courage et le dévouement d'aller à Berlin même, recueillir des renseignements sur l'organisation militaire en Prusse. Il a rapporté avec lui la liste de composition de tous les régiments allemands, le nombre des tués et blessés, etc. La discrétion m'impose de ne pas trop m'étendre en détails à cet égard. Je me rappelle deux chiffres que je puis signaler au lecteur. Le nombre des soldats de Bismark s'est élevé en France à un million cent quarante-sept mille. Autre fait qui m'est resté gravé dans la tête, à la suite de la conversation si intéressante que j'ai eue avec cet intelligent et hardi patriote. « Une des causes de la force de l'Allemagne est l'instruction de ses habitants, il n'y a dans tous les pays d'outre-Rhin que cinq hommes sur cent qui ne sachent ni lire ni écrire. En France on en compte 70 pour cent ! » N'est-ce pas le cas de dire que les chiffres ont parfois une éloquence brutale, mais significative !

Lundi 13 février. — La place du Théâtre, à Bordeaux, est couverte d'une foule énorme. Des cuirassiers, des gardes nationaux entourent le théâtre qu'ils protégent d'un mur vivant. L'Assemblée nationale est en séance !

C'est ce jour-là que la droite étouffe de ses cris la voix de Garibaldi, de l'illustre général qui a prêté à la France le secours de son épée ; la population est exaspérée à la sortie des députés. On le serait à moins.

Jeudi 16 février. — La direction des télégraphes m'a enfin donné un laissez-passer pour rentrer à Paris. Je vais partir.

Bordeaux est toujours très-animé. Une haie compacte de gardes nationaux et de soldats défend les abords du théâtre. Dans plusieurs rues avoisinantes, on voit des nombreux escadrons de lanciers et de cuirassiers. — La population est cependant bien calme et bien inoffensive. Elle ne semble en aucune façon manifester le désir de faire l'assaut de l'Assemblée nationale.

Je pars pour Paris à 6 heures !

Vendredi 17 février. — Je viens de passer une nuit fatigante en chemin de fer. J'écris tant bien que mal, pour tuer le temps, sur mon carnet de voyage.

A 8 heures on s'arrête à La Souterraine. On accroche à notre train QUARANTE-CINQ fourgons de marchandises. Je les ai comptés un à un : volailles, porcs et bœufs deviennent nos compagnons de voyage. Tout le monde fête ces animaux si respectables aujourd'hui. Ils seront certainement bien reçus à Paris ! On ajoute deux machines à l'avant du train, et l'on se met en marche bien péniblement.

Je m'ennuie tellement dans mon wagon, que je pense à calculer le nombre d'heures que nous avons passées en chemin de fer, pendant le siége de Paris. — J'arrive à un total de 266 heures, soit 11 jours et 11 nuits en cinq mois. O merveilles de la statistique, où ne me conduiriez-vous pas, si je calculais les minutes et les secondes !

Arrivés à 1 kilomètre de Vierzon, nous restons en arrêt sur la voie quatre heures consécutives. Il faut voir la tête échevelée des voyageurs et des malheureuses femmes, chiffonnées par le voyage. Un tel trajet donne un peu l'idée de la prison cellulaire.

On est en gare à Vierzon à 10 heures du soir.

— Messieurs, nous dit un chef d'équipe, — vous ne pouvez reprendre un train qu'à cinq heures du matin.
— Voilà la salle d'attente pour vous reposer.

Les voyageurs ahuris se précipitent comme une avalanche dans les rues de Vierzon, où l'on dîne tant bien que mal.

Une heure après, on est revenu dans la salle d'attente, car il n'y a pas un lit vide dans toute la ville. Nous sommes deux cents dans une salle où l'on tiendrait trente à l'aise. Chacun se perche sur sa valise, ou se couche par terre, et on attend là jusqu'à cinq heures du matin.

Le lendemain, nous nous approchons sensiblement de la capitale! A mesure que le train avance, l'émotion de tous est visible. Chacun va revoir ceux qu'il aime après une longue et terrible absence, après d'épouvantables désastres! Je n'oublierai jamais, pour ma part, la fin de ce voyage. En passant à travers les environs de Paris, au milieu des campagnes dévastées, les pensées les plus sombres dévorent mon esprit. Quel spectacle navrant! Quelle douleur, quelle humiliation en voyant ces soldats prussiens se promener sur les routes, ou monter la garde dans nos gares!

Près de Juvisy, les voyageurs qui sont dans le même compartiment que moi me montrent sur la route un convoi d'approvisionnement prussien qui attire l'attention générale. Un grand nombre de voitures uniformes, bien construites, circulent sur le chemin, tirées par une belle locomotive routière. Cette machine à vapeur vient de Berlin, elle fonctionne ici. Et voilà dix ans que l'on dit en France que les machines routières ne valent rien. Je compare ce convoi prussien, aux méchantes charrettes de l'armée de la Loire !

A 2 heures je suis à Paris. La grande ville est sombre et lugubre ! Ses habitants sont fatigués, abattus et consternés !

Quel triste retour, après mon départ aérien du 30 septembre ! C'est comme le réveil après un beau rêve !

Je retrouve mon frère Albert et mon frère aîné qui a servi dans les bataillons de marche, et qui me raconte ses campagnes ; je revois mes amis.

L'un d'eux manque à l'appel. C'est Gustave Lambert, l'intrépide pionnier du Pôle Nord. Il s'est engagé comme simple soldat, et une balle stupide, lancée par quelque brute, a frappé au cœur cet homme d'élite, cet apôtre d'une grande idée de science et d'initiative. — Gustave Lambert m'embrassait la veille de mon départ, et se félicitait de voir les ballons qu'il affectionnait contribuer à la défense de Paris.

— Au revoir, me disait-il, bon courage, bonne chance ! Nous nous retrouverons bientôt. Vous continuerez vos ascensions. Quant à moi j'irai au Pôle Nord. — Soldat aujourd'hui, je reprendrai demain ma grande *toquade*.

Gustave Lambert a été frappé le même jour que l'illustre peintre Regnault. Ce jour-là les Prussiens, qui se prétendent les soldats de la science et de la civilisation, ont pu se féliciter de leur besogne !

C'est par son souvenir que je termine le récit de mes voyages, car la dernière parole que je lui ai entendu prononcer s'appliquait aux ballons-poste. « Mon cher ami, me disait-il le 28 septembre, la guerre est une chose hideuse, monstrueuse, c'est un grand crime des peuples. Mais tout homme de cœur dans ces moments-ci doit se dévouer pour son pays. Je vous félicite de votre entreprise. En ballon vous allez rendre à votre pays plus de services qu'en étant soldat, et vous êtes sûr de ne tuer personne. »

HISTOIRE

DE

LA POSTE AÉRIENNE

I

Naissance des ballons-poste. — Stations militaires autour de Paris. Les premiers départs avec l'ancien matériel. — Construction des aérostats.

En retraçant dans les pages qui précèdent mes impressions de voyages aériens pendant la guerre, je n'ai eu ni la volonté, ni la prétention de me séparer de mes collègues; j'ai pensé que je ne devais pas écrire cet ouvrage sans donner les détails que j'ai pu recueillir sur la *poste aérienne*, sur les voyages les plus curieux des aéronautes improvisés de la République, sur les courageux courriers à pied, qui tous ont droit au même titre à la reconnaissance de leurs concitoyens pour les services qu'ils ont rendus à la Patrie.

On se rappelle que le 6 septembre 1870, les habitants des environs de Paris reçurent l'invitation de rentrer immédiatement dans les murs de l'enceinte. — Tous songent au départ, ils emportent les objets qui leur sont précieux, brûlent les approvisionnements qu'ils ne peuvent soustraire à l'ennemi. Le spectacle de cette émigration restera toujours présent à l'esprit des Parisiens qui étaient là, aux portes des bastions, voyant défiler les charrettes chargées de meubles, les voitures à bras couvertes de paquets, les femmes, les enfants se pressant en files serrées, comme dans les scènes bibliques de la fuite en Egypte ! Mais il ne nous appartient pas de raconter ces épisodes du siége, nous ne voulons rappeler ici que des dates.

Les Prussiens ce jour-là, étaient encore éloignés de Paris; avec la rapidité foudroyante qui caractérise leurs mouvements, ils ne tardent pas à investir la capitale. Le 19 septembre la voiture postale qui la veille encore, avait emporté hors Paris des ballots de dépêches, dut rétrograder. Le 20, trois voitures, deux cavaliers, cinq piétons sont lancés hors de l'enceinte. Un seul piéton nommé Létoile, parvient jusqu'à Evreux, et peut en rapporter sept jours après 150 lettres en risquant deux fois sa vie. Le 21, un des employés de la poste nous disait avec stupéfaction : « Je n'oserais pas affirmer qu'une souris pourrait maintenant franchir les lignes prussiennes ! »

La terre est fermée, on songe à l'eau, comme moyen de transport. Des bouchons creux seront lancés dans la Seine qui les portera au dehors, ou qui les amènera au dedans. Mais des barrages ont été construits par l'ennemi qui a tout prévu. Un fil télégraphique a même été retiré par lui du fond de la Seine. Les routes aquatiques sont interceptées comme les chemins terrestres.

L'air seul reste ouvert. On se souvient que Metz a déjà lancé des ballons libres au-dessus des lignes ennemies. Paris enverra ses messagers planer au milieu des nuages !

Avant de songer à la poste aérienne, on avait pensé dès le lendemain du 4 septembre, à organiser des aérostats militaires destinés à surveiller les mouvements ennemis au moyen d'ascensions captives. — Le gouvernement de l'Empire n'avait même pas voulu répondre aux offres de service des aéronautes. M. de Fonvielle et moi, nous avions adressé chacun de notre côté des pétitions au ministre de la guerre, nous proposant de suivre l'armée du Rhin en ballon captif. Mais le major général Lebœuf ne voulait compter que sur son propre génie, il n'aurait su que faire des ballons !

Si le gouvernement du 4 septembre a échoué, on ne peut nier que sa bonne volonté n'ait été à la hauteur de ses intentions. MM. Nadar, E. Godard et W. de Fonvielle furent accueillis par le nouveau ministère, et furent chargés successivement d'organiser trois postes d'observations aérostatiques.

Nadar s'installa place Saint-Pierre, avec le ballon *le Neptune* appartenant à J. Duruof. Cet aérostat, dans lequel j'avais fait, en 1868, l'ascension maritime de Calais et le voyage des Arts-et-Métiers à Laigle, était en assez mauvais état, mais Duruof le répara ; il put rester gonflé quinze jours, et exécuter un grand nombre d'ascensions captives, dont quelques-unes ne furent pas sans utilité. Eugène Godard gonfla, au boulevard d'Italie, sa *Ville de Florence*, excellent aérostat, fort bien construit ; en 1869 M. Godard m'avait offert gracieusement l'occasion de faire une ascension dans cet aérostat, à Dijon. M. de Fonvielle fit réparer *le Céleste*, aérostat de 750 mètres que M. Giffard, son propriétaire, avait généreusement offert au génie militaire, et dans lequel j'étais encore monté en 1868. M. de Fonvielle fit quelques tentatives à l'usine de Vaugirard.

Ces trois postes aérostatiques devaient agir sous la surveillance d'une commission présidée par le colonel Usquin. Il était question de me confier une quatrième station, quand les nécessités nouvelles créées à la poste par l'investissement de Paris, transformèrent ces ballons militaires en ballons messagers.

Il y avait encore à Paris six autres aérostats, l'*Impérial* qui faisait partie du mobilier de la couronne, ballon pourri que l'on n'a jamais pu réparer, l'*Union*, appartenant à Gabriel Mangin, qui après une tentative d'ascension dut renoncer à boucher les trous de son ballon, que ses collègues appelaient par ironie le ballon-passoire, tant il était criblé de piqûres; le *Napoléon* et l'*Hirondelle*, deux méchants ballonneaux appartenant à Louis Godard, le *Ballon captif de l'Exposition* construit par M. Giffard. J. Duruof avait encore laissé à Paris un petit aérostat de 400 mètres cubes, avec lequel M. Nadar fit quelques ascensions captives. L'art de l'aérostation était tombé si bas, que la patrie des Montgolfier ne comptait que quelques ballons usés par l'âge et le service. Mais on tira parti tant bien que mal de tout ce matériel.

Les ballons militaires furent achetés à la Commission, par l'administration des Postes, et le premier départ fut organisé par M. Nadar à la place Saint-Pierre.

PREMIERS DÉPARTS DE PARIS.

1re Ascension. 23 *septembre*. — J. Duruof s'éleva seul du pied des buttes Montmartre à 8 heures du matin. Il emportait avec lui 125 kilogrammes de dépêches. La traversée fut heureuse. L'aéronaute descendit à 11 heures à Craconville, près Evreux.

2ᵐᵉ Ascension. — Le 25 du même mois le ballon de M. Eugène Godard, *la Ville de Florence*, partait à 11 heures du boulevard d'Italie. Il était monté par M. Mangin aéronaute et par M. Lutz, passager. Les voyageurs descendirent sans accident à Vernouillet, près Triel, dans le département de Seine-et-Oise. Les Prussiens n'étaient pas loin, Mangin dut replier son ballon à la hâte, et charger des paysans de le cacher, car il était impossible de songer à l'emporter sans courir les plus grands dangers.

Pendant que l'aéronaute s'occupe ainsi de son matériel, le voyageur, M. Lutz, s'empare des dépêches importantes, court à Vernouillet prévenir les autorités de son arrivée de Paris. Il file à Tours, et là il raconte qu'il est venu seul, chargé d'une mission du gouvernement. Dans un hôtel, on m'a dit qu'il s'était fait passer pour M. Nadar. Quel était le but de toutes ces inventions? C'est ce que j'ai toujours ignoré. — Sur ces entrefaites, Mangin arrive et se présente comme l'aéronaute de *la Ville de Florence*.

— Mais, lui dit-on, nous l'avons déjà vu, cet aéronaute, il est ici, et nous a affirmé qu'il était seul en ballon.

De là des explications, des éclaircissements. On cherche M. Lutz. Il n'est plus à Tours. Quelques jours après les journaux donnent de ses nouvelles. Il a été arrêté à Dijon, puis on raconte qu'il a été fusillé comme espion. Pendant quelques jours, mille récits se croisent au sujet de cet illustre Lutz. Quel mystère est caché sous toutes ces aventures? On ne l'a jamais bien su.

Mais il ressort de tout cela que la conduite du voyageur de la *Ville de Florence* est au moins singulière.

Dans un récit qu'il a publié à Tours sur son voyage, il laisse entendre qu'il était seul dans le ballon, et se présente comme *commissaire délégué du gouvernement de la Défense nationale*.

La Ville de Florence avait à bord 300 kilogr. de dépêches et trois pigeons qui sont revenus à Paris, apportant les nouvelles des aéronautes.

3ᵉ Ascension. 29 *septembre*. — Louis Godard part de l'usine à gaz de la Villette avec M. Courtin à 10 heures 30. Il a réuni par une grande perche les nacelles des deux ballons *le Napoléon* (800 mèt. cub.) et *l'Hirondelle* (500 mèt. cub.). Ces ballons se touchent à l'équateur et ils comprennent entre eux un troisième petit aérostat de 40 mèt. cub. L'appareil est un peu baroque, mais il ne s'en enlève pas moins dans de bonnes conditions à 10 heures 30 du matin. Les deux ballons attachés qu'on a appelés depuis les *Etats-Unis*, passent au-dessus des buttes Montmartre et tombent à Mantes à 1 heure de l'après-midi. Nous donnons le récit du voyage d'après le *Moniteur officiel* de Tours.

« M. J.-G. Courtin, fournisseur de l'armée, chargé de
» conduire les dépêches du gouvernement, est parti
» jeudi de Paris. L'aéronaute, Louis Godard, comman-
» dait l'escadrille aérienne, qui se composait de deux
» ballons et de deux nacelles, liés ensemble et mar-
» chant de conserve. Le poids total des dépêches confiées
» à M. Courtin s'élevait à 83 kilogrammes.

» Le départ a eu lieu jeudi, à 10 heures du matin, à
» l'usine à gaz de la Villette. Nos voyageurs ont passé
» sur le Mont-Valérien à 800 mètres de hauteur. Après

» avoir dépassé la forteresse, à deux kilomètres environ,
» ils ont essuyé quelques coups de feu, qui naturelle-
» ment n'ont point porté jusqu'à eux. Ils ont jeté du
» lest, et se sont élevés jusqu'à 1,500 mètres. Ils étaient
» en ce moment sur la forêt de Saint-Germain, d'où les
» Prussiens ont, avec le même insuccès, tiré sur les
» ballons. Faute de vent, ils ont plané assez longtemps
» et ont dû redescendre à 800 mètres, afin de rencontrer
» un courant.

» Le reste du voyage aérien s'est accompli sans en-
» combre et sans incidents.

» M. J.-C. Courtin et M. Godard ayant traversé
» Mantes, ont pris leurs dispositions pour atterrir.

» C'est à trois kilomètres de cette ville qu'ils ont touché
» terre; mais ils ont été traînés pendant au moins
» 150 mètres. Ils étaient dans cette position désagréable,
» quand une troupe de cavaliers est arrivée sur eux ventre
» à terre. Ils ont pris ces hommes pour des Prussiens et
» se sont crus perdus. Heureusement la troupe était
» commandée par M. Estancelin, qui est chargé d'or-
» ganiser la défense dans le nord-ouest, et qui s'est
» empressé, après avoir aidé nos voyageurs à prendre
» terre, de donner à l'envoyé du gouvernement une
» escorte pour gagner Mantes, où son arrivée a causé
» une alerte, car les Prussiens étaient d'un côté de la
» ville pendant que M. Courtin y entrait de l'autre.

» Celui-ci a été parfaitement accueilli, et a reçu,
» avec une ovation, des offres de services de tout le
» monde. Une voiture à deux chevaux a été mise immé-
» diatement à sa disposition pour gagner Evreux. »

4° **Ascension.** 30 *septembre.* — *Le Céleste*, 750 mètres; aéronaute, G. Tissandier. Pas de passager.

J'ai donné, dans la première partie de cet ouvrage, tous les détails de mon ascension, mais je crois devoir rapporter ici quelques faits curieux qui se rattachent à l'histoire générale des ballons-poste. Je ne devais pas d'abord partir dans *le Céleste;* ce ballon était réservé à un autre aéronaute, homme d'affaires généralement aussi connu que peu estimé, que je demanderai permission de ne désigner que sous le nom de M. X...

X..., avec l'aplomb qui le caractérise, s'en va trouver M. Jules Favre.

— Monsieur le ministre, dit-il, je suis désigné par M. Rampont pour partir comme courrier de la poste dans un ballon. Avez-vous des recommandations à me faire ?

— Certainement, dit M. J. Favre; voici un mot pour le ministre de l'intérieur, on vous donnera des instructions et vous reviendrez me voir.

X..., armé de ce document, court chez M. Rampont.

— Monsieur le directeur des postes, dit-il avec un aplomb toujours croissant, le ministre des affaires étrangères m'a chargé d'une mission importante en province. Voici un mot de sa main qui le prouve. J'ai fait des ascensions; voulez-vous me confier la direction d'un de vos ballons ?

— Comment donc, dit M. Rampont, vous êtes recommandé par le ministre des affaires étrangères, vous partirez de suite.

Malheureusement pour X..., le bout de l'oreille s'est montré au dernier moment, on a été aux renseignements, aux informations. La trame qu'il avait si bien cousue s'est emmêlée subitement. X..., n'est jamais sorti de Paris en ballon. Je l'ai remplacé dans *le Céleste*.

La veille de son départ, X..., me disait :

— Vous partez après moi. Vous me retrouverez à

Tours. Si vous voulez, je vous nommerai préfet. J'ai une mission très-importante; je suis chargé de désigner des candidats pour les préfectures et les sous-préfectures.

Jusqu'où n'aurait pas été ce trop habile escamoteur, s'il avait pu débarquer à Tours? Il avait des lettres des membres du gouvernement. Que d'histoires il aurait pu forger, sachant que la vérification de ses récits était impossible! X... serait peut-être devenu général en chef.

Pour compléter les informations relatives à la quatrième ascension du 30 septembre, je donne le texte des proclamations que j'ai jetées au nombre de 10,000 sur la tête des Prussiens.

Chaque proclamation était imprimée en deux colonnes sur une feuille de papier format in-8°. La colonne de gauche était imprimée en texte allemand, celle de droite était la traduction française de ce document.

TEXTE FRANÇAIS DES PROCLAMATIONS LANCÉES EN BALLON SUR LES CAMPS PRUSSIENS.

« Au commencement de la guerre, la nation allemande a pu croire que la nation française encourageait l'Empereur Napoléon III dans ses projets d'agression.

» La nation allemande a pu se convaincre depuis la chute de l'Empereur que la nation française veut la paix. Elle désire vivre unie avec l'Allemagne, sans contrarier son mouvement d'unité, qui profitera aux deux peuples.

» Il semblerait d'abord naturel que les deux nations missent bas les armes et cessassent de s'entre-tuer.

» La France a reconnu qu'elle était responsable des
» fautes de son gouvernement. Elle a déclaré être prête
» à réparer les maux que ce gouvernement a faits.

» L'Allemagne laissée à elle-même accepterait de
» grand cœur ces conditions honorables. Elle a montré
» sa vaillance et sa science militaires. Elle n'a aucun
» intérêt à continuer cette lutte qui la ruine et lui en-
» lève ses plus glorieux enfants.

» Mais l'Allemagne n'est pas libre.

» Elle est dominée par la Prusse, et la Prusse elle-
» même est sous la main d'un monarque et d'un mi-
» nistre ambitieux.

» Ce sont ces deux hommes qui ont repoussé la paix
» qu'on leur offrait. Ils veulent satisfaire leur vanité en
» enlevant Paris. Paris résistera jusqu'à la dernière ex-
» trémité ; Paris peut être le tombeau de l'armée assié-
» geante.

» Dans tous les cas, le siége sera long ; voici l'Alle-
» magne hors de chez elle tout l'hiver, et l'absence de la
» fleur de la population laisse les familles dans la mi-
» sère.

» Jusques à quand les peuples seront-ils la dupe de
» ceux qui les gouvernent ? Ce sont les rois et leurs mi-
» nistres qui les poussent les uns contre les autres à des
» combats homicides. Commandée par Napoléon, la
» France marchait à la bataille ; maintenant que Napo-
» léon est renversé, elle ouvre les bras à l'Allemagne.
» Sans doute elle défendra pied à pied son foyer, elle
» ne se laissera rien enlever de son sol ; mais aussi elle
» prend l'engagement de respecter celui de ses voisins.
» Elle leur propose une alliance fraternelle. Que l'Alle-
» magne ne soit pas plus longtemps l'esclave d'une am-

» bition aveugle ; qu'elle ne lui donne plus ses enfants à
» égorger. »

On a renoncé à ces proclamations qui ne produisaient sans doute pas grand effet sur les Allemands. Il paraît en outre que des paysans français, en ayant ramassé quelques-unes, avaient cru qu'elles étaient lancées par un ballon prussien ; ils se seraient empressés de tirer des coups de fusil sur l'aérostat.

ESSAI D'UN BALLON LIBRE.

Le jour même du départ du *Céleste*, Eugène Godard lançait, au boulevard d'Italie, un petit ballon libre muni de sacs de lettres qui devaient tomber successivement durant le voyage, au moyen d'un système automatique très-simple. Ce début ne fut pas heureux. Le ballonneau tomba près des remparts au milieu d'un retranchement prussien.

L'accident ne tarda pas à être connu à Paris, mais il fut singulièrement exagéré ; quelques journaux racontèrent que les Allemands avaient fait la capture d'un ballon monté, le 30 septembre. Cet aérostat ne pouvait être que le *Céleste*. La nouvelle parvint aux oreilles de mes amis qu'elle émut d'autant plus vivement que mes pigeons sont arrivés à Paris ayant perdu leurs dépêches. Heureusement, mon frère Albert avait pu suivre mon ballon pendant plus d'une heure, il affirma que je devais être sauvé. Mon ami de Fonvielle, dans la *Liberté*, eut l'obligeance de donner d'excellentes raisons sur l'improbabilité de ma capture. Il disait vrai.

On renonça aux ballons libres, et il fut décidé que les dépêches de la poste ne seraient plus confiées qu'à des aéronautes.

CONSTRUCTION DES BALLONS-POSTES

Les quatre premiers voyages aériens exécutés dans de bonnes conditions du 23 au 30 septembre, ont réellement fondé la poste aérienne. A compter de ce jour, l'administration décida que des ballons neufs, fabriqués dans de bonnes conditions, devaient sortir régulièrement de Paris. La plus vigoureuse impulsion fut donnée à la construction de ces aérostats.

La direction des postes confia l'organisation de deux ateliers de fabrication aérostatique à M. Eugène Godard d'une part, et à MM. Yon et Camille d'Artois d'autre part.

M. Eugène Godard est un praticien d'un mérite incontestable; il a exécuté dans sa vie plus de 800 voyages en ballon, et construit un nombre considérable d'aérostats. On ne pouvait mieux choisir pour accélérer une construction si spéciale. Eugène Godard s'installa à la gare du Nord.

MM. Yon et Camille d'Artois organisèrent à leur tour un atelier aérostatique à la gare du Nord. M. Yon est l'habile constructeur des admirables ballons captifs créés par M. Giffard; c'est en même temps un aéronaute distingué. Quant à M. Camille d'Artois, ses ascensions publiques, à l'Hippodrome et à bord du *Géant*, lui ont acquis un juste renom dans l'art de la navigation aérienne. M. Nadar s'était d'abord chargé des opérations aérostatiques de la gare du Nord, mais il se retira bientôt.

Voici quelles étaient les conditions des traités acceptés entre ces messieurs et l'administration des postes :

« Les ballons devaient être de la capacité de 2,000 mè-
» tres cubes, en percaline de première qualité, vernie à
» l'huile de lin, munis d'un filet en corde de chanvre
» goudronné, d'une nacelle pouvant recevoir quatre
» personnes et de tous les apparaux nécessaires : sou-
» pape, ancres, sacs de lest, etc.

» Les ballons devaient supporter l'expérience sui-
» vante : Remplis de gaz, ils devaient demeurer pendant
» dix heures suspendus, et, après ce temps d'épreuve,
» soulever encore un poids net de 500 kilogrammes.

» Les dates de livraison étaient échelonnées à époques
» fixes : 50 francs d'amende étaient infligés aux con-
» structeurs pour chaque jour de retard. Le prix d'un
» ballon remplissant ces conditions était de 4,000 francs,
» dont 300 francs pour l'aéronaute, que procurait le
» constructeur. Le gaz était à part. C'est ce prix qui a
» été primitivement payé par la direction générale des
» postes, au comptant, aussitôt l'ascension effectuée, le
» ballon hors de vue. Il a été réduit postérieurement à
» 3,500 francs, plus 500 francs dont 300 francs pour le
» gaz et 200 francs pour l'aéronaute. A ces frais il faut
» ajouter des sommes pour valeur d'accessoires, dont le
» montant a varié de 300 à 600 francs par ascension.
» Le *Davy*, ne cubant que 1,200 mètres cubes, n'a coûté
» que 3,800 francs (1). »

La construction des ballons, une fois mise en train,
s'exécuta avec une grande rapidité.

Nous croyons devoir donner ici quelques détails techniques sur la fabrication des aérostats si peu connus généralement dans la masse du public.

L'étoffe qui convient le mieux pour la construction

---

(1) Extrait du *Journal officiel*, n° du 2 mars 1871.

d'un aérostat est sans contredit la soie ; mais la soie est d'un prix très-élevé ; on la remplace souvent par un tissu de toile ou de coton qui, une fois verni, est suffisamment imperméable pour contenir sans déperdition les masses de gaz d'éclairage ou d'hydrogène qui doivent l'emplir. C'est ce qui a été fait, comme on l'a vu, pour les nouveaux ballons du siége.

La forme à donner à un aérostat peut être variable ; mais il est certain que la sphère offre de grands avantages et une incontestable supériorité, puisqu'elle est la figure qui offre le moins de surface sur le plus grand volume.

Nous n'entrerons pas dans les détails géométriques de la coupe de l'étoffe ; l'épure étant faite, supposons que nous n'avons plus qu'à réunir les fuseaux et à les coudre pour former l'aérostat sphérique. Cette couture s'exécute aujourd'hui très-facilement à l'aide de la machine à coudre, que les aéronautes de profession ont d'abord voulu bannir, mais à laquelle ils ont dû bientôt reconnaître une grande supériorité. M. Eugène Godard est resté presque seul partisan des coutures à la main. Ses ballons étaient cousus par des ouvrières.

Le ballon de coton n'est pas imperméable, et laisse échapper le gaz avec une telle rapidité qu'il ne pourrait certainement pas être gonflé, même au moyen du gaz de l'éclairage, si on ne prenait soin de le vernir. Le vernis employé est tout simplement de l'huile de lin cuite avec de la litharge. On a l'habitude de l'employer à chaud et de l'étendre à l'aide de tampons sur toute la surface intérieure et extérieure de l'aérostat.

Le ballon est muni à sa partie supérieure d'une soupape qui est destinée à laisser échapper du gaz au gré de l'aéronaute, pendant toute la durée de l'ascension.

Les soupapes sont formées de deux clapets qui s'ouvrent, de l'extérieur à l'intérieur, sous la traction d'une corde que l'on tire de la nacelle. Pour que la fermeture soit hermétique, on lute les joints avec un mélange de suif et de farine de lin que l'on nomme *cataplasme*. On voit que cet organe est très-grossier, et qu'il serait bien facile de le perfectionner ; mais le temps était trop rare pendant le siége pour qu'il ait été possible de songer aux innovations qui nécessitent des recherches longues et minutieuses.

La sphère d'étoffe, munie de sa soupape à sa partie supérieure, est pourvue à sa partie inférieure d'une ouverture que l'on appelle *appendice*, et qui reste toujours béante pendant l'ascension, afin de permettre au gaz, dilaté par suite de la diminution de pression, de trouver une issue. Sans cette précaution, l'aérostat pourrait éclater par suite de la force expansive du gaz. Le ballon est recouvert dans sa totalité d'un vaste filet attaché à la soupape, et qui se termine vers la partie de l'appendice par trente-deux cordes qui servent à y attacher la nacelle. Celle-ci se fixe au filet par l'intermédiaire d'un cercle de bois pourvu de trente-deux petites olives de bois, appelées *gabillots*, qui s'ajustent dans les boucles façonnées à la partie inférieure des trente-deux cordes du filet. Huit autres gabillots permettent d'attacher la nacelle au cercle par les cordes dont elle est munie. Le cercle que nous venons de décrire est un des organes les plus essentiels de l'aérostat, il est régulièrement fixé au filet et sert de point d'attache à l'ancre, qui est l'engin d'arrêt à la descente. Il répartit uniformément les tractions, et donne à tout l'appareil une grande élasticité.

La nacelle est confectionnée en osier souple, flexible.

C'est incontestablement la meilleure substance à employer pour construire un esquif propre à supporter des chocs, des traînages, sans se détériorer et sans blesser les touristes aériens qui s'y sont confiés. On tresse un véritable panier d'osier avec les huit cordes d'attache, qui passent par le plancher de la nacelle et en font, pour ainsi dire, partie intégrante. Deux banquettes permettent aux aéronautes de s'asseoir commodément.

Le ballon, tel que nous venons de le décrire, est prêt à gravir l'espace quand il est gonflé de gaz de l'éclairage. En effet, ce gaz a une densité de 0 gr. 650, c'est-à-dire qu'un mètre cube dans l'air aura une force ascensionnelle de 730 grammes environ. Les ballons du siége ont 2,000 mètres cubes, ils auront donc une force ascensionnelle de 1,460 kilogrammes. L'étoffe, le filet et la nacelle réunis ne pèsent guère plus de 500 kilogrammes ; il nous reste 960 kilogrammes pour le poids des voyageurs, du sable de lest et des organes d'arrêt.

Quand un ballon s'élève, il tend bientôt à se mettre en équilibre, il a perdu une certaine quantité de gaz par l'appendice ; il en perd constamment de petites quantités, si, comme il arrive souvent, il n'est pas parfaitement imperméable ; en outre, il se refroidit, et le gaz, se contractant, est encore privé d'une partie de sa force ascensionnelle. Livré à lui-même, le ballon, après avoir atteint le sommet de sa course, tendrait immédiatement à redescendre et ne tarderait pas à revenir à terre. Pour empêcher cette descente, l'aéronaute allége sa nacelle ; il jette par-dessus bord un corps pesant qu'on appelle le *lest*, et qui se compose de sable tamisé. Ce sable forme un nuage floconneux qui ne tombe à terre que lentement et sous forme de grains imperceptibles, incapables de causer le moindre dégât, comme cela ne manquerait pas d'arriver si l'on jetait du haut des airs des pierres ou des corps non divisés.

Pour que la description de l'aérostat soit complète, il faut encore que nous parlions des organes d'arrêt, dont on doit se munir pour assurer le retour à terre. L'aéronaute emporte à bord une ancre évasée, non pas une ancre de marine qui ne mordrait pas dans les champs, mais un engin confectionné pour les ascensions aérostatiques. On pourrait encore se munir d'un grappin à six branches, qui est même préférable à l'ancre, au dire de quelques vieux marins de l'atmosphère. Enfin, il est indispensable de ne pas oublier le *guide-rope*, un des engins essentiels du ballon. Qu'est-ce que le guide-rope? C'est tout simplement une corde de 150 mètres de long, qui s'attache au cercle et que l'on laisse pendre dans l'espace. En l'air, elle n'est d'aucun usage; mais il n'en est pas de même au retour à terre. D'abord, si l'aéronaute touche terre, il sait qu'il est à 150 mètres du sol, puisqu'il connaît la longueur de sa corde, et quand il revient des hautes régions, l'œil le plus expert ne sait guère apprécier les distances. Ce sera donc un véritable guide, d'où le nom qui lui a été donné, *rope*, voulant dire câble en anglais. En outre, si le ballon descend, le guide-rope va successivement toucher terre dans toute sa longueur, et il délestera l'aérostat, en amortissant le premier choc. Cette corde agit donc encore comme un véritable ressort qui empêche le retour vers le sol d'être trop brusque. Si l'ancre ne mord pas immédiatement, le guide-rope sera traîné à la remorque du ballon; mais il tendra à l'arrêter; car il produira contre le sol une résistance de frottement considérable; il pourra même s'enrouler autour d'un obstacle, d'un arbre, d'un poteau, et enfin offrir prise aux braves paysans qui ne manquent pas de venir en aide aux ballons quand ils le peuvent. Cette simple corde qui pend après le cercle est donc d'une utilité extraordinaire ; c'est à l'illustre aéronaute anglais Green que revient l'honneur de l'avoir employée le premier. L'invention, direz-vous, est bien simple. Sans doute, mais personne n'y avait songé avant lui, et vous et moi, peut-être, ne penserions pas au guide-rope sans le vieux Green.

L'armement ainsi opéré est à peu près complet ; il ne faut pas oublier de mettre dans les boîtes de la nacelle un bon couteau, quelques cordelettes, des couvertures, et des vivres froids ; quelques bonnes bouteilles de vin, un carafon d'eau-de-vie, ne sont pas non plus à dédaigner, car l'air des nuages donne un appétit d'enfer.

Pour connaître sa route dans l'air, l'aéronaute emporte une boussole ; s'il voit la terre, il reconnaît le sillage tracé par le ballon et l'aiguille aimantée lui donne sa route. Le baromètre indique enfin avec une grande précision les altitudes au-dessus du niveau de la mer.

Les constructeurs aérostatiques du siége de Paris fabriquèrent environ soixante ballons de 2,000 mètres cubes. L'installation de M. Eugène Godard à la gare d'Orléans offrait un aspect merveilleux. D'un côté des femmes cousaient les fuseaux du ballon, de l'autre des marins confectionnaient les filets. Ailleurs enfin, le vernis s'étalait sur les aérostats cousus.

Au milieu de la gare, quelques ballons gonflés d'air séchaient leur couche de vernis. Ils dominaient le sol comme le dos immense de ces cétacés qui forment des îles flottantes au milieu de l'Océan.

Les aérostats de M. Godard étaient à côtes bicolores bleues et rouges, ou jaunes. Ceux de MM. Yon et Camille d'Artois étaient blancs. Cette couleur est la meilleure sans contredit, car elle reflète, au lieu de les absorber, les rayons lumineux. Un ballon blanc doit être moins sensible aux dilatations et aux contractions brusques qu'un aérostat coloré.

L'ASCENSION.

MM. Eugène Godard, Camille d'Artois et Yon étaient chargés de trouver des aéronautes destinés à s'élever dans les ballons-poste. Les braves marins jouèrent ici un rôle très-important, car sur soixante-quatre ballons, il y en eut trente qui furent conduits dans les airs par nos loups de mer, transformés en *loups aériens*.

On donnait quelques leçons préliminaires aux novices, mais quelles leçons ! Une nacelle était pendue à une des poutres de fer de la gare, l'élève y grimpait et criait le « lâchez tout. » Mais il va sans dire qu'il restait en place. On lui faisait jeter du lest et tirer une corde de soupape. Puis il lançait son ancre et simulait l'atterrissage. Singulier apprentissage qui rappelle les leçons de natation à calle sèche.

Le jour de l'ascension désigné, les passagers arrivaient au lieu du départ, et remettaient leurs destinée entre les mains de l'apprenti aéronaute. Ils s'élevaient dans les airs quelquefois par une nuit noire, marchant à l'inconnu. Ma foi, quand on a pratiqué les ballons, qu'on a souvent gravi les hautes régions de l'air, on ne peut s'empêcher d'admirer le courage et le dévouement de ces hardis explorateurs. Ici le mot dévouement n'est pas exagéré, car les aéronautes sont partis de Paris en ballon pour une somme insignifiante, quelques-uns ne recevaient comme gratification pécuniaire que deux cents francs à peine. Je n'oublierai jamais la stupéfaction d'un Anglais que j'ai vu à Tours et qui me disait :

— O monsieur ! comme on doit vous payer pour entreprendre de tels voyages ! Une ascension faite au-dessus des Prussiens, cela vaut deux mille livres sterling.

— Je ne sais ce que cela vaut, monsieur. Mais en France ces choses-là ne se font pas, ou se font pour rien.

Le brave Anglais n'a pas cru un mot de ce que je lui disais.

— Cela vaut cinquante mille francs, répétait-il.

Au moment du départ d'un ballon-poste, MM. Bechet, sous-directeur des postes, ou Chassinat, directeur des postes de la Seine, apportaient les ballots de lettres et les dépêches. Enfin M. Hervé-Mangon, avec un zèle bien louable, donnait les renseignements météorologiques sur la direction du vent, son intensité, etc. MM. Bechet, Chassinat et Hervé-Mangon ont passé le temps du siége à se lever à trois heures du matin, ou à une heure, pour assister aux départs ; la part qu'ils ont prise à la poste aérienne ne sera pas oubliée : mais que de dérangements inutiles, que de peine perdue ! Souvent le vent n'était pas assez vif, on ne pouvait pas partir ; ou il était trop violent, et au dernier moment l'aérostat volait en éclats.

L'organisation du service des ballons-poste a été en définitive créée avec la plus grande régularité, la plus remarquable précision. Cette création restera un vrai titre de gloire pour M. Rampont et pour les administrateurs de la poste française.

Dans les circonstances graves, M. E. Picard donnait lui-même des recommandations aux aéronautes. Car quelques ballons avaient à porter hors Paris les nouvelles les plus importantes que les Prussiens ne pouvaient pas intercepter au-dessus des nuages.

Continuons à présent l'énumération des voyages aériens en nous fixant sur ceux qui offrent le plus d'intérêt.

DÉPARTS DE BALLONS EN OCTOBRE 1870.

VOYAGE DE M. GAMBETTA.

5ᵉ et 6ᵉ Ascensions. 7 *octobre.* — 1° L'*Armand Barbès*, 1,200 mèt. cubes. Aéronaute, J. Trichet; passagers, MM. Gambetta et Spuller.

2° *Le George Sand*, 1,200 mèt. cubes. Aéronaute, J. Revilliod; passagers, deux Américains et un sous-préfet.

Le double départ de l'*Armand Barbès* et du *George Sand* s'est effectué dans des conditions assez dramatiques, comme l'ont raconté les journaux de Paris. Nous cédons la parole au *Gaulois* du 7 octobre qui a donné des détails curieux sur ces mémorables ascensions :

« Une foule énorme attendait ce matin, sur la place Saint-Pierre à Montmartre, le départ des ballons l'*Armand Barbès* et le *George Sand*, ce n'était pas un vain sentiment de curiosité qui excitait l'avide anxiété de cette population; on venait d'apprendre que chacun de ces aérostats emportait des voyageurs entreprenant courageusement ce périlleux voyage avec d'importantes missions.

» Dans la nacelle de l'*Armand Barbès*, conduit par M. Trichet, prirent place Gambetta et son secrétaire

Spuller ; dans celle du *George Sand*, dirigé par M. Revilliod, montèrent MM. May et Raynold, citoyens américains, chargés d'une mission spéciale pour le gouvernement de la défense, et un sous-préfet,

» On remarquait dans l'enceinte Charles et Louis Blanc, MM. Rampont et Charles Ferry, et le colonel Husquin.

» MM. Nadar, Dartois, et Yon dirigeaient, avec l'autorité et l'entrain qu'on leur connaît, le double départ.

» Les dernières poignées de main échangées au milieu de l'émotion générale, au cri de « lâchez tout ! » les deux ballons s'élevèrent majestueusement.

» Il était onze heures dix minutes.

» Une immense clameur de : « Vive la République ! » retentit sur la place et sur la butte ; les hardis voyageurs agitaient leurs chapeaux et leurs voix répétaient comme un écho lointain le cri de la foule.

» Par une illusion d'optique, lorsque les ballons franchirent la butte Montmartre, ils se dirigeaient vers le nord-est, l'on crut qu'ils descendaient et allaient échouer dans la plaine. La foule désespérée, anxieuse, tumultueuse, escalada la butte. Les factionnaires marins eurent toutes les peines du monde à la retenir : il fallut qu'elle vît les deux ballons continuer leur route poussés par un vent qui (d'après les observations faites) filait dix lieues à l'heure.

» On attend impatiemment le retour des pigeons voyageurs qui nous diront où les deux aérostats ont atterri. »

Le *Moniteur universel* du 10 octobre (édition de Tours) peut aujourd'hui satisfaire la curiosité de ceux qui n'ont qu'une vague connaissance des péripéties du voyage de M. Gambetta,

« Poussés par un vent très-faible, dit ce journal, les deux aérostats ont laissé Saint-Denis sur la droite; mais à peine avaient-ils dépassé la ligne des forts, qu'ils ont été assaillis par une fusillade partie des avant-postes prussiens; quelques coups de canon ont été aussi tirés sur eux. Les ballons se trouvaient alors à la hauteur de 600 mètres, et les voyageurs aériens ont entendu siffler les balles autour d'eux; ils se sont alors élevés à une altitude qui les a mis hors d'atteinte; mais, par suite de quelque accident ou de quelque fausse manœuvre, le ballon qui portait le ministre de l'intérieur s'est mis à descendre rapidement, et il est venu prendre terre dans un champ traversé quelques heures avant par des régiments ennemis, et à une faible distance d'un poste allemand. En jetant du lest, il s'est relevé, et a continué sa route. Il n'était qu'à deux cents mètres de hauteur lorsque, vers Creil, il a reçu une nouvelle fusillade, dirigée sur lui par des soldats wurtembergeois. En ce moment, le danger était grand; heureusement les soldats ennemis avaient leurs armes en faisceau; avant qu'ils les eussent saisies, le ballon, allégé de son lest, remontait à huit cents mètres; les balles ne l'ont pas plus atteint que la première fois, mais elles ont passé bien près des voyageurs, et M. Gambetta a eu même la main effleurée par un projectile.

» L'*Armand Barbès* n'était pas au terme de ses aventures.

» Manquant de lest, il ne se maintint pas à une élévation suffisante; il fut encore exposé à une salve de coups de fusils partie d'un campement prussien, placé sur la lisière d'un bois, et alla, en passant par dessus la forêt, s'accrocher aux plus hautes branches d'un chêne où il resta suspendu; des paysans accoururent, et, avec leur aide, les voyageurs purent prendre terre, près de Montdidier, à 3 heures moins un quart. Un propriétaire du voisinage passait avec sa voiture, il s'empressa de l'offrir à M. Gambetta et à ses compagnons, qui eurent bientôt atteint Montdidier, et se dirigèrent sur Amiens. Ils y arrivèrent dans la soirée et y passèrent la nuit.

» Le voyage du second ballon a été marqué par moins de péripéties. Après avoir essuyé la première fusillade, il a pu se maintenir à une assez grande hauteur pour éviter un nouveau danger de ce genre ; il est allé descendre, à 4 heures, à Crémery près de Roye, dont les habitants ont très-bien accueilli les voyageurs. M. Bertin, fabricant de sucre et maire de Roye, a donné l'hospitalité pour la nuit à l'aéronaute ; son adjoint a logé chez lui les deux Américains.

» Le lendemain, samedi, l'équipage du second ballon rejoignait celui du premier à Amiens, et l'on partait ensuite de cette ville à midi. A Rouen, où l'on arriva ensuite, M. Gambetta fut reçu par la garde nationale, et prononça un discours qui excita l'enthousiasme. De Rouen, M. le ministre et ses compagnons de route se dirigèrent sur le Mans ; ils y couchèrent, et en partirent le lendemain, dimanche, à 10 heures et demie (1). »

(1) « Le 10 octobre on lisait dans le *Journal officiel* de Paris :
Le gouvernement a reçu ce soir une dépêche ainsi conçue :
« Montdidier (Somme), 8 heures du soir. Arrivée après accident en
» forêt à Epineuse. Ballon dégonflé. Nous avons pu échapper aux
» tirailleurs prussiens, et grâce au maire d'Epineuse, venir ici,
» d'où nous partons dans une heure pour Amiens, d'où voie ferrée
» jusqu'au Mans et à Tours. Les lignes prussiennes s'arrêtent à Clermont, Compiègne et Breteuil dans l'Oise. Pas de Prussiens dans la
» Somme. De toutes parts on se lève en masse. Le gouvernement de
» la défense nationale est partout acclamé. »
Cette dépêche avait été apportée par un joli pigeon gris, compagnon

7ᵉ Ascension. *12 octobre.* — Le ballon *le Washington* (2,000 mèt. cub.), conduit par M. Bertaux, reçoit dans sa nacelle M. Van Roosebecke, propriétaire de pigeons, et M. Lefebvre, consul de Vienne. — Il porte en outre 300 kilogr. de dépêches et 25 pigeons. L'aérostat part de la gare d'Orléans à 8 heures 30 du soir et tombe à 11 heures 30 près de Cambrai.

A la descente, le vent est assez violent, l'aéronaute M. Bertaux, en jetant l'ancre, tombe de la nacelle et fait une chute terrible dans un champ de betteraves. MM. Van Roosebecke et Lefebvre sont emportés dans la nacelle avec une violence extrême, ils subissent un traînage périlleux, mais le ballon se déchire et s'arrête ; les voyageurs en sont quittes pour l'émotion.

Quant à M. Bertaux, il était déjà malade, poitrinaire en sortant de Paris. Il a fait partie, d'Orléans au Mans, comme nous l'avons raconté, de la compagnie des aérostiers militaires. Il a trouvé la mort, en revenant à Paris après l'armistice. C'était un jeune homme plein d'avenir ; littérateur et poëte, il avait composé plusieurs volumes de poésies, il s'était lancé avec passion dans les aventures de la navigation aérienne.

8ᵉ Ascension. *12 octobre.* — Le *Louis Blanc*, 1,200 mèt. cub., conduit par M. Farcot, mécanicien, part à 9 heures du matin, de Montmartre. Passager : M. Tracelet, propriétaire de pigeons. — Poids des dépêches, 125 kilogr. Nombre de pigeons, 8.

L'aérostat descend à midi 30 à Beclerc dans le Hainaut (Belgique).

de voyage aérien du ministre de l'intérieur. — On l'appela depuis Gambetta.

9ᵉ et 10ᵉ Ascensions. 14 *octobre*. — 1° Le *G. Cavaignac*, 2,000 mèt. cub., dirigé par M. Godard père, reçoit dans sa nacelle M. de Kératry et deux passagers, 710 kilogr. de dépêches et 6 pigeons. Il s'élève de la gare d'Orléans à 10 heures 15 minutes et descend à 3 heures de l'après-midi à Brillon (Meuse).

Le retour à terre s'est exécuté avec une précipitation regrettable. La nacelle reçoit un choc des plus violents; M. de Kératry a la tête blessée par le cercle qui le frappe, et une jambe contusionnée.

2° Le *Jean-Bart*, 2,000 mèt. cub., qu'on a appelé aussi le *Guillaume Tell* et le *Christophe Colomb*. Aéronaute, Albert Tissandier. Passagers, MM. Ranc et Ferrand.

Il y a eu entre le quatrième voyage et le cinquième, un intervalle de plusieurs jours, où les tentatives d'ascension ont presque toujours avorté. M. Albert Tissandier devait partir le 3 octobre. A 8 heures du matin, il se rend à l'usine de Vaugirard. Le *ballon Impérial* a été réparé, il est gonflé, mais il fuit sensiblement. D'ailleurs l'air est d'un calme absolu. MM. Hervé-Mangon, Rampont et Chassinat, décident qu'il est prudent de remettre le départ.

Le lendemain, à 5 heures du matin, MM. Tissandier et Hervé-Mangon s'aperçoivent que le ballon est presque dégonflé. L'empire n'aura même pas laissé à la France un ballon en bon état!

On retarde l'ascension. Jusqu'au 7 octobre, les tentatives de départ sont vaines. Ce jour-là MM. Gambetta et Spuller s'élèvent de la place Saint-Pierre.

M. A Tissandier est remis au 12 octobre. Il se rend à la gare d'Orléans à 6 heures du matin. On gonfle un magnifique ballon de 2,000 m. cub. où il va partir. —

Une rafale survient et met l'aérostat en pièces. — Enfin le voyage peut s'exécuter le 14 octobre.

11ᵉ et 12ᵉ Ascensions. *16 octobre.* — 1° Le *Jules Favre* (1,200 mèt. cub.). Aéronaute, L. Godard jeune. — Passagers : MM. Malapert, Ribaut et Béoté.

Dépêches : 195 k. Pigeons : 6.

L'aérostat quitte la gare d'Orléans à 7 h. 20 m., il descend à Foix-Chapelle (Belgique) à midi 20.

2° Le *Lafayette*, (2,000 mèt. cub.). — Aéronaute : M. Labadie, marin. — Passagers : MM. Daru et Barthélemy.

Dépêches : 270 k. Pigeons : 4.

Départ, gare d'Orléans 9 h. 50 m.

Arrivée : Dinant (Belgique) 2 h. 45 s.

A la descente le ballon est emporté par un vent violent ; le marin Labadie coupe toutes les cordes de la nacelle, et le ballon s'échappe seul. Les voyageurs restent assis à terre dans leur panier devenu immobile comme un berceau. — Ce procédé n'est pas très-aérostatique, mais il a réussi. Tant mieux pour les passagers.

Labadie est le premier marin qui ait quitté Paris en ballon. On ne saurait trop admirer le courage, l'intrépidité de ces braves matelots, qui n'ayant jamais vu un ballon osaient se risquer dans les flots invisibles de l'air. — Deux de ces praticiens improvisés ont trouvé la mort dans ces voyages périlleux. On peut dire qu'il est étonnant que des ballons conduits par des mains inexpérimentées n'aient pas donné lieu à plus d'accidents. Après l'exemple des ballons du siége, arrivés presque tous à bon port, on ne rencontrera plus, espérons-le, tant d'esprits craintifs, qui se figurent qu'il faut écrire son testament avant de monter dans la nacelle aérienne. Le chemin de fer est tout aussi dangereux que le ballon.

13ᵉ Ascension. 18 *octobre.* — Le *Victor Hugo* (1,200 mèt. cub.). — Aéronaute : Nadal. — Pas de passager.

Dépêches : 440 k. Pigeons : 6.
Départ: Jardin des Tuileries, 11 h. 45 m.
Arrivée : près Bar-le-Duc (Meuse), 5 h. 30 s.
En quittant terre l'aéronaute a crié : Vive la République démocratique et sociale! Plus tard, il s'est mis au service de la Commune comme aérostier militaire.

14ᵉ Ascension. 19 *octobre.* — La *République universelle*, désigné aussi sous le nom de : *Jean Bart* par quelques journaux (2,000 mèt. cub.). Aéronaute: Jossec, marin. — Passagers : Dubost, secrétaire de M. de Kératry, et Gaston Prunières.

Dépêches: 305 k. Pigeons : 6.
Départ: gare d'Orléans, 9 h. 10 m.
Arrivée : près Mézières (Ardennes), 11 h. 20 m.
Le ballon est descendu au-dessus des arbres de la forêt des Ardennes où il a été mis en pièces.

15ᵉ Ascension. 22 *octobre.* — Le *Garibaldi* (2,000 mèt.cub.). Aéronaute : Iglésia, mécanicien, ancien homme d'équipe du grand ballon captif de Londres. — Passager : de Jouvencel, ancien député.

Dépêches : 450 k. Pigeons : 6.
Départ : jardin des Tuileries, 11 h. 30 m.
Arrivée : Quincy-Segy (Hollande), 1 h. 30 s.

16ᵉ Ascension. 25 *octobre,* —Le *Montgolfier* (2,000

mèt. cub.). Aéronaute : Hervé, marin. Passagers : MM. le Bouedec et colonel Lapierre.

Dépêches : 390 k. Pigeons : 2.

Départ : gare d'Orléans, 8 h. 30 m.

Arrivée : Holigenberg (Hollande), midi 30.

CAPTURE DU BALLON « LA BRETAGNE. »

17e et 18e Ascensions. 27 *octobre.* — 1° Le *Vauban* (1,200 mèt. cub.). Aéronaute : Guillaume, marin.— Passagers : Reitlinger, photographe ; Cassiers, propriétaire de pigeons.

Dépêches : 270 k. Pigeons : 23.

Départ : gare d'Orléans, 9 h. m.

Arrivée : Vignoles (Meuse), 1 h. s.

2° *La Bretagne* (2,000 mèt. cub.), appartenant à une entreprise particulière.

Aéronaute : Cuzon. — Passagers : MM. Wœrth, Manceau et Hudin.

Départ : usine à gaz, la Villette, midi.

Arrivée : Verdun (Meuse), 3 h. s.

La *Bretagne* et le *Vauban* sont, comme on le voit, partis le même jour. Le premier de ces ballons était destiné à tomber entre les mains des Prussiens. Il allait commencer la série des catastrophes aériennes. Nous laisserons M. de Fonvielle, qui a pu se procurer des détails sur ces voyages, en raconter les émouvantes péripéties.

« Le 27 octobre est un jour fatal à la République ; car c'est alors que Metz capitula, et que l'armée cernant Bazaine put se rendre autour de Paris pour prendre une part active tant à l'investissement de la capitale qu'à la défaite des armées de secours. Au point de vue aéronautique, le résultat ne fut guère meilleur.

» Le *Vauban* fut le plus heureux des deux ballons; cependant il alla tomber près de Verdun, dans un district occupé par les Prussiens. M. Reitlinger, que j'ai vu à Londres, m'a dit qu'il ne s'en serait pas tiré sans sa connaissance de la langue allemande, qu'il manie comme le français, ce qui n'a rien d'étonnant, puisqu'il est Bavarois de naissance.

» Le marchand de pigeons fut grièvement blessé dans le traînage. Mais les péripéties du *Vauban* ne sont rien auprès de celles de la *Bretagne*, que M. Manceau nous a racontées et qui nous serviront à faire comprendre la manière dont certaines ascensions ont été conduites.

» Au moment du départ, le vent poussait le ballon vers le nord-est avec une certaine stabilité, car la *Bretagne* et le *Vauban* ne sont descendus qu'à quelques kilomètres l'un de l'autre, quoique partis à trois heures de différence de temps.

» Après être resté deux heures à naviguer dans une direction qui n'avait rien de bien attrayant, M. Cuzon eut envie de descendre. Malgré les protestations de M. Manceau, il donna deux coups de soupape, et le ballon ne tarda point à se rapprocher de la surface de la terre..... terre inhospitalière s'il en fut; car les voyageurs aériens furent reçus par une vive mousqueterie. Ils étaient tombés au milieu d'un tas de Prussiens qu'ils n'avaient pas vus, quoiqu'ils eussent huit yeux et des lunettes à bord! Mais comme on était près de terre, au-dessus d'une prairie, M. Wœrth s'élance de la nacelle, contrairement aux règles de la discipline et de la solidarité.

» Il tombe au milieu des ennemis, auxquels il fait

signe en agitant un mouchoir blanc au dessus de sa tête. On lui fait grâce de la vie, et on l'entraîne en prison.

» Malgré ses pressantes réclamations, celles de sa famille et celles de son gouvernement, car il est sujet anglais, il est retenu jusqu'à la fin de la guerre. La captivité de M. Wœrth a fait beaucoup de bruit en Angleterre, et, en effet, cette circonstance est une de celles dans lesquelles le gouvernement britannique a le mieux montré combien il était méprisable et lâche.

» Le ballon, allégé du poids de ce déserteur, se redressa avec rapidité ; il aurait remonté à une grande hauteur si M. Cuzon n'avait donné de nouveaux coups de soupape. Le ballon ne tarda point à redescendre. Quand M. Cuzon et M. Hudin se voient à portée, ils se hâtent de sauter à terre, laissant dans la nacelle M. Manceau, qui est entraîné avec la rapidité d'une flèche dans la région des nuages. Il ne tarde point à pénétrer dans une zone où règne une pluie abondante. Il éprouve un froid intense ; le sang lui sort par les oreilles...... Il a le sang-froid de tirer de toute sa force la corde, et il retombe avec rapidité. Bientôt il arrive à une prairie ; mais, entraîné par l'exemple, il saute. Il a mal calculé la hauteur : il tombe de quarante pieds de haut et se casse la jambe. Le ballon rebondit et redescend ; il s'aplatit à quelque distance.

» Le malheureux Manceau souffre horriblement, il patauge en plein marécage, au milieu des ténèbres, car la nuit est venue. Il se traîne péniblement moitié nageant, moitié à quatre pattes, vers un endroit où il aperçoit de la lumière..... Ce sont des paysans, mais en le voyant sortir de l'obscurité, ces brutes veulent le mettre en pièces. Le curé du village arrive et le sauve.

On le transporte dans une cabane; on le couche; on le soigne, et le curé commande une escouade de paysans, qui va à la recherche du ballon pour sauver les dépêches. La nuit même, le curé part chargé de ce précieux fardeau..... et bien lui en prit, car pendant qu'il partait, un lâche, un Judas, un traître allait à Corny, au quartier général du prince Frédéric-Charles, prévenir de ce qui était arrivé à quelques kilomètres de Metz !

» Le lendemain matin, des hommes du 4° uhlans viennent enlever Manceau. Ces misérables l'obligent, à coups de crosse de fusil, à se traîner, malgré sa blessure. On le mène ainsi à Mayence, où il arrive dans un état affreux. Pour le guérir, on le jette dans un cachot où l'on oublie pendant deux jours de lui donner à manger. Puis on le fait paraître devant le général qui procède à son interrogatoire. Le malheureux était fusillé s'il n'avait eu dans sa poche un contrat d'association prouvant qu'il était simple négociant.

» Les Prussiens ont fini par s'humaniser, on a donné à Manceau des éclisses pour guérir sa jambe cassée, et au lieu de le garder en prison, on l'a interné dans la ville. De plus, M. le comte de Bismark, toujours galant, a daigné faire prévenir Mme Manceau de la captivité de son mari, tombé vivant entre les mains des Prussiens et actuellement détenu dans la forteresse de Mayence.

» M. Manceau est de retour à Paris, consolé de ses mésaventures et parfaitement guéri de sa blessure (1). »

18° Ascension. 29 *octobre.* — Le *Colonel Charras* (2,000 m. cub.). Aéronaute : Gilles. — Pas de passager.

Dépêches : 460 kil. Pigeons : 6.

Départ : gare du Nord, midi.

(1) La *Liberté*, 19 mars, 1871.

Arrivée : Montigny (Haute-Marne), 5 h. soir.

Une plaisante histoire que raconte M. Gilles pendant ses voyages durant le siége :

M. Steenackers, au mois de décembre, l'envoie, avec l'aérostat *Colonel Charras*, à Lyon, dans le cas d'un investissement de la ville.

Dans le trajet, un préfet a reçu la dépêche suivante :
« Gilles, aéronaute, arrive avec Colonel Charras. »

Le préfet, un peu naïf, comme on va le voir, se présente à l'arrivée du train : il trouve M. Gilles, et lui dit :

— Vous êtes seul, monsieur, où est le colonel Charras?

— Il est là, dans le fourgon.

— Pourquoi ne le faites-vous pas descendre?

— Je ne peux pas, monsieur, il pèse 400 kilogrammes!

M. le préfet, le Pirée devait être de vos amis !

ASCENSIONS DE NOVEMBRE 1870.

20ᵉ Ascension. *2 novembre.* — Le *Fulton* (2,000 m. cub.). Aéronaute : Le Gloennec, marin. — Passager : M. Cezanne, ingénieur.

Dépêches : 250 kil. Pigeons : 6.

Départ : gare d'Orléans, 8 h. 30 m.

Arrivée : près d'Angers (Maine-et-Loire), 2 h. 30 soir.

Le marin le Gloennec, huit jours après son arrivée à Tours, est mort d'une fluxion de poitrine. Ses funérailles ont été imposantes. Les aéronautes présents à Tours, et les délégués des membres du gouvernement ont suivi jusqu'au cimetière le corps du jeune et courageux marin.

DEUXIÈME BALLON PRISONNIER.

21ᵉ et 22ᵉ Ascensions. 4 *novembre*. — 1° Le *Ferdinand Flocon* (2,000 mèt. cub.). Aéronaute : Vidal. — Passager : Lemercier de Janvelle.

Dépêches : 130 kil. Pigeons : 6.

Départ : gare du Nord, 9 h. m.

Arrivée : près Châteaubriant (Loire-Inférieure), 3 h. 45 soir.

2° Le *Galilée* (2,000 mèt. cub.). Aéronaute : Husson, marin. — Passager : M. Etienne Antonin.

Dépêches : 420 kil. Pas de pigeons.

Départ : gare du Nord, 2 h. soir.

Arrivée : près Chartres (Eure-et-Loir), 6 h. s.

Le *Galilée* a été pris par les Prussiens, qui se sont emparés de l'aéronaute et des dépêches. Le passager M. Etienne Antonin a pu s'échapper des ennemis.

23ᵉ Ascension. 6 *novembre*. — La *Ville de Châteaudun* (2,000 mèt. cub.). Aéronaute : Bosc, négociant. — Pas de passager.

Dépêches : 455 kil. Pigeons : 6.

Départ : gare du Nord, 9 h. 45 m.

Arrivée : Reclainville, près Voives, 5 h. s.

Le lendemain du départ de ce ballon, on recevait, par pigeon, la dépêche suivante de l'aéronaute :

» Prussiens tiré sur ballon jusqu'à deux heures et demie sans me toucher. Descente heureuse à Reclainville, à cinq heures et demie soir. Remis toutes dépêches bureau Voives. Dirigé sur Vendôme où je suis arrivé à neuf heures du matin. Transmis immédiatement par télégraphe dépêches officielles à destination. Prussiens Orléans, Chartres. Quartier général, Patay. Bonne garde faite par nos troupes et francs-tireurs avec artillerie. L'ennemi vient réquisitionner à Châteaudun tous les jours. Repoussé de cette ville par francs-tireurs, qui ont fait quarante tués et autant de prisonniers. Ballon monté par un marin et un voyageur a été pris par les Prussiens qui ont fait tout prisonnier. »

24ᵉ Ascension. 8 *novembre.* — La *Gironde* (2,000 m. cub.). Aéronaute : Gallay, marin. — Passagers : MM. Herbaut, Gambès et Barry.

Dépêches : 60 kil.

Départ : gare d'Orléans, 8 h. 20 matin.

Arrivée : Granville (Eure), 3 h. 40 soir.

TROISIÈME BALLON PRISONNIER.

25ᵉ et 26ᵉ Ascensions. 12 *novembre.* 1° Le *Daguerre* (2,000 mèt. cub.). Aéronaute : Jubert, marin. — Passagers : MM. Pierron, ingénieur, et Nobécourt, propriétaire de pigeons.

Dépêches : 260 kil. Pigeons : 30.

Départ : gare d'Orléans, 9 h. 15 matin.

Arrivée : Ferrières (Seine-et-Marne).

2° Le *Niepce* (2,000 mèt. cub.). Aéronaute : Pagano, marin. — Passagers : MM. Dagron, Fernique, Poisot et Gnochi.

Départ : gare d'Orléans, 9 h. 15 matin.

Arrivée : Vitry (Seine-et-Marne), 2 h. 30 soir.

Cet aérostat emportait des appareils de photographie

qui ont servi à la préparation des dépêches attachées aux pigeons voyageurs.

La descente s'est opérée non loin des Prussiens, et le sauvetage des caisses d'appareil n'a pas duré moins de huit jours.

Le *Niepce* et le *Daguerre*, partis le même jour, ont tous deux couru de grandes péripéties. Le premier ballon, descendu à Ferrières, a été poursuivi par les Prussiens et fait prisonnier.

Les deux ballons ont fait route ensemble au-dessus des nuages. Les voyageurs des deux nacelles ont pu échanger des signaux dans les airs. Les passagers du *Niepce* ont vu le *Daguerre* atterrir; ils ont aperçu les Prussiens qui se jetaient à sa rencontre pour s'en emparer!

II

Suite des voyages de novembre. — Les ascensions nocturnes. — Naufrages aériens. — Voyage extraordinaire de Paris en Norwége. — Descente à Belle-Isle-en-Mer. — Les soixante-quatre ballons du siége.

Trois ballons venaient d'être capturés dans un espace de temps très-restreint : on se demandait si la poste aérienne n'allait pas rencontrer des obstacles imprévus qu'il fallait à tout prix surmonter pour éviter de nouvelles captures, pour sauvegarder les aéronautes, ces uniques messagers de Paris assiégé. On venait d'apprendre que les Prussiens, consternés de voir les courriers de l'air défier leurs armes à feu, passer si librement à quelques milliers de mètres au-dessus de leurs lignes d'investissement, étudiaient sérieusement les moyens d'arrêter les trop audacieux ballons. L'illustre Krupp construisait un engin spécial destiné à atteindre les esquifs de l'air, admirable canon dont on attendait merveille. Ce *gun balloon* fut promené triomphalement dans les rues de Versailles ; c'était une longue bouche à feu mobile autour d'un axe, ressemblant bien plus à un télescope qu'à un canon. Les soldats de Bismark disaient tout haut qu'ils allaient abattre les aérostats comme des perdrix, mais le grand canon destiné à la chasse aux ballons fit plus de bruit que de besogne. L'ennemi organisa bientôt un système d'observations régulières. Quand un ballon sortait de Paris, des sentinelles examinaient la route qu'il suivait, et, par le télégraphe, prévenaient les postes prussiens situés dans la ligne probable du voyage. Des uhlans, prévenus à temps, couraient la tête en l'air, l'œil braqué dans le ciel et s'efforçaient d'arriver au moment de la descente.

Il fut décidé à Paris que les ascensions se feraient la nuit, au milieu des ténèbres. Les ballons, disait-on, vont partir à minuit, ils seront cachés à tout regard humain, en planant dans l'obscurité du ciel.

Mais en évitant ainsi le péril de la capture, on courait vers d'immenses et nombreux dangers, comme nous allons essayer de le démontrer.

En effet, rien de plus important en ballon, surtout quand on doit éviter les surprises d'un ennemi dangereux, que de voir les pays que l'on parcourt. Avec un peu d'attention, connaissant son point de départ, suivant sur une bonne carte les cours d'eau, les villes que l'on aperçoit du haut des airs, à la surface du sol, il est possible d'apprécier sa route. Quand on plane à 1,500 mètres de haut, nul projectile n'est à craindre, et rien n'empêche l'aéronaute, pour plus de sécurité, de naviguer à 2,000 mètres ou à 3,000 mètres au-dessus du niveau des Prussiens. En partant au lever du jour, il peut donc impunément examiner l'aspect du sol, voir les ennemis, ou s'assurer de leur absence. Même en hiver, il a devant lui de longues heures de jour, comprises entre le lever et le coucher du soleil, c'est-à-dire au moins 9 heures de voyage. Il peut avoir la certitude de trouver dans ce laps de temps une terre hospitalière.

En partant à minuit, au contraire, on se lance dans les ténèbres, à l'inconnu. Tant que l'obscurité est complète, on n'ose pas descendre, ne sachant pas où la brise vous pousse. On attend le lever du jour. Mais le soleil levant peut vous montrer trop tard, hélas ! que les courants aériens vous ont poussé en mer. C'en est fait alors du navire aérien s'il n'est sauvé par quelque hasard providentiel !

PREMIER DÉPART DE NUIT.

27ᵉ Ascension. 18 *novembre*. — Le *général Uhrich* (2,000 mèt. cub.). Aéronaute : Lemoine, marin.— Passagers : Thomas, propriétaire de pigeons et deux autres voyageurs.

Dépêches : 80 kil. Pigeons : 34.
Départ : gare du Nord, 11 h. 15 soir.
Arrivée : Luzarches (Seine-et-Oise), 8 h. matin.

Cette première ascension nocturne a été vraiment dramatique ; elle a vivement impressionné les Parisiens, comme l'attestent les quelques lignes suivantes, que nous empruntons au *Gaulois* paru le lendemain du départ de l'aérostat :

« Ceux qui n'ont pas assisté à ce premier départ de nuit ne sauraient se figurer ce qu'il y a à la fois de triste, d'émouvant, de beau et de vraiment grand dans ce spectacle que le blocus de Paris nous a valu hier soir.

» Nous étions là une centaine : des privilégiés ; car on n'ébruite plus les départs des ballons-poste comme auparavant. L'ennemi, régulièrement informé quelques heures à l'avance, envoyait depuis quelque temps sur nos ballons des fusées incendiaires qui exposaient les aéronautes aux plus graves dangers. Aussi maintenant part-on mystérieusement, la nuit, et cette nuit et ce mystère ajoutent singulièrement aux émotions du départ.

» Au milieu d'une vaste cour se trouve le ballon à peu près gonflé.

» Un ballon énorme en taffetas jaune ; les lanternes à réflecteur des locomotives l'éclairent étrangement ; on le dirait transparent. Des ombres immenses courent le long du filet. Tout autour, on fait silence. Seul le sifflet aigu de M. Dartois, donnant le signal des manœuvres, se fait entendre à des intervalles réguliers.

» A dix heures et demie, un aide de camp arrive essoufflé.

» — Une dépêche du gouverneur !

» La dépêche est précieusement mise de côté. La nacelle est fixée. On entend le sifflet de la... pardon ! le « *lâchez tout !* » et lentement, majestueusement, le ballon s'élève, c'est-à-dire s'évanouit dans les ténèbres. A peine a-t-il dépassé le toit de la gare, déjà nous l'avons perdu de vue. Cette masse s'est fondue dans les brouillards (1) ! »

Le voyage exécuté par cet aérostat est des plus curieux. Les voyageurs sont restés 10 heures en ballon pour tomber seulement à quelques lieues de Paris. Ils croient avoir traversé Paris plusieurs fois pendant la nuit, ce qui est possible en admettant la présence dans l'air de courants contraires superposés à différentes altitudes.

VOYAGE DE NORWÉGE.

28ᵉ Ascension. **24** *novembre*. — La *Ville d'Orléans*. Aéronaute : Rolier, ingénieur. — Passager : M. Deschamps, franc-tireur.

---

(1) Le *Gaulois*, 18 novembre 1870.

Dépêches : 250 kil. Pigeons : 6.
Départ : gare du Nord, 11 h. 45 soir.
Arrivée : Norwége, à cent lieues au nord de Christiania, le lendemain à 1 h. soir.

Ce voyage est un des plus curieux de l'histoire des ballons. Nous en rendons compte d'après une lettre adressée à l'*Indépendance belge*.

« Copenhague, 3 décembre.

» Je vous apporte le récit du merveilleux voyage
» aérien de MM. Paul Rolier et Deschamps.

» Ce sont eux, vous le savez déjà, qui descendirent
» en ballon auprès de Christiania, en Norwége, il y a
» quelques jours. Je tiens les détails qui suivent de la
» bouche même de l'un des aéronautes.

» Ils sont partis de Paris le 24 novembre, à 11 heures
» trois quarts du soir, espérant se diriger sur Tours. Le
» ballon atteint bientôt une hauteur de 2,000 mètres,
» hors de portée des balles prussiennes, et il dominait
» alors tout le camp prussien. Puis, il passa successive-
» ment au-dessus de plusieurs villes du nord.

» Bientôt les aéronautes crurent entendre le bruit
» d'un grand nombre de locomotives ; ils étaient sur les
» côtes de la mer ; et c'était le bruit des vagues sur
» les rochers qu'ils pouvaient parfaitement distinguer.

» Puis ils entrèrent dans un brouillard épais, n'ayant
» aucun moyen de déterminer leur rapidité ou le mou-
» vement horizontal de l'aérostat.

» Le brouillard s'étant dissipé, ils se trouvèrent au-
» dessus de la mer et virent successivement un grand
» nombre de vaisseaux (dix-sept), entre autres une

» corvette française à laquelle ils firent des signaux,
» qui ne furent sans doute pas compris; on ne leur
» répondit point. Leur intention était de se laisser
» tomber sur la mer et de se tenir là, jusqu'à ce qu'ils
» fussent recueillis par la corvette.

» Plus tard, on tira sur eux, sans doute d'un vaisseau
» allemand, mais sans les atteindre. Ils avançaient
» toujours vers le nord avec une rapidité vertigineuse.
» Ne voyant nulle part la terre et se trouvant de nou-
» veau dans le brouillard, ils expédièrent un de leurs
» pigeons voyageurs, annonçant qu'ils se croyaient
» perdus. Alors, ils jetèrent une longue corde de la
» nacelle, ce qui ralentit leur marche, le bout de la
» corde trempant dans l'eau. Enfin, ils aperçurent
» la terre et jetèrent un sac de journaux et de lettres.
» Le ballon, allégé, remonta et prit une nouvelle di-
» rection vers l'est.

» Ce fut une heureuse inspiration; sans cela, d'après
» toute probabilité, le ballon était conduit vers la mer
» glaciale. Placé dans ce nouveau courant, l'aérostat
» continua son mouvement sur la terre ferme. Perdant
» de son lest, il s'était relevé à une plus grande hauteur.

» On ouvrit la soupape pour lâcher du gaz et faire
» descendre le ballon. Près de Lifjeld, paroisse de
» Silgjord, le ballon toucha le sommet des arbres. Les
» voyageurs descendirent à l'aide de la corde qu'ils
» avaient laissée pendre, et arrivèrent à grande peine
» presque sains et saufs.

» Aussitôt allégé d'une grande partie de son poids,
» le ballon s'éleva avec rapidité sans qu'on pût le re-
» tenir. Il était alors 3 heures 40 minutes de l'après-
» midi, d'après le méridien de Paris; c'était le vendredi
» 25 novembre.

» Quinze heures s'étaient écoulées depuis leur départ
» de Paris; ils ignoraient dans quel pays ils étaient
» tombés et comment ils y seraient reçus.

» Accablés de lassitude, mourant de faim, suffoqués
» par le gaz qui s'échappait du ballon, ils s'évanouirent
» tous les deux. Bientôt rétablis, ils se mirent à mar-
» cher en enfonçant profondément dans la neige. Les
» premiers êtres vivants qu'ils rencontrèrent furent
» trois loups, qui les laissèrent passer sans les attaquer.
» Après cinq ou six heures de marche, ils atteignirent
» une pauvre cabane, où ils s'abritèrent. Le lende-
» main, ils rencontrent une nouvelle cabane. Là, ils trou-
» vèrent des traces de feu et comprirent alors qu'ils
» n'étaient pas éloignés d'un endroit habité.

» Peu après deux bûcherons survinrent; mais il leur
» fut impossible, à eux, Français, de se faire com-
» prendre ou de savoir en quel pays ils étaient. Un
» des bûcherons sortit de sa poche une boîte d'allu-
» mettes pour allumer du feu. Rolier prit aussitôt la
» boîte et lut dessus Christiania. Plus de doute, ils
» étaient en Norwége, nom que les paysans ne compri-
» rent naturellement pas; mais ils se doutèrent pourtant
» que les étrangers voulaient se rendre à Christiania. Ils
» les conduisirent d'abord à leur domicile pour les ré-
» conforter et leur donnèrent tous les soins que néces-
» sitait leur état, puis ils les menèrent chez le pasteur
» Celmer, où arrivèrent le docteur de l'endroit et l'in-
» génieur des mines, nommé Nielsen. Ce dernier par-
» lait très-bien le français, et ils purent raconter leur
» voyage.

» Le journal de Drammen raconte que des paysans
» travaillant dans la forêt et apercevant le feu, s'élan-

» cèrent vers cet endroit, croyant que des vagabonds
» voulaient incendier la cabane.

» Les Français, ajoute-t-il, reçurent nos compatriotes
» avec des visages souriants, battant des mains et
» criant : Norwégiens ! *Normœd* (?) Il faut alors qu'ils
» aient pu calculer qu'ils étaient en Norwége.

» Les voyageurs furent conduits à Kappellangaarden,
» où l'on ne comprend pas le français ; mais ils se
» firent comprendre en dessinant un cercle dans lequel
» ils mirent un point qu'ils appelèrent Paris, expliquant
» par geste l'ascension du ballon et que les Prussiens
» avaient tiré sur eux. Plus tard on les conduisit à
» Kroasberg, dans la nuit, vers deux heures. Ils étaient
» munis de pièces d'or, dont ils donnèrent dans leur
» joie quelques-unes à un pauvre petit garçon.

» A Drammen, ils reçurent leurs cinq sacs de poste,
» pesant 230 livres, leurs six pigeons voyageurs et leurs
» autres objets qu'ils avaient laissés dans la nacelle :
» une couverture, deux bouteilles et demie de vin, un
» baromètre, un sextant, un thermomètre, un drapeau
» de signal, une casquette d'officier, etc., etc.

» Ils se déterminèrent à donner à l'université de
» Christiania le ballon qui mesure une hauteur de
» 2,000 m. c. et qui en quinze heures a fait un trajet de
» plus de 300 lieues.

» Il sera d'abord exposé à Christiania et le profit de
» la recette sera offert aux blessés français. »

M. Rolier nous a fait l'honneur de nous rendre visite
tout récemment ; nous avons pris le plus vif plaisir, à
entendre de sa bouche le récit de ses périlleuses aventures, vraiment dignes de Jules Verne ou d'Edgard Poë.
Il n'y a qu'un voyage aérien qui puisse se comparer à
celui-là ; c'est la grande traversée de Green qui, parti

de Londres, passa la Manche, franchit la France entière, une partie de l'Allemagne, pour descendre vingt heures après son départ dans le duché de Nassau. Mais cette grande excursion de Green ne s'est pas exécutée dans des circonstances aussi dramatiques. — M. Rolier et son compagnon ont eu l'impression d'une perte imminente, presque certaine. — Égarés dans les profondeurs de la mer du Nord, ils devaient se préparer à la plus horrible des morts !

Une des parties les plus intéressantes du récit de M. Rolier est relatif à son séjour à Christiania. — L'enthousiasme des Norwégiens était extrême, on fêtait partout les voyageurs; dans des banquets, dans des réunions on portait des toasts à la France. Des dépêches télégraphiques étaient lancées de toutes les villes du royaume pour féliciter les Français tombés des nues. Les dames envoyaient à M. Rolier des souvenirs, des bouquets, des cadeaux; l'heureux aéronaute, en descendant du ciel, avait trouvé le paradis sur la terre !

DE PARIS EN HOLLANDE.

29ᵉ Ascension. 24 *novembre*. — *L'Archimède* (2,000 mèt. cub.). Aéronaute, J. Buffet, marin. — Passagers : MM. de Saint-Valry et Jaudas.

Dépêches : 220 kil. Pigeons : 5.

Départ : gare d'Orléans. Minuit 45.

Arrivée : Castelré (Hollande), 6 h. 45 m.

L'aéronaute de l'*Archimède*, M. J. Buffet, n'est pas seulement un marin de cœur, c'est aussi un homme distingué, qui a publié dans le *Moniteur* de Tours une lettre très-intéressante, qui mérite d'être publiée. Ce récit respire la vérité, et donne une excellente idée des premières impressions aériennes.

« Mon cher ami,

» Quelques détails sur le voyage de l'*Archimède* t'in-
» téresseront sans doute ; aussi, sans autre préambule,
» vais-je commencer une petite narration de notre tra-
» versée.

» Le jeudi 24 novembre, à 4 heures du soir, je rece-
» vais l'ordre de partir ; j'employai le mieux possible
» le temps qui me restait, car à 10 heures je devais
» m'élancer dans les airs.

» A l'heure dite tout était prêt, quelques papiers
» importants nous manquaient encore, il fallait atten-
» dre. Je te fais grâce de toute l'opération du gonfle-
» ment : qu'il te suffise de savoir que tout se passa le
» mieux du monde. J'avais deux passagers, MM. Albert
» Jaudas et Saint-Valry.

» A minuit et demi, nous étions dans la nacelle. Le
» fameux *lâchez-tout* de Godard ne se fit pas attendre, et
» bientôt notre aérostat s'élevait au milieu des souhaits
» de bon voyage que nous envoyait la foule ; — car il y
» avait foule à la gare d'Orléans. Tout en surveillant
» l'ascension de mon ballon, je regardais émerveillé le
» panorama qui se déroulait sous nous ; le silence
» régnait dans la nacelle, et n'était interrompu que par
» les interjections admiratives qui s'échappaient de nos
» lèvres. En effet, Paris, de nuit et à cette hauteur (nous
» étions à 2,000 mètres), a quelque chose de saisissant ;
» les lumières des remparts se réunissent pour entourer
» la ville comme d'une ceinture de feu, et les rues se
» dessinent en lignes brillantes s'entre-coupant les unes

» les autres ; bientôt tout se confondit, Paris ne fut plus
» qu'une tache brillante, qu'un point, qu'une lueur,
» puis tout s'éteignit. Rien autour de la ville n'indiquait
» les positions prussiennes. L'aérostat suivait rapide-
» ment la ligne du sud vers le nord, la manœuvre était
» facile, le ballon excellent ; tous trois nous montions
» pour la première fois et le titre d'aéronaute pesait
» un peu sur mes épaules, fort jeunes en pareille ma-
» tière.

» A une heure nous vîmes distinctement des feux dis-
» posés en rectangle et régulièrement espacés ; nous ne
» pûmes que faire des conjectures et tout nous fit penser
» que cela devait être des forts ou redoutes destinés à
» protéger l'armée prussienne sur ses derrières. Nous
» causions, mes passagers et moi, de tout ce que nous
» pouvions apercevoir, et cette conversation, faite à
» trois kilomètres en l'air, avec cet énorme dôme sus-
» pendu au-dessus de nos têtes, au milieu de ce silence
» parfait, de cette immobilité apparente, avait quelque
» chose de bizarre ; les routes se découpaient en lignes
» blanchâtres sur le fond noir du tableau, éclairé çà et là
» de quelques points lumineux. Les villes, toujours en
» lignes de feu, se succédaient les unes aux autres. Tout
» à coup la terre nous paraît illuminée ; des lueurs
» rouges très-rapprochées, s'éteignant et se rallumant
» tour à tour, attirèrent nos regards, des grondements
» lointains arrivèrent jusqu'à nous. C'était, je l'appris
» depuis, le bassin houiller de Charleroi, et les innom-
» brables forges et hauts-fourneaux qui causaient ces
» lueurs et ces bruits effrayants.

» La nuit s'écoula avec des alternatives d'ombre et
» de lumière, et bientôt, à la lueur blafarde qui envahit
» le ciel, nous vîmes que le jour allait paraître. Le

» temps, toujours superbe; aussi je te laisse à penser ce
» qu'était ce lever du soleil, à 2,500 mètres de hauteur
» et vu dans ces conditions-là.

» Ce fut un véritable changement à vue, la terre
» apparut peu à peu; nous n'avions pas assez d'yeux pour
» voir. Silence parfait, et, chose étrange, nous entendions
» distinctement le chant du coq. Je renonce à décrire
» le spectacle auquel nous assistions, ce fut comme un
» beau tableau dont on soulève peu à peu le voile qui
» le recouvre. Les bois étaient des touffes d'herbe, les
» maisons des points blancs, çà et là quelques pla-
» ques brillantes, de l'eau, sans doute; de l'aspect plat
» et uniforme du pays, nous fûmes unanimes à recon-
» naître les Flandres. Aussi, après avoir prévenu nos
» passagers, je résolus de commencer ma descente.

» Mes dispositions prises, mon lest sous la main,
» je saisis la corde de la soupape et j'ouvris : l'aérostat
» descendit rapidement. A 30 mètres du sol, j'arrêtai
» sa descente, coupai le guide rope (longue corde des-
» tinée à enrayer la marche du ballon); je me laissai
» courir à cette hauteur; nous filions avec une extrême
» vitesse, le vent était fort.

» Un château apparut à notre gauche; devant nous,
» une plaine : c'était une occasion, je fis descendre le
» ballon, un toit jaillit derrière un rang d'arbres, je
» n'eus que le temps de jeter deux sacs de lest, nous
» franchîmes heureusement l'obstacle. De l'autre côté,
» je coupai l'ancre et me suspendis à la soupape. Deux
» chocs violents, puis tout fut dit; l'*Archimède* était
» vaincu.

» Déjà les paysans accouraient de toutes parts.
» — Où sommes-nous? » m'écriai-je. Impossible de
» comprendre, mais les cris de joie dont ils accueillirent

» le drapeau français que je fis flotter, nous eurent
» bientôt rassurés.

» Enfin, l'un d'eux, vêtu d'une blouse bleue et coiffé
» d'une casquette à galons, me dit : « Castelré, Hol-
» lande. » Un gros soupir de satisfaction s'échappa de
» nos poitrines, en même temps qu'une expression
» d'étonnement, puisqu'en 7 heures nous avions fait
» près de 100 lieues.

» Aidé de ces bons paysans, j'opérai le dépouillement
» de l'aérostat; je ne puis assez témoigner ma recon-
» naissance pour le bon vouloir que ces braves gens
» mettaient à m'aider dans une opération si nouvelle
» pour eux; la seule difficulté fut de faire éteindre les
» pipes. Ces gaillards-là fumaient en venant respi-
» rer le gaz qui s'échappait de la soupape, et qui les
» faisait reculer à moitié asphyxiés et les yeux pleins
» de larmes.

» Pendant que j'encourageais par tous les moyens
» possibles ces braves Hollandais à travailler, nous
» vîmes arriver près de nous deux personnes, accou-
» rues en toute hâte du château dont j'ai parlé, et qui
» nous firent les offres les plus gracieuses.

» On amena une voiture, la nacelle dedans, le ballon
» dans la nacelle, le filet par-dessus, et tout en remer-
» ciant du fond du cœur ces bons amis, nous nous
» acheminâmes vers le château dont nous avions fini
» par accepter l'hospitalité.

» Le château s'appelait Hoogstraeten, et le proprié-
» taire, M. le major de Lobel, était absent pour la
» journée. Les honneurs nous en furent faits le plus
» gracieusement possible par toute la famille présente
» au château. Inutile de raconter les soins dont nous
» fûmes l'objet. On mit tout en réquisition pour nous,

» et, reposés, restaurés, on fit encore atteler pour nous
» deux voitures; l'une pour les aéronautes, pour nous
» transporter à Turnhout, station belge, et de là re-
» joindre la France. Les adieux furent touchants; nous
» ne savions que dire.

» » Enfin nous nous séparâmes, le soir même nous
» étions à Bruxelles.

» Il m'est impossible de te faire un tableau exact de
» la sympathie que nous avons rencontrée sur notre
» route en Belgique. Chacun, selon ses moyens, cher-
» chait à nous éviter quelque peine, et, fonctionnaires
» et gens du pays, tous nous accueillaient avec accla-
» mation. Nous étions fort touchés de ces marques
» d'amitié réelle, et c'est avec bonheur que nous avons
» pu constater que la France est aimée plus qu'on ne
» croit. Aussi, au nom de nos passagers et au mien
» voudrais-je pouvoir dire assez haut pour être entendu
» partout: Merci, merci, à la Belgique, à la Hollande!

» Voilà, mon brave ami, le récit de mon voyage; je
» n'ai dit que ce que j'ai personnellement ressenti, mais
» je crois résumer notre impression commune.

» A bientôt donc et tout à toi.

» JULES BUFFET. »

Faisons remarquer après le récit de ce voyage que M. Buffet est parti le même jour que M. Rolier. Mais il a quitté terre une heure après le voyageur de Norwége, ce qui lui a permis au lever du soleil de toucher terre à l'extrémité de la Hollande. S'il était parti à la même heure, il est probable qu'il aurait quitté les côtes de la Hollande, sans voir la mer, et qu'il se serait également égaré!

30ᵉ Ascension. 24 *novembre* — L'*Egalité* (3,000 mèt. cub.). — Aéronaute : W. de Fonvielle. — Passagers : MM. de Viloutray, Bunel, Rouzé et un quatrième voyageur.

Départ : usine à gaz, Vaugirard, 10 h. matin.
Arrivée : Louvain (Belgique), 2 h. 15 soir.

Cette ascension est une entreprise particulière organisée par M. de Fonvielle, qui a d'abord voulu utiliser l'ancien ballon captif de l'Exposition universelle de 1867.

Mais cette première tentative ne fut pas heureuse. L'ex-ballon captif, mal gonflé, se sépara de son filet, quand on voulut le baisser contre terre pour réparer une fente ouverte dans l'étoffe. Il s'échappa tout seul dans les airs, sans filet, sans nacelle, et tomba entre les lignes prussiennes et les lignes françaises. — On le voyait de loin, s'agiter contre terre, comme une baleine échouée sur le rivage. Mais les postes français ne se décidèrent pas à aller le chercher sans une autorisation de la place. Quand on obtint la permission, trois jours après, il était trop tard ! Les Prussiens s'étaient emparés de l'aérostat !

PREMIER BALLON PERDU EN MER.

31ᵉ Ascension. 30 *novembre*. — Le *Jacquard* (2,000 mèt. cub.). — Aéronaute : Prince, marin. — Pas de passager.

Dépêches : 250 kil.
Départ : gare d'Orléans, 11 h. soir.
Arrivée : lieu inconnu.

Il paraît que lorsque le marin Prince partit en ballon, il s'écria avec enthousiasme : « Je veux faire un immense voyage, on parlera de mon ascension ! »

Il s'éleva lentement à 11 heures du soir, par une nuit noire. — On ne l'a jamais revu depuis.

Un navire anglais aperçut le ballon, en vue de Plymouth ; il se perdit en mer. Quel drame épouvantable a dû torturer l'esprit de l'infortuné Prince, avant de trouver la plus horrible des morts! Seul du haut des airs, il contemple l'étendue de l'Océan où fatalement il doit descendre. Il compte les sacs de lest, et ne les sacrifie qu'avec une parcimonie scrupuleuse. Chaque poignée de sable qu'il lance est un peu de sa vie qui s'en va. — Il arrive, ce moment suprême, où tout est jeté par dessus bord! Le ballon descend, se rapproche du gouffre immense !.... La nacelle se heurte sur la cîme des vagues, elle n'enfonce pas, elle glisse à la surface des flots, entraînée par le globe aérien, qui se creuse comme une grande voile ! Pendant combien de temps durera ce sinistre voyage ? Il peut se prolonger jusqu'à ce que la mort saisisse l'aéronaute, par la faim, par le froid peut-être ! — Quel épouvantable et navrant tableau, que celui de ce voyageur, perdu dans l'immensité de la mer ! Il cherche de loin un navire..., jusqu'au dernier moment il espère le salut !

Pauvre Prince, brave marin, tu as perdu la vie pour ton pays, l'histoire enregistrera ton nom — ainsi que celui de Lacaze qui est mort comme toi, au milieu de l'Océan — sur la liste des hommes de cœur, qui dans les moments suprêmes savent noblement mourir pour la patrie !

VOYAGE DE BELLE-ILE-EN-MER.

32ᵉ Ascension. 30 *novembre*. — Le *Jules Favre*

(2,000 mèt. cub.). — Aéronaute : Martin, négociant.
— Passager : M. Ducauroy.

Dépêches : 50 kil. Pigeons : 10.

Départ : gare du Nord, 11 h. 30 soir.

Arrivée : Belle-Ile-en-Mer.

Le *Jules Favre*, parti quelques minutes après le *Jacquard*, a échappé d'une manière vraiment miraculeuse au sort de ce dernier ballon.

Le récit suivant a été envoyé le 2 décembre au *Phare de la Loire*, il donne les épisodes de ce voyage dramatique :

« Nous sortons à l'instant et profondément émus de la
» chambre où est né le général Trochu, et où sont éten-
» dus sur leur lit de douleur les deux aéronautes qu'un
» hasard providentiel a jetés sur notre île, point perdu
» de l'Océan, et il est hors de doute que sur mille cas
» semblables, pas un ballon n'échapperait aux vagues,
» par le vent d'est qui pousse vers la grande mer. Nous
» avons eu l'honneur de serrer la main à ces braves en-
» fants de Paris qui apportent à la France l'espoir et
» même la certitude de sa délivrance prochaine. Un de
» ces messieurs, le moins contusionné, a bien voulu
» nous raconter les péripéties émouvantes du voyage.
» Parti à minuit de Paris, le *Jules Favre* s'éleva à
» 2,000 mètres, apercevant distinctement les feux prus-
» siens. Ils rencontrèrent une couche d'air chaud et tel-
» lement calme, qu'ils croyaient faire à peine une lieue
» à l'heure. L'appareil électrique qui devait les éclairer
» n'ayant pu fonctionner, ils ne purent savoir quelle
» direction suivait le ballon, et comme le vent était nord
» au moment de leur départ, ils étaient persuadés aller
» vers Lyon. Sans s'en douter, ils étaient dans un cou-
» rant violent qui les poussait de l'est à l'ouest.

» Vers six heures, ils approchaient de la mer. Ils
» aperçurent alors la petite île d'Hoédic, voisine de
» Belle-Ile de quatre lieues. Sur cette île est un fort,
» qui fit croire à ces Messieurs qu'ils étaient sur une île
» de la Marne ou de la Seine, tant le ballon leur parais-
» sait immobile. J'ai omis de dire que jusque-là ils
» s'étaient toujours trouvés au-dessus d'un épais brouil-
» lard.

» Bientôt ils apercevaient la mer, qu'un bruit confus
» leur avait fait presssentir devoir être non loin d'eux.
» Ils furent poussés vers Belle-Ile avec la rapidité
» d'une flèche et malheureusement vers une de ses
» extrémités ayant à peine cinq kilomètres de largeur ;
» le danger était suprême. M. Martin monta dans les
» cordages, ouvrit en grand la soupape, car ils ne pou-
» vaient échapper à la mort que par une descente
» prompte : s'il n'avait ouvert la soupape avant d'at-
» teindre l'île, ils étaient évidemment perdus.

» Dans deux minutes, ils descendirent de 2,000 mè-
» tres ; le premier choc fut terrible, le ballon remonta
» et retomba deux fois encore. En ouvrant brusquement
» la soupape, le ballon se dégonfla à sa partie infé-
» rieure, ce qui lui fit faire parachute et amortit le
» choc de la descente. Il était dans d'excellentes con-
» ditions pour la descente, ayant encore vingt sacs de
» lest sur 26. Au dernier choc, le ballon s'accrocha
» à un mur d'environ un mètre. M. Martin se précipita
» hors de la nacelle et frappa contre le mur où il eut la
» jambe et la poitrine violemment contusionnées.

» Quant à M. D. C., il fut précipité contre terre à une
» vingtaine de mètres plus loin.

» M. Martin, revenu de son étourdissement, aperçut

» alors son ami couché sur le dos, ayant un masque de
» sang à la figure ; il le crut mort.

» L'intrépide M. Martin nous a avoué que son unique
» préoccupation dans ce danger suprême et même dès
» la descente vertigineuse, fut le souvenir de l'assurance
» faite à la dame de M. D. C. que nul danger n'existait
» pour l'excellent chef de famille, le citoyen dévoué à
» sa patrie qui allait le suivre.

» Espérons que ces Messieurs sortiront bientôt saufs
» de leur chute effrayante !

» Les dépêches partent cette nuit pour Saint-Nazaire
par l'*Euménide*.

» M. JOUAN. »

DÉPARTS DE DÉCEMBRE 1870.

33ᵉ Ascension. 1ᵉʳ *décembre*. — *La Bataille de Paris* (2,000 mèt. cub.). — Aéronaute : Poirrier, professeur de gymnastique. — Passagers : MM. Lissajoux et Youx.

Départ : gare du Nord, 5 h. 45 m.

Arrivée : Grand-Champ (Bretagne), midi.

La descente de cet aérostat a été très-accidentée. L'ancre jetée ne mordait pas et les voyageurs étaient entraînés par un vent violent. L'aéronaute crut bien faire en sautant de la nacelle à terre pour chercher à attacher lui-même le guide-rope à un arbre. Mais il ne peut réussir cette manœuvre. MM. Lissajoux et Youx furent emportés, par l'aérostat délesté du poids de l'aéronaute, avec une violence vertigineuse. Le ballon se creva à un kilomètre de là ; il s'arrêta. Les voyageurs en furent quittes pour l'émotion !

La plus indispensable union est rigoureusement

commandée à la descente. Sauter de la nacelle, c'est risquer d'abord sa propre vie, mais ce qui est plus grave encore, c'est compromettre celle des autres!

UNE ASCENSION SCIENTIFIQUE.

34ᵉ Ascension. 2 *décembre*. — *Le Volta* (2,000 mèt. cub.). — Aéronaute : Chapelain, marin. — Passager : M. Janssen astronome.

Départ : gare d'Orléans, 6 h. m.
Arrivée : Savenay (Loire-Inférieure), 11 h. 30 m.

M. Janssen emportait avec lui les instruments nécessaires pour observer en Algérie l'éclipse de soleil.

Ainsi, pendant que l'étranger souillait par sa présence et ses ravages le sol de la patrie, l'Académie des sciences, restant en dehors de ces monstruosités sociales, portait toujours ses regards vers les grands problèmes de la science. Nous croyons devoir reproduire les nobles paroles de M. Dumas, secrétaire perpétuel de l'Académie des sciences, au sujet de l'expédition scientifique organisée pendant le siége.

Dans la séance du 5 décembre 1870, voici comment s'est exprimé l'illustre secrétaire perpétuel de l'Académie des sciences :

« Une éclipse de soleil, totale pour une partie de l'Algérie, aura lieu le 27 décembre. M. Janssen, si célèbre par les belles découvertes qu'il a effectuées dans l'Inde, à l'occasion de l'éclipse de 1868, était naturellement désigné de nouveau, pour compléter ses observations, au patronage et au concours du bureau des longitudes et de l'Académie, qui, avec l'autorisation de M. le ministre de l'instruction publique, se sont empressés de les lui accorder.

» M. Janssen est parti de Paris, vendredi à 5 heures du matin, par un ballon spécial : le *Volta*. L'administration avait bien voulu se mettre entièrement à sa disposition ; cet appareil n'emportait que le savant, les instruments de la science, et le marin chargé de la manœuvre. Notre confrère, M. Charles Deville et moi, nous assistions au départ de M. Janssen, soit pour l'aider dans ses derniers apprêts, soit pour lui donner une preuve de plus de l'intérêt que l'Académie porte à ses travaux. L'ascension, grâce aux précautions minutieuses de M. Godard aîné, s'est accomplie dans les meilleures conditions, et la direction excellente prise par l'aérostat, doit faire espérer le succès d'une expédition que menacent, il est vrai, des périls de plus d'un genre.

» Les secrétaires perpétuels de l'Académie, il est utile de le déclarer publiquement, se portant garants du caractère absolument scientifique de l'expédition et de la parfaite loyauté de M. Janssen, l'ont recommandé officiellement à la protection et à la bienveillance des autorités et des amis de la science, en quelque lieu que les chances du voyage l'aient dirigé. Il fut un temps, où ce témoignage aurait suffi pour lui assurer un accueil chevaleresque dans les lignes ennemies. On nous a appris le doute sur ce point. Aussi chacun a-t-il compris que des rigueurs et des menaces, non justifiées par les lois de la guerre, aient fait à M. Janssen comme un devoir de compter sur son propre courage et non sur la générosité d'autrui. Je suis entouré de témoins qui peuvent attester, cependant, qu'en pleine guerre, en 1813, Davy, un Anglais, recevait, dans ce palais même, l'hospitalité de la France, comme un hommage rendu au génie et aux droits supérieurs de la civilisation.

» En suivant du regard notre digne missionnaire dans l'espace, où il se perdait peu à peu, j'ai senti ce souvenir se réveiller et renouveler en moi le besoin de protester, soit au nom de la science, soit au nom des principes eux-mêmes, contre tout empêchement qui pourrait être mis à son expédition. Deux inventions françaises, liées aux gloires de l'Académie, ont concouru aux opérations de la défense : les ballons que Paris investi expédie, les dépêches microscopiques qui lui reviennent sur l'aile des pigeons.

» La décision prise par le comte de Bismark de renvoyer devant un conseil de guerre les personnes qui, montées dans les ballons, auront, sans autorisation préalable, franchi les lignes ennemies, intéresse donc l'Académie. Elle ne saurait accepter que des opérations soient punissables parce qu'elles reposent sur des principes scientifiques nouveaux; que l'homme dévoué qui, dans l'intérêt de la science, passe au-dessus des lignes prussiennes, soit coupable de manœuvre illicite; a'en donnant, enfin, nos soins à l'aéronautique, nous ayons contribué nous-mêmes à fabriquer des engins de guerre prohibés.

» Comment! les voies de terre, de fer nous étaient interdites, la voie de l'air nous restait seule, inconstante et douteuse; elle n'avait jamais été pratiquée; quoi de plus légitime que son emploi! Nous l'avons conquise par des procédés méthodiques, et si elle fonctionne régulièrement au profit de nos armes, où est le délit?

» Que l'ennemi détruise, s'il le peut, nos ballons au passage; qu'il s'empare de nos aéronautes au moment où ils touchent terre, soit; c'est son intérêt, c'est chance de guerre. Mais que les personnes, tombant ainsi entre ses mains, soient livrées à une cour martiale, au loin, en pays ennemi, comme des criminels, c'est un abus de la force...

» Dans Syracuse assiégée, Archimède opposant aussi aux efforts de l'ennemi toutes les ressources de la science de son temps, rendait pour les Romains l'attaque de plus en plus meurtrière. Marcellus, loin de lui faire un crime d'avoir prolongé la défense par ses inventions, ordonna que la vie de ce grand homme fût respectée, et, plein de regret pour sa mort fortuite, entoura sa famille de soins et d'égards!... »

Ajoutons pour l'honneur de M. Janssen que, lors de son départ, il apprit que les savants anglais lui offraient un laisser-passer à travers les lignes prussiennes. M. Janssen refusa; il préféra ne rien devoir à l'ennemi de son pays, et il aima mieux risquer les chances du voyage aérien!

35ᵉ Ascension. 4 *décembre.* — *Le Franklin* (2,050 mèt. cub.). — Aéronaute : Marcia, marin. — Passager : M. le comte d'Andrecourt, officier d'état-major du général Trochu, il apporte en province les nouvelles de la prise du plateau d'Avron.

Départ : gare d'Orléans, 4 h. m.
Arrivée : près Nantes (Loire-Inférieure), 8 h. m.

36ᵉ Ascension. 5 *décembre.* — *L'armée de Bretagne* (2,000 mèt. cub.). Aéronaute : Surrel. — Passager. M. Lavoine, consul à Jersey. — Dépêches : 400 kil.

Départ : gare du Nord, 6 h. m.
Arrivée : Bouillet (Deux-Sèvres).

L'aéronaute à la descente a été assez grièvement blessé à la tête.

37ᵉ Ascension. 7 *décembre.* — *Le Denis Papin* (2,000 mèt. cub.). — Aéronaute : Domalin, marin. — Passagers : MM. Montgaillard, Delort et Robert, inventeurs des cylindres sous-aquatiques, pour le transport des lettres de province par la Seine. — Dépêches : 55 kil. Pigeons : 3.

Départ : gare d'Orléans, 1 h. m.

Arrivée : près le Mans (Sarthe), 7 h. m.

38ᵉ Ascension. 11 *décembre.* — *Le général Renault* (2,000 mèt. cub.). — Aéronaute : Joignerey, gymnaste. — Passagers : MM. Wolff et Lermanjat. — Dépêches : 1,000 kil. — Pigeons : 12.

Départ : gare du Nord, 3 h. 15 m.

Arrivée : (Seine-Inférieure) près Rouen, 5 h. 30 m., 130 kil. en 3 h. 15.

QUATRIÈME BALLON PRISONNIER.

39ᵉ Ascension. 15 *décembre.* — *La Ville de Paris* (2,000 mèt. cub.). — Aéronaute : Delamarne. — Passagers : Morel, rédacteur *du Gaulois*, et Billebault. — Dépêches : 65 kil. — Pigeons : 12.

Départ : gare du Nord, 4 h. m.

Arrivée : Wertzlur (Prusse), 1 h. 5 m. Fait prisonnier en Prusse, M. Delamarne a failli être fusillé par les Prussiens, et n'a échappé à la mort que par miracle. M. Morel a subi des mauvais traitements, les plus humiliants.

40ᵉ et 41ᵉ Ascensions. 17 *décembre*. — 1° *Le Parmentier* (2,000 mèt. cub.). — Aéronaute : Paul, marin. — Passagers : M. Desdouet et un franc-tireur. — Dépêches : 160 kil. — Pigeons : 4.

Départ : gare d'Orléans, 1 h. 15 m.

Arrivée : Gourganson (Marne), 9 h. m.

2° *Le Guttemberg* (2,000 mèt. cub.). — Aéronaute : Perruchon, marin. — Passagers : MM. d'Alméida, Lévy et Louisy. — Dépêches 0. — Pigeons : 6.

Départ : gare d'Orléans, 1 h. 30 m.

Arrivée : Montpreux (Marne), 9 h. m.

Ces deux ballons furent lancés à peu près en même temps de la gare d'Orléans. — Le franc-tireur, monté dans le premier aérostat, M. Lepère, ami du général Trochu, devait porter au général Faidherbe l'ordre de faire un énergique mouvement en avant pour faciliter une grande sortie. M. Lepère avait un signe de reconnaissance, et une mission verbale : son message put être délivré avec une étonnante rapidité. Ce fait est un admirable exemple de l'utilisation des ballons pendant la guerre.

M. d'Alméida, monté dans *le Guttemberg* était chargé de coordonner les efforts pour communiquer avec la ville assiégée.

42ᵉ Ascension. 18 *décembre*. — *Le Davy* (1,000 m. cub.). — Aéronaute : Chaumont, marin. — Passager : M. Deschamps. — Dépêches : 25 kil.

Départ : gare d'Orléans, 5 h. m.

Arrivée : Chuney près Beaune (Côte-d'Or).

CINQUIÈME BALLON PRISONNIER.

43ᵉ Ascension. 20 *décembre*. — *Le général Chanzy*

(2,000 mèt. cub.). — Aéronaute : Werrecke, gymnaste. — Passagers : MM. de l'Épynay, Julliac, Joufryon. — Dépêches : 25 kil. — Pigeons : 4.

Départ : gare du Nord, 2 h. 30 m.

Arrivée : Rotembery (Bavière), 10 h. 45 m. Fait prisonnier en Allemagne.

Cette expédition avait pour but d'organiser en province un corps de plongeurs qui à l'aide de scaphandres auraient pu revenir à Paris par la Seine.

44ᵉ Ascension. 22 *décembre*. — *Le Lavoisier* (2,000 mèt. cub.). — Aéronaute : Ledret, marin. — Passager : Raoul de Boisdeffre. — Dépêches : 175 kil. — Pigeons : 6.

Départ : gare d'Orléans, 2 h. 30 m.

Arrivée : Beaufort (Maine-et-Loire), 9 h. m.

M. Raoul de Boisdeffre, officier d'état-major du général Trochu, avait une mission importante auprès du général Chanzy. Il venait lui dire que Paris cesserait d'avoir des vivres le 20 janvier et que le moment d'agir était venu.

45ᵉ Ascension. 23 *décembre*. — *La Délivrance* (2,050 mèt. cub.). — Aéronaute : Gauchet, commerçant. — Passager : M. Reboul.

Dépêches : 10 k. — Pigeons : 4.

Départ : gare du Nord, 3 h. 30 m.

Arrivée : La Roche (Morbihan), 11 h. 45 m. 560 kil. en 8 h. 30.

46ᵉ Ascension. 24 *décembre*. — *Le Rouget de l'Isle* (2,000 mèt. cub.). — Aéronaute : Jahn, marin. — Passager : M. Garnier.

Départ : gare d'Orléans, 3 h. m.
Arrivée : Alençon (Orne), 9 h. m.

47ᵉ Ascension. 27 *décembre.* — *Le Tourville* (2,050 mèt. cub.). — Aéronaute : Mouttet, marin. — Passagers : MM. Miége et Delaleu.
   Dépêches : 160 k. — Pigeons : 4.
   Départ : gare d'Orléans, 4 h. m.
   Arrivée : Eymoutiers (Haute-Vienne), 4 h. s.

48ᵉ Ascension. 29 *décembre.* — *Le Bayard* (2,045 mèt. cub.). — Aéronaute : Réginensi, marin. — Passager : M. Ducoux.
   Dépêches : 110 k. — Pigeons : 4.
   Départ : gare d'Orléans, 4 h. m.
   Arrivée : La Mothe-Achard (Vendée), 10 h. 10 m.

49ᵉ Ascension. 30 *décembre.* — *L'Armée de la Loire* (2,000 mèt. cub.). — Aéronaute : Lemoine. — Pas de passager.
   Dépêches : 250 k.
   Départ : gare du Nord, 5 h. m.
   Arrivée : près le Mans (Sarthe), 4 h. s.
   Ce ballon est tombé au milieu de l'armée de la Loire dont il portait le nom.

DÉPARTS DE JANVIER 1871.

50ᵉ Ascension. 3 *janvier.* — *Le Merlin de Douai* (2,000 mèt. cub.). — Aéronaute : L. Griseaux. — Passager : M. Eug. Tarbé.
   Départ : gare du Nord, 4 h. m.

Arrivée : Massay (Cher), 11 h. 45 m.
Entreprise particulière.

51ᵉ Ascension. *4 janvier.* — *Le Newton* (2,000 mèt. cub.). — Aéronaute : Ours, marin. — Passager : M. Brousseau.

Dépêches : 310 k. — Pigeons, 4.
Départ : gare du Nord, 4 h. m.
Arrivée : Digny (Eure-et-Loir).

52ᵉ et 53ᵉ Ascensions. *9 janvier.* — 1° *Le Duquesne* (2,000 mèt. cub.). — Aéronaute : Richard, quartier-maître et trois marins.

Départ : gare d'Orléans, 3 h. 50 m.
Arrivée : Bizieu près Reims (Marne).
Tentative de direction avec une hélice. (Voir chap. III.)
2° *Le Gambetta* (2,000 mèt. cub.). — Aéronaute : Duvivier, marin. — Passager : M. de Fourcy.

Dépêches : 240 k. — Pigeons : 3.
Départ : gare du Nord, 3 h. 55 m.
Arrivée : Clamecy près Auxerre (Yonne), 2 h. 30 s.

54ᵉ Ascension. *11 janvier.* — *Le Kepler* (2,000 mèt. cub.). — Aéronaute : Roux, marin. — Passager : M. Dupuy.

Dépêches : 160 k. — Pigeons : 3.
Départ : gare d'Orléans, 3 h. 30 m.
Arrivée : Laval (Mayenne), 9 h. 15 m.

55ᵉ et 56ᵉ Ascensions. *13 janvier.* — 1° *Le Monge* (2,000 mèt. cub.). — Aéronaute : Raoul. — Passager : M. Guigné.

Départ : gare d'Orléans, midi 50.

Arrivée : Harfeuille (Indre), 8 h. s.

2° *Le général Faidherbe* (2,000 mèt. cub.). — Aéronaute : Van Seymortier. — Passager : M. Hurel et cinq chiens destinés à rentrer à Paris avec des dépêches.

Dépêches : 60 k. — Pigeons : 2.

Départ : gare du Nord, 3 h. 30 m.

Arrivée : Saint-Avit (Gironde), 2 h. s.

57° Ascension. 15 *janvier.* — *Le Vaucanson* (2,000 mèt. cub.). — Aéronaute : Clariot, marin. — Passagers : MM. Valade et Delente.

Dépêches : 75 k. — Pigeons : 3.

Départ : gare d'Orléans, 3 h. m.

Arrivée : Armentières (Belgique), 9 h. 15 m.

58° Ascension. 16 *janvier.* — *Le Steenackers* (2,000 mèt. cub.). — Aéronaute : Vibert, ingénieur. — Passager : M. Goleron.

Départ : gare du Nord, 7 h. m.

Arrivée : Hynd (Hollande), dans les dunes du Zuyderzée.

M. Vibert emportait avec lui deux caisses de dynamite, destinées, dit-on, à l'armée de Bourbaki, qui commençait à battre en retraite.

59° Ascension. 18 *janvier.* — *La poste de Paris* (2,000 mèt. cub.). — Aéronaute : Turbiaux, mécanicien. — Passagers : MM. Cleray et Cavaillon.

Dépêches : 70 k. — Pigeons : 3.

Départ : gare du Nord, 3 h. m.

Arrivée : Venray (Pays-Bas).

60° Ascension. 20 *janvier.* — *Le général Bourbaki*

(2,000 mèt. cubes). — Aéronaute : Mangin jeune. — Passager : M. Boisenfrey.

Dépêches : 125 k. — Pigeons : 4.
Départ : gare du Nord, 5 h. m.
Arrivée : Hasancourt près Reims (Marne).

L'aéronaute, tombé en pays occupé par l'ennemi, peut sauver ses dépêches ; il brûle son ballon pour le dissimuler aux Prussiens.

61ᵉ Ascension. 22 *janvier.* — *Le général Daumesnil* (2,000 mèt. cub.). — Aéronaute : Robin, marin. — Pas de passager.

Dépêches : 280 kil. — Pigeons : 3.
Départ : gare de l'Est, 4 h. m.
Arrivée : Charleroi (Belgique), 8 h. 20 m.

62ᵉ Ascension. 24 *janvier.* — *Le Toricelli* (2,000 mèt. cub.). — Aéronaute : Bely, marin. — Pas de passager.

Dépêches : 230 kil. Pigeons : 3.
Départ : gare de l'Est, 3 h. m.
Arrivée : Fuchemont (Oise), 11 h. m.

Ballon caché ; dépêches sauvées et remises au bureau de Blanzy.

DEUXIÈME BALLON PERDU EN MER.

63ᵉ Ascension. 27 *janvier.* — *Le Richard Wallace* (2,000 mèt. cub.). — Aéronaute : E. Lacaze, soldat. — Pas de passager.

Dépêches : 220 kil. — Pigeons : 2.
Départ : gare du Nord, 3 h. 30 m.
Arrivée : inconnu.

Ce ballon a été perdu en mer en vue de la Rochelle.

Il est difficile d'expliquer la cause de ce malheur. L'aérostat monté par M. Lacaze, a presque touché terre en vue de Niort ; on a crié à l'aéronaute de descendre, mais il est reparti dans les hautes régions de l'air après avoir vidé un sac de lest. Il a été vu à la Rochelle à une grande hauteur ; au lieu de descendre sur le rivage de la mer, il a continué sa course vers l'Océan, où on l'a vu se perdre à l'horizon.

L'infortuné Lacaze n'a-t-il pas pu trouver la corde de soupape pour descendre ? S'est-il évanoui dans la nacelle ? C'est ce que l'on ne saura jamais. Ses restes ont aujourd'hui pour tombeau l'immensité des flots !

64ᵉ Ascension. 28 *janvier*. — *Le général Cambronne* (2,000 mèt. cub.). — Aéronaute : Tristan, marin. — Pas de passager.

Dépêches : 20 kilogr.

Départ : gare de l'Est, 6 h. m.

Arrivée : Mayenne (Mayenne), 1 h. s.

Cet aérostat a apporté en province la nouvelle de l'armistice.

Tels sont les voyages aériens exécutés pendant le siége de Paris.

Soixante-quatre ballons ont franchi les lignes ennemies. Cinq d'entre eux, comme on l'a vu, ont été faits prisonniers, deux autres se sont perdus en mer. — Ils ont enlevé dans les airs 64 aéronautes, 91 passagers, 363 pigeons voyageurs, et 9,000 kilogr. de dépêches représentant trois millions de lettres à 3 gr.

Nous ne terminerons pas ce chapitre, sans dire que les ballons-poste qui ont si puissamment contribué à la prolongation du siége de Paris, resteront dans l'histoire un sujet d'admiration pour les amis de la France, comme ils susciteront pendant longtemps la jalousie de ses ennemis. Un prisonnier de guerre français, retenu à Mayence pendant la guerre, m'affirmait récemment que les Allemands avaient été profondément surpris des merveilles de la poste aérienne. Pendant le siége, il avait entendu dire ces mots à un sujet de Bismark :

— Ces maudits ballons nous font bien du tort, car grâce à eux le gouverneur de Paris parle sans cesse aux généraux de province. Décidément ces diables de Français sont ingénieux !

III

Les pigeons voyageurs. — La Société l'Espérance. — La poste terrestre. — La poste aquatique. — Projets divers. — Les ballons dirigeables.

Ainsi, grâce aux ballons, Paris parlait à la province, les assiégés envoyaient des messages aux amis du dehors; la grande ville n'avait pas été bâillonnée. C'était beaucoup, mais ce n'était pas assez. Après avoir ouvert le chemin de l'aller, il était nécessaire d'en trouver un pour le retour. Le gouvernement fit appel aux inventeurs, aux hommes ingénieux, à la science. L'appel fut entendu, mille projets prirent subitement naissance, et si beaucoup d'entre eux n'ont pas rempli les promesses qu'il était permis d'en attendre, il faut en accuser un ennemi non moins puissant que la Prusse, c'était l'hiver, c'était le froid, c'étaient les neiges et les glaces.

On fit de nombreuses tentatives de tout genre, dans toutes conditions, mais c'est encore l'air qui se montra le plus favorable aux assiégés. — Les pigeons voyageurs, emportés de Paris dans la nacelle des ballons, rentrèrent dans les murs de la capitale cernée. Si la France n'a pu secourir Paris par ses armées, elle n'a cessé de lui tendre la main par-dessus les remparts des ennemis !

LES PIGEONS ET LES DÉPÊCHES MICROSCOPIQUES.

L'explorateur Thévenot raconte dans le récit de ses voyages publiés vers 1650, que les habitants d'Alep recevaient souvent des nouvelles d'Alexandrie par des pigeons voyageurs. Il paraît certain que les messagers ailés étaient fréquemment usités dans l'antiquité. Cependant Aristote et Pline n'en disent rien. Le fait que nous venons de citer prouve toutefois que la poste aérienne par pigeon est connue depuis plus de deux cents ans. Mais ce n'est guère que depuis le commencement de notre siècle que la Belgique a créé le *sport* des colombes. Plusieurs propriétaires de pigeons se réunissaient ; chacun d'eux confiait un de ses pigeons à un homme sûr, qui les laissait envoler à 20 ou 30 lieues du point de départ. — Le premier pigeon revenu au logis gagnait pour son maître les enjeux mis sur la tête de tous les autres. Ces pigeons servaient souvent aussi pour le commerce, les affaires, et plus d'un spéculateur a profité habilement de ces messagers ailés.

Dans les temps modernes on se rappelle sans doute que Venise en 1849, assiégée par les Autrichiens, fit un usage efficace des colombes, pour porter des dépêches au dehors. Du reste, depuis quelques années, de grands perfectionnements ont été apportés dans l'élevage des pigeons par la sélection des types et des croisements habilement exécutés. On est arrivé à former des individus dont le vol est d'une rapidité vraiment extraordinaire. C'est ainsi que l'énorme distance qui sépare Toulouse de Bruxelles a été franchie par le *Gladiateur* des pigeons en une seule journée. Généralement la vitesse des pigeons varie entre 1,000 et 1,200 mètres à la minute, soit environ 60 kilomètres à l'heure. Il va sans dire qu'il n'y a rien d'absolu dans cette estimation, et que la vitesse varie singulièrement suivant que l'oiseau a le vent *derrière* ou le vent *debout*, comme diraient les marins.

Les pigeons voyageurs ont l'œil très-perçant et la mémoire locale extraordinairement développée. On les élève dans des pigeonniers où ils sont en liberté ; ils accomplissent d'eux-mêmes de longues promenades autour de leur habitation, et arrivent sans doute à connaître les environs de la ville qu'ils habitent. Les brouillards, qui les empêchent de retrouver les points de repère que leur a fait observer un merveilleux instinct, rendent presque impossible leur retour au colombier. Par une cause qui n'est pas encore expliquée, ils perdent aussi leurs facultés, par les temps de gelée, et surtout quand la neige couvre le sol. On comprendra que l'hiver exceptionnellement froid de 1870-1871 a été bien défavorable à la poste par pigeons.

Nous compléterons ces renseignements par quelques lignes extraites du *Journal Officiel* (mars 1871), où se trouvent des détails sur les types de pigeons les plus recherchés des amateurs du sport aérien.

» Le pigeon voyageur est élégant et gracieux de forme.

» Le *liégeois* (1er type) est petit, à tête régulièrement convexe, que termine un bec très-court. Les yeux sont saillants et entourés d'une membrane nue ; l'iris est jaune orange foncé ; les caroncules nasales sont plus grosses chez le mâle que chez la femelle.

» Le pigeon d'*Anvers* (2e type) est beaucoup plus gros, plus élancé, plus haut sur ses pattes, le cou est long ; son vol est très-rapide, mais il est moins fidèle à son colombier que le liégeois ; sa tête est moins arrondie, comme si les lobes cérébraux correspondant à la mémoire étaient moins développés ; le bec est plus grand, l'iris est entouré d'un cercle blanc.

» *L'irlandais* (3ᵉ type) est fort ; les caroncules nasales sont très-grosses ; la membrane nue qui entoure l'œil est large ; l'œil est souvent tout noir (en termes techniques, œil de vesce).

» Le plumage est très-varié, très-doux de nuance, très-fourni : les couleurs uniformes, telles que rouge, blanc, noir, sont rares. Les plus communes sont le bleu, le bleu étincelé, le rouge étincelé ou taché de noir, et les nuances binaires : blanc et bleu, blanc et rouge, et blanc et noir.

» Ce sont ces trois races croisées qui fournissent les meilleurs coureurs, réunissant la mémoire, la force, la vue (qui prédominent dans chacune des races signalées), à la beauté et à la solidité de la charpente osseuse. »

Il existait à Paris bien avant la guerre une société colombophile, la société *l'Espérance*. Quand les premiers ballons du siége s'élevèrent dans les airs, les membres de cette société songèrent à leurs pigeons. « Les ballons s'envolent, disaient-ils, mais qui nous donnera de leurs nouvelles ? Qu'ils enlèvent avec eux nos pigeons ; ceux-ci se chargeront bien de revenir ! »

Le vice-président de la Société *l'Espérance*, M. Van Roosebecke, alla trouver le général Trochu, vers le 25 septembre, après le départ du premier ballon-poste, et lui exposa son projet. Le Gouverneur de Paris l'écouta avec intérêt, et le renvoya à M. Rampont.

Le 27, trois pigeons partaient dans le ballon *la Ville de Florence*, six heures après ils étaient revenus à Paris, avec une dépêche signée de l'aéronaute qui annonçait sa descente près de Mantes.

La poste par pigeons était créée.

On ne tarda pas toutefois à s'apercevoir qu'il fallait

une certaine habitude des pigeons, pour les bien lancer. Souvent les oiseaux étaient mal soignés par les aéronautes, ils ne revenaient pas à Paris, ou rentraient après avoir laissé tomber une dépêche mal attachée.

L'administration fit partir successivement les membres de la société *l'Espérance*. MM. Van Roosebecke, Cassiers se rendirent à Tours par ballon, avec une trentaine de pigeons chacun. Leurs collègues, MM. Tracelet, Nobecourt, etc., les rejoignirent plus tard. Ils se mirent à la disposition de M. Steenackers vers le milieu d'octobre.

Dix-huit pigeons lancés de Dreux, de Blois, de Vendôme, rentrèrent presque successivement à Paris, munis de dépêches photographiques.

Ce succès dépassa toute espérance. Aussi M. Steenackers se décida-t-il à ouvrir au public la poste colombophile. On envoyait à Tours les dépêches privées pour Paris, elles partaient par pigeon moyennant 0 fr. 50 par mot.

Mais le mauvais temps, le brouillard, la neige, ne tardèrent pas à rendre le service très-irrégulier. Un grand nombre de pigeons ne rentrèrent pas à Paris.

Trois cent soixante-trois pigeons ont été emportés de Paris en ballon et lancés sur Paris. Il n'en est rentré que 57, savoir : 4 en septembre, 18 en octobre, 17 en novembre, 12 en décembre, 3 en janvier, et 3 en février. — Quelques-uns d'entre eux sont restés absents fort longtemps. C'est ainsi que le 6 février 1871, on reçut à Paris un pigeon qui avait été lancé aux environs d'Orléans le 18 novembre 1870. Il rapporta la dépêche n° 26, tandis que la veille un pigeon avait rapporté la dépêche n° 51.

Le 23 janvier, on reçut un pigeon qui avait perdu sa

dépêche et trois plumes de la queue. Il avait été sans doute atteint par une balle prussienne.

Les Parisiens se rappellent la joie produite par l'arrivée des messagers ailés pendant le siége. Quand un pigeon volait au-dessus des toits, quand il se posait sur une gouttière, des rassemblements se formaient de toutes parts; tous les passants mettaient le nez en l'air. Quel bonheur ineffable! Ce sont des nouvelles qui arrivent! Nous ferons observer toutefois que généralement le pigeon-voyageur rentre tout droit au colombier, sans s'arrêter. Il n'est pas probable que l'attention des Parisiens se soit portée sur les pigeons-voyageurs qu'ils n'ont pas dû pouvoir remarquer. Il se pourrait bien que les pigeons des Tuileries aient obtenu un succès peu légitime.

Le service des pigeons à Tours était placé sous la direction de M. Steenackers; MM. Van Roosebecke et Cassiers étaient chargés de lancer les messagers ailés. Ils s'aventuraient jusqu'auprès des lignes ennemies, pour laisser envoler les pigeons le plus près possible de Paris. On ne saurait donner trop d'éloges à la belle conduite de ces messieurs et de leurs collègues qui ont quitté Paris en ballon pour organiser en province cet admirable système de poste aérienne.

A Paris, la surveillance du service administratif de la poste par pigeons était confiée à M. Chassinat, directeur des Postes de la Seine; M. Mottet, receveur principal, était l'agent d'exécution.

M. Derouard, secrétaire de la société colombophile *l'Espérance* était chargé de surveiller les colombiers, de la réception des pigeons, etc.

La poste colombophile complétait ainsi le service des ballons-poste; mais ce qui la rendit surtout utile, ce qui en fit une véritable création nouvelle, c'est le système des dépêches photographiques que rapportaient à Paris les messagers ailés.

Un pigeon ne peut être chargé que d'un bien faible poids. Il emporte dans les airs une feuille de papier, de quatre ou cinq centimètres carrés, roulée finement, et attachée à une des plumes de sa queue. Une lettre aussi petite est bien laconique. On peut y écrire à la main quelques mots, quelques phrases, peut-être, — ce n'est là qu'un télégramme insignifiant.

Dès le commencement du siége on songea aux merveilles de la photographie microscopique. On se rappela avoir vu à l'Exposition universelle de petites breloques-lunettes, où les 400 députés étaient représentés sur une surface de 1 millimètre carré. En regardant à travers la loupe placée à une des extrémités, on voyait nettement l'image de tous ces personnages, réunis sur la surface d'une tête d'épingle ! C'était à M. Dagron que l'on devait ce tour de force photographique.

Ce fut lui qui, pendant la guerre, se chargea de réduire les dépêches pour pigeons voyageurs.

Grâce aux procédés photographiques, on écrivait à Tours toutes les dépêches privées ou publiques sur une grande feuille de papier à dessin. On y traçait jusqu'à 20,000 lettres ou chiffres. M. Dagron, par la photographie, réduisait cette véritable affiche en un petit cliché qui avait à peu près le quart de la superficie d'une carte à jouer. L'épreuve était tirée sur une mince feuille de collodion qui ne pesait que quelques centigrammes et qui contenait un texte réduit assez considérable pour composer un journal entier.

A Paris, la dépêche amenée par pigeon, était placée sur le porte-objet d'un microscope photo-électrique, véritable lanterne magique d'une puissance extrême. L'image de la dépêche était projetée sur un écran, mais amplifiée, agrandie, au point qu'à l'œil nu, on pouvait lire nettement tous les chiffres, toutes les lettres tracés.

N'est-ce pas merveilleux? n'y a-t-il pas lieu d'admirer là, sincèrement, les applications étonnantes de la science moderne?

M. Dagron partit en ballon avec son collaborateur, M. Fernique, vers le milieu du mois de novembre. Après un voyage des plus périlleux, ces messieurs organisèrent tous leurs appareils photographiques avec la plus grande habileté.

Quatre cent soixante-dix pages typographiées ont été reproduites par les procédés de MM. Dagron et Fernique. Chaque page contenait près de 15,000 lettres, soit environ 200 dépêches. Seize de ces pages tenaient sur une pellicule de 3 centimètres sur 5, ne pesant pas plus de un demi-décigramme. La réduction était faite au *huit centième*.

Chaque pigeon pouvait emporter dans un tuyau de plumes une vingtaine de ces pellicules, qui n'atteignaient en somme que le poids de 1 gramme. Ces dépêches réunies formaient un total de 300,000 lettres, c'est-à-dire la matière d'un volume in-12, analogue à celui que le lecteur a sous les yeux.

Avant l'arrivée de M. Dagron, rappelons que M. Blaise, photographe à Tours, avait déjà reproduit des dépêches photographiques sur papier, sous les auspices de MM. Barreswill et Delafolie.

Les dépêches photomicroscopiques étaient en général tirées à 30 ou 40 exemplaires, et envoyées par autant de pigeons.

PRÈS DE CENT MILLE DÉPÊCHES ont été envoyées ainsi à

Paris avant l'armistice. En imprimant toutes ces dépêches en caractères ordinaires, on formerait certainement une bibliothèque de plus de cinq cents volumes ! Tout cela a été envoyé par des oiseaux !

Aussitôt que le tube était reçu à l'administration des télégraphes, M. Mercadier procédait à l'ouverture en fendant le tube avec un canif. Les pellicules étaient délicatement placées dans une petite cuvette remplie d'eau, contenant quelques gouttes d'ammoniaque. Au sein de ce liquide, les dépêches se déroulaient ; on les séchait, on les mettait entre deux verres. Il ne restait plus qu'à les placer sur le porte-objet des miscroscopes photo-électriques.

Quand les dépêches étaient nombreuses, la lecture en était assez lente ; mais la pellicule renfermait 144 pages ou petits carrés, on pouvait la diviser, et la lire en même temps avec plusieurs microscopes. — Certaines dépêches chiffrées étaient séparées et lues à part par le directeur. Les autres étaient lues et copiées par des employés qui les envoyaient de suite aux divers bureaux de Paris.

MM. Cornu et Mercadier perfectionnèrent le procédé de lecture des dépêches avec le microscope. La pellicule de collodion, intercalée entre deux glaces, était reçue sur un porte-glace, auquel un mécanisme imprimait un double mouvement horizontal et vertical. Chaque partie de la dépêche passait lentement au foyer du microscope. Sur l'écran, les caractères se déroulaient suffisamment agrandis pour être lus et copiés.

L'installation, la mise en train durait environ 4 heures ; il fallait en outre quelques heures pour copier les dépêches. MM. Cornu et Mercadier tentèrent de photographier directement les caractères projetés sur l'écran par un procédé rapide. — Les progrès auraient marché ainsi à grands pas, mais l'hiver, le froid ne tardèrent pas à rendre de plus en plus rare l'arrivée des pigeons.

On ignorait les causes de ces retards. L'administration se décida à envoyer en province par ballon MM. Levy et d'Alméida, pour mettre en œuvre de nouveaux procédés photographiques. Mais la poste des pigeons manquait par la base; les messagers n'arrivaient plus régulièrement. — La mauvaise saison de l'hiver leur faisait perdre leurs merveilleuses facultés. Nous avons déjà dit qu'il ne rentra à Paris que 2 pigeons dans le courant de janvier!

Quoi qu'il en soit les Parisiens n'oublieront jamais les pigeons voyageurs. Il est à souhaiter que l'art d'élever ces messagers ailés soit cultivé dans notre capitale. On devrait réunir les pigeons voyageurs dans un colombier modèle, favoriser les conditions de leur développement, organiser en un mot une école colombophile qui certainement trouverait des amateurs. Les pigeons du siége ne doivent pas être délaissés; ne méritent-ils pas au moins les honneurs que l'ancienne Rome ne refusait pas aux oies du Capitole?

LES PIÉTONS.

Le fait de l'investissement complet de Paris par l'armée prussienne restera dans l'histoire comme un grand sujet d'étonnement. L'esprit français, léger, superficiel, est ainsi fait qu'il admet sans contrôle les illusions de sa vanité nationale, et qu'il est toujours prêt à accepter comme un axiome, un fait douteux qui flatte ses sentiments patriotiques. — Si quelqu'un avait dit le 16 septembre que l'armée allemande allait bloquer Paris, il se serait fait écharper sur les boulevards. — Mais, Monsieur, il est impossible de cerner Paris. Tout le monde le dit. Demandez au génie militaire !

Tout au commencement de l'arrivée de l'armée prussienne, des voitures de la poste se rendaient jusqu'à Triel. Les conducteurs racontèrent qu'ils avaient été arrêtés en route par un poste bavarois. A leur grand étonnement, les soldats les accueillirent bien et leur demandèrent des cigares. Un officier s'écria à leur vue qu'il était presque Parisien de cœur, quoique Allemand d'origine, et qu'il avait fait ses études au quartier Latin. Il laissa passer les voitures de la poste. Mais cet état de choses ne dura pas, et bientôt la consigne prussienne fut observée partout avec la plus stricte sévérité.

A partir du 21 septembre, on s'aperçut qu'un homme si résolu, si habile qu'il fût, ne pouvait plus traverser les lignes ennemies.

La Prusse venait de nous réserver cette nouvelle surprise !

Le service des piétons destinés à forcer les lignes ennemies pour rapporter ensuite des nouvelles de province, n'en fut pas moins organisé par l'administration des postes. Ce n'est ni le dévouement, ni le courage qui firent défaut, mais malgré la multiplicité des essais, le nombre des réussites est peu considérable.

Sur 28 piétons envoyés le 21 septembre, un seul, le facteur Brare, put se rendre à Saint-Germain et y livrer à un fonctionnaire français ses dépêches pour Tours, après avoir été momentanément gardé à vue par les soldats allemands. Deux autres employés des postes furent faits prisonniers ce jour-là même, leurs dépêches furent prises, et ils durent rebrousser chemin vers Nanterre. Le facteur Poulain, parti de Paris à la même époque, n'est jamais reparu.

« Sept piétons envoyés le 22 et le 23 septembre furent faits prisonniers, mais, sur 4 hommes expédiés le 24, le nommé Gême réussit à franchir les lignes, à présenter ses dépêches à la mairie de Triel et à revenir le 25. Deux de ses camarades, moins heureux que lui, furent faits prisonniers.

» Le 27, les mêmes facteurs, Brare et Gême, tentèrent une nouvelle percée et eurent le bonheur d'arriver à Triel et d'en revenir le 28; quatre autres piétons avaient renoncé à leur tentative.

» Le 5 octobre, les facteurs Loyet et Chourrier rentrent avec 714 dépêches livrées à Triel le 30 septembre.

» Brare fait une nouvelle expédition le 4 octobre, et arrive à Tours après avoir été fait prisonnier et s'être évadé.

» Dix-huit autres piétons font encore de vains efforts pour passer les lignes. Parmi les seize envoyés dans le reste du mois, le nommé Ayrolles est fait prisonnier, jeté dans un cachot et fort maltraité; deux autres sont gardés plusieurs jours par l'ennemi, puis mis en liberté.

» Lorsqu'on réfléchit aux difficultés sans nombre qu'ont eu à affronter ces braves employés, aux périls auxquels ils se sont exposés sciemment, à l'ingéniosité des moyens employés par eux pour faire passer leurs missives, toute admiration est au-dessous de ce qui leur est dû. Quelques-uns n'ont pas hésité à cacher des dépêches chiffrées sous l'épiderme incisé; d'autres ont imaginé de faire évider habilement des pièces de dix centimes, de manière à laisser les coins de la monnaie intacts; d'autres ont fait forer des clefs à vis forcée pour y introduire les missives. L'artifice employé par les nègres indiens pour dissimuler les diamants volés dans les laveries, ne put être appliqué, les Allemands ne manquant jamais, assurait-on, d'administrer tout d'abord aux suspects une purge énergique.

» Le facteur Brare est un de ceux qui ont réussi à passer plusieurs fois les lignes prussiennes. Mais il fut victime de son dévouement, de son courage. Il finit par être fusillé par les Prussiens à l'île de Chatou. Il laisse derrière lui une femme et cinq enfants (1). »

Il y eut en dehors de la poste des tentatives qui furent couronnées de succès. M. François Oswald du *Gaulois*, quitta Paris à pied dans le courant d'octobre, et après avoir été menacé de la mort d'un espion, il parvint enfin à s'échapper et à gagner Tours, où il publia le récit de ses aventures dramatiques. — M. Lucien Morel parvint aussi à s'échapper de Paris à pied.

Il eut l'audace d'essayer d'y rentrer, et profitant d'une nuit de brume, sa tentative si hardie, si périlleuse le conduisit au but tant espéré. Il pénétra dans la ville assiégée. M. Morel, rentré à Paris, en ressortit encore par la voie des airs. Il partit en ballon le 15 décembre, mais le vent le poussa en Prusse, où il fut retenu prisonnier jusqu'à la fin de la guerre, comme nous l'avons dit dans le chapitre précédent.

M. Steenackers, directeur des postes et des télégraphes à Tours, envoya vers Paris un grand nombre de courriers à pied. Toutes les ruses ont été imaginées. Les uns se déguisaient en marchands ambulants, les autres en paysans. Ils arrivaient à une première ligne d'occupation où ils étaient arrêtés et fouillés, puis on les contraignait de rétrograder.

L'inspection prussienne était pleine de péril. Malheur

(1) *Journal officiel*, mars 1871.

à celui qui laissait prendre sa dépêche, il courait le risque d'être fusillé comme espion. Un facteur du télégraphe fait plusieurs fois prisonnier, et fouillé à nu, cachait la dépêche chiffrée dont il était porteur dans une dent artificielle et creuse. Les Prussiens ne savaient pas dévoiler cette cachette ingénieuse, mais quelques journaux commirent l'indiscrétion de raconter le fait. Il fallut renoncer à la dent creuse.

Le 12 janvier, MM. Imbert, Roche, Perney, Fontaine et Leblanc, tentèrent de franchir les lignes ennemies en suivant sous terre les carrières souterraines de la rive gauche. L'entreprise échoua.

Il en fut encore de même pour les plongeurs qui devaient revenir à Paris, en suivant le fond de la Seine dans des scaphandres.

Ainsi, Paris, qui recevait quelques mois auparavant des centaines de trains de marchandises et de voyageurs, n'était plus accessible à un seul piéton portant quelques chiffres sur un carré de papier !

LA POSTE FLUVIALE.

« Le 6 décembre, MM. Versoven, Delort et E. Robert s'étaient engagés à expédier par eau, au moyen de sphères dont ils étaient les inventeurs, les lettres ordinaires ou photo-micrographiques qui pourraient leur être confiées dans les départements pour être transmises à Paris. Il leur était accordé 1 fr. par lettre close, du poids de 4 grammes ; 0 fr. 25 c. par dépêche-lettre photographique, et 0 fr. 05 c. par dépêche réponse aux cartes-poste. Les lettres ordinaires transportées par ces messieurs devaient être affranchies par timbres-poste, conformément au tarif en vigueur; il était convenu que les dépêches officielles seraient transportées gratuitement.

» Toutes les lettres devaient être concentrées au bureau de poste de Moulins (Allier). MM. Delort et Robert partirent le 7 décembre par le ballon le *Denis Papin*.

» Une modification fut faite à cette convention par M. Steenackers, dans sa dépêche par pigeon du 25 décembre, c'est-à-dire dix-neuf jours après : elle portait l'affranchissement de la lettre à 1 fr. pour le poids maximum de 4 grammes; la taxe à 40 c. par lettre déposée au bureau de Moulins, et à 40 c. par lettre reçue au bureau de Paris.

» Les journaux ont récemment parlé de cette poste fluviale; les boules de zinc de 25 centimètres de diamètre étaient garnies d'ailettes et jetées dans la Seine ou dans ses affluents : là elles naviguaient entre deux eaux. Les lettres de province sont arrivées au nombre de huit cents par la voie de Moulins, après l'armistice; mais pendant l'investissement, c'est-à-dire précisément pendant la période où elles étaient si fiévreusement attendues et plus d'un mois durant, la pêche aux filets n'a rien produit.

» Il est probable que les barrages ont arrêté le transport, si les boules ont été jetées avant l'armistice, ou que les Allemands n'ont laissé passer les sphères à hélices de MM. Vorsoven et C⁰ qu'à partir de la conclusion de l'armistice, toute surveillance ayant cessé dès lors.

» Un autre système fort ingénieux avait été présenté également par M. Baylard, commis à l'Hôtel-de-Ville et expéditionnaire du Gouvernement. A une extrême économie, ce système joignait une grande simplicité et une grande facilité d'exécution. Au prix de quinze centimes on pouvait obtenir une centaine de petites boules de verre soufflées, creuses et terminées à la base par un petit orifice où s'introduisait la dépêche, et qu'on jetait ensuite dans l'eau. Ces boules d'un petit diamètre figuraient si merveilleusement les bulles d'eau naturelles, qu'il devenait impossible de les distinguer, quand on les remuait dans un bassin et qu'on cherchait à les saisir. Prenant à cause de leur transparence le reflet même de l'eau dans laquelle elles plongent, mobiles et légères, glissant avec la plus grande facilité le long des roseaux, des tiges, des plantes et des bords de la rivière qui pourraient leur servir d'obstacles, franchissant aisément, sans se rompre, les petits ressauts des barrages, échappant par leur petite dimension aux grosses mailles des filets prussiens et aux mains des pêcheurs ennemis, ces petites boules messagères étaient appelées à rendre de grands services à la défense pour le transport des dépêches micrographiques. M. Reboul emporta un grand nombre de ces globules en ballon et l'idée était en pleine voie d'exécution, lorsque les glaces vinrent empêcher le développement de cet ingénieux mode de transport.

» Vers la même époque, M. le directeur des Postes écoutait les propositions de M. Delente qui, le 14 janvier, s'engageait à se rendre en province et à faire parvenir à Paris, à l'aide d'un bateau sous-marin dont il est l'inventeur, des correspondances privées ou autres.

» Le ballon-poste le *Vaucanson* enleva M. Delente, muni d'un permis de parcours général sur tous les chemins de fer, et de lettres qui l'accréditaient auprès de la délégation dans les départements, avec laquelle il avait à s'entendre pour les conditions de rémunération. L'investissement a pris également fin avant que M. Delente ait réussi à faire arriver des lettres dans Paris (1). »

LES FILS TÉLÉGRAPHIQUES.

Quand Paris fut complétement bloqué par les Prussiens, que les communications furent interrompues de toutes parts, bien des gens se dirent : « Pourquoi n'a-t-on pas jeté un câble électrique au fond de la Seine? Ce simple fil eût permis d'ouvrir une correspondance occulte ! »

Comment n'aurait-on pas songé à ce projet si simple? Ce câble a été en effet posé dans la basse Seine, mais la chute d'un pont le brisa quelques jours après. Toutes les tentatives faites pour l'utiliser furent vaines. On ne put relier les deux bouts de cette unique artère qui aurait permis au grand organisme qu'on nomme la France, d'entendre les battements de son cœur qu'on nomme Paris !

Quelque temps après cet irréparable accident, on fit un nouvel essai du même genre. Depuis longtemps un câble placé sur la route de Fontainebleau, se raccordait avec les fils aériens du chemin de fer. Il fallait pour utiliser ce fil électrique, faire une tranchée sur la route en avant de Juvisy, et souder un fil mince au câble. M. Lemercier de Janvelle, chargé de cette mission périlleuse, partit dans le ballon *le Ferdinand Flocon*, le 4 novembre ; mais sous les yeux de l'ennemi, il ne put accomplir la liaison des fils. Il la tenta cependant à trois reprises différentes, dans les circonstances

(1) *Journal Officiel*, mars 1871.

les plus difficiles. M. de Janvelle, assisté de M. Forivon, capitaine des francs-tireurs, osa pénétrer jusqu'au milieu des lignes ennemies. La nuit, il réparait les fils aériens coupés par les Prussiens, en les unissant par de petits fils isolés très-minces, placés contre terre. Quand on passait là on voyait les poteaux brisés, les fils visiblement cassés. On ne soupçonnait pas qu'ils étaient réunis par des conducteurs presque invisibles. Mais il fallait pour réussir complétement recommencer l'œuvre de réparation sur d'autres points. Malgré leur audace, leur habileté, MM. de Janvelle et Forivon n'ont pu mener à bonne fin l'entreprise si ingénieuse qu'ils avaient si bien commencée.

LES CHIENS FACTEURS.

N'oublions pas de mentionner le projet de M. Hurel, qui est parti en ballon avec cinq chiens destinés à revenir à Paris. C'étaient de gros chiens bouviers, de bonnes bêtes, à l'œil franc, à la figure intelligente. Ils étaient fort robustes, et ne se seraient pas embarrassés de dévorer un Prussien. Le propriétaire de ces animaux affirmait qu'ils sauraient rentrer dans la capitale d'où ils étaient sortis; on leur aurait attaché quelques dépêches entre les deux cuirs d'un collier.

Les chiens ont été lancés, mais on ne les a jamais revus. L'expérience n'a pas été renouvelée, car peu de temps après le voyage de M. Hurel et de ses courriers à quatre pattes, l'armistice est venu mettre un terme au siége de Paris.

L'entreprise aurait-elle réussi une seconde fois ? Il est permis d'en douter. Certains chiens font de grands voyages, s'orientent, reviennent au logis, mais ils en sont partis pédestrement, ils ont examiné la route. En feraient-ils de même après un voyage en ballon? Auraient-ils l'instinct des pigeons voyageurs?

DIRECTION DES AÉROSTATS.

Depuis le jour de leur naissance, les ballons n'ont guère fait de progrès. Quand les Montgolfier lancèrent dans l'espace un des premiers navires aériens, Franklin, qui assistait à l'expérience, s'écria comme on le consultait sur cette découverte : « C'est l'enfant qui vient de naître! » L'illustre philosophe faisait ainsi entendre que l'enfant, d'abord faible, deviendrait homme et puissant. L'enfant n'a pas grandi. Mais il faut avouer que son éducation a été singulièrement négligée. Il a couru les fêtes publiques, et s'est perdu dans les foires. Depuis cinquante ans, il est peu de savants qui aient étudié sérieusement la navigation aérienne.

M. Henry Giffard, un de nos ingénieurs les plus distingués, eut l'honneur d'exécuter, en 1852, la première ascension faite dans un ballon de forme allongée, muni d'une hélice mise en mouvement par une machine à vapeur. Un de nos plus éminents publicistes le désigna alors sous le nom du Fulton de la navigation aérienne : il ne tient qu'à M. Giffard de le devenir. Depuis cette époque, malgré de nombreuses études, il n'a pas cessé de porter son attention sur les questions aériennes. Il a créé les ballons captifs à vapeur, que le public n'a pas assez connus. Il a résolu là un problème de premier ordre, indispensable à la direction des ballons; il est arrivé à construire des BALLONS IMPERMÉABLES AU GAZ.

Le grand ballon captif construit à Londres en 1870 par M. Giffard cubait douze mille mètres. Il était rempli d'hydrogène pur, et enlevait 34 passagers à 650 mètres de haut. L'immense aérostat était retenu dans l'espace par un câble pesant 4,000 kilogrammes, que deux machines à vapeur de 400 chevaux, enroulaient autour d'un treuil gigantesque. Ce ballon, malgré le vent, malgré la pluie, est resté gonflé plus d'un mois, *sans perdre de gaz*. Son étoffe était formée de plusieurs tissus superposés : 1° une étoffe en toile ; 2° une couche de caoutchouc naturel ; 3° une deuxième étoffe de toile ; 4° une deuxième couche de caoutchouc vulcanisé ; 5° une mousseline extérieure ; 6° une couche de vernis à l'huile de lin.

Cet étoffe imperméable est d'un poids considérable, on mais en augmentant le volume des ballons sphériques, diminue proportionnellement leur surface, ce que nous pourrons exprimer plus clairement en disant qu'un ballon de 10,000 mètres cubes, construit avec l'étoffe de M. Giffard, a une force ascensionnelle bien plus grande que dix ballons ordinaires de mille mètres cubes réunis.

La première condition de la direction des ballons, *l'imperméabilité* de l'étoffe, a été résolue par M. Giffard.

Que l'on construise avec le nouveau tissu un ballon de forme allongée, muni d'un gouvernail, permettant de s'orienter dans la direction du vent, afin d'offrir une surface de résistance aussi petite que possible ; qu'on le munisse à sa partie inférieure d'une hélice, mise en mouvement par une forte machine à vapeur, que l'on recommence, en un mot, dans des conditions plus favorables, l'expérience de M. Giffard en 1852, il ne paraît pas douteux qu'on remontera un courant aérien d'intensité moyenne. — L'ascension de M. Giffard a malheureusement été exécutée à une époque où il n'avait pas encore l'expérience qu'il a acquise ; elle a eu lieu par un temps défavorable, avec un appareil d'une faible puissance.

On répondra qu'une machine à vapeur, est un engin pesant pour un ballon ; mais en construisant des aérostats d'un volume considérable de dix à quinze mille mètres cubes, on arrive à leur donner une force ascensionnelle énorme. Un ballon de quinze mille mètres cubes dont l'étoffe, le filet, etc., pèseraient environ cinq mille kilogr., rempli d'hydrogène pur, aurait un excédant de force ascensionnelle de plus de huit mille kilogr. Il serait capable d'enlever une machine puissante.

Plusieurs objections des plus sérieuses se présentent ici ; nous ne les ignorons pas. La première consiste dans l'extrême irrégularité des mouvements atmosphériques. Il est des jours où le vent est faible, quelquefois même presque nul ; quand il ne souffle qu'avec une vitesse de quelques lieues à l'heure, le ballon à vapeur que nous avons succinctement décrit, se dirigera. Mais l'air est parfois soumis à des agitations violentes ; lorsque le vent souffle impétueux et violent, quand il oppose un obstacle insurmontable à l'oiseau, nul ballon ne se dirigera. Quoi qu'il en soit, la direction obtenue, dans certaines circonstances atmosphériques, quoique incomplète constituerait un progrès considérable.

Une autre objection non moins importante consiste dans le combustible que nécessite une machine à vapeur. La machine, pour produire de la force, brûle du charbon, et beaucoup : si l'effort est continu, énergique, la destruction du combustible est énorme. Pour lutter

contre l'air, la machine aurait vite mangé sa provision.
— Il y aurait là deux graves inconvénients. — Les conditions d'équilibre de l'aérostat seraient changées, puisqu'il aurait perdu le poids de son combustible brûlé. La force qui fait agir l'appareil serait anéantie n'ayant plus d'aliment.

Il serait nécessaire, pour résoudre avec efficacité le problème, de trouver à alimenter le moteur avec un autre combustible que la houille. Le pétrole, en brûlant, forme de l'eau, qui pourrait être condensée, recueillie et servirait à la machine. Il offre des qualités précieuses à la construction d'une bonne machine aérostatique. Mais il faut, dans ce sens, bien des études, bien des progrès, dont l'importance est bien faite pour exciter les inventeurs.

Dans la situation de Paris, pendant le siége, il n'était pas nécessaire de résoudre tout d'un coup le problème de la direction d'un ballon. Il s'agissait de se diriger vers un point donné, vers Tours, par exemple, par un temps calme qu'on aurait pu attendre, dans la suite des longues journées du siége. Il n'était pas indispensable de faire un bien long voyage, on pouvait renoncer à la machine à vapeur comme moteur, et s'adresser au bras de l'homme. Un ballon de grande dimension pouvait enlever plusieurs manœuvres qui travaillant alternativement auraient produit une force constante. C'est principalement dans ce sens que des projets nombreux ont pris naissance.

LE BALLON DE M. DUPUY DE LÔME.

M. Dupuy de Lôme a pour but de construire un aérostat de forme allongée, muni d'un système d'hélice, mis en mouvement par des hommes. L'inventeur n'a la prétention de remonter un courant aérien que s'il a une faible intensité ; si le vent est fort, il pourra faire dévier l'appareil, à droite ou à gauche de la direction du courant aérien. Si le vent souffle par exemple du nord vers le sud, le ballon de M. Dupuy de Lôme ne pourra pas se remorquer contre le vent et monter au nord ; mais il lui sera possible de se diriger vers l'est ou l'ouest. Si l'expérience confirmait les espérances de l'inventeur, on voit que le résultat obtenu aurait déjà une importance de premier ordre.

M. Dupuy de Lôme adopte pour la forme du ballon une forme oblongue, « celle d'une surface de révolution
» engendrée par une courbe spéciale se rapprochant
» d'un arc de cercle de 7 mètres de flèche, et tournant
» autour de sa corde de 42 mètres de longueur. Cette
» corde constitue l'axe horizontal du ballon dont la
» longueur est réduite à 40 mètres, en substituant,
» pour la solidité de la construction, une petite surface
» sphérique à la pointe des extrémités.

» Le volume est ainsi de 3,860 mètres cubes, et la
» maîtresse section verticale de 154 mètres carrés.

» La résistance à la déformation sous l'action du
» vent, provenant de la vitesse propre à l'aérostat,
» s'obtient par le maintien dans son intérieur d'une
» tension de gaz sans cesse un peu supérieure (de 3 à
» 4 dix-millièmes d'atmosphère) à celle de l'air ambiant. Pour s'opposer, d'autre part, à la déformation
» sous la traction des suspentes (indépendamment de
» l'effet de la pression intérieure des gaz), la nacelle
» est d'une forme allongée et d'une construction rigide.
» Pour maintenir le ballon sans cesse gonflé en pré-

» sence des déperditions de gaz sur lesquelles il faut
» compter, ou lorsque l'aéronaute en fera échapper
» volontairement pour opérer une descente partielle
» ou totale, il sera introduit de l'air atmosphérique
» dans un petit ballon logé à cet effet dans l'inté-
» rieur du grand, et remplissant ainsi une fonction
» ayant quelque analogie avec la vessie natatoire des
» poissons. »

La nacelle de l'aérostat est munie d'une hélice de 8 mètres de diamètre en arc horizontal. C'est l'appareil propulseur ; il est situé à 17 mètres environ au-dessous du grand axe de l'aérostat. Pour imprimer au ballon une vitesse de deux lieues à l'heure, il suffit de transmettre à l'hélice un travail total de 30 kilogrammètres.

« En présence de cette petite puissance motrice, dit
» M. Dupuy de Lôme, il m'a paru avantageux de ne
» pas recourir à une machine à feu quelconque, et
» d'employer simplement la force des hommes. Quatre
» hommes peuvent sans fatigue soutenir, *pendant une*
» *heure*, en agissant sur une manivelle, ce travail
» de 30 kilogrammètres, qui n'exige de chacun d'eux
» que 7 kilogrammètres, 5. Avec une relève de deux
» hommes, chacun d'eux pourra travailler une heure,
» se reposer une demi-heure, et ainsi de suite, pendant
» les dix heures du voyage, qui sont une des conditions
» de cette étude. »

L'aérostat allongé de M. Dupuy de Lôme est muni d'un gouvernail, fixé à l'arrière de la nacelle. L'appareil pourra s'orienter. Le ballon est rempli de gaz de l'éclairage. Il va sans dire que l'excès de force ascensionnelle est calculé pour compenser les poids à enlever, ballon, moteur, manœuvres, etc.

« Un appareil de ce genre, ajoute l'inventeur, ne
» permettra d'avancer, vent debout, ou de suivre par
» rapport à cette surface toutes les directions désirées,
» que quand le vent n'aura qu'une vitesse au-dessous
» de 8 kilomètres. Cela ne sera sans doute pas très-
» fréquent, car cette vitesse n'est que celle d'un vent qua-
» lifié *brise légère*. Quoi qu'il en soit, cet aérostat ayant
» une vitesse propre de 8 kilomètres à l'heure, lorsqu'il
» sera emporté par un vent plus rapide, aura la
» faculté de suivre à volonté toute route comprise
» dans un angle résultant de la composante des deux
» vitesses. Chacun peut se rendre compte d'ailleurs que,
» d'une manière générale, la direction à donner à
» l'aérostat, par rapport à celle du vent, pour obtenir
» comme résultante des deux vitesses et des deux
» directions le *maximum d'écart possible*, fait avec la
» direction du vent un angle un peu plus ouvert que
» l'angle droit. »

Tel est le projet présenté par M. Dupuy de Lôme, et pour l'exécution duquel le gouvernement a alloué une somme de 40,000 francs. Ce plan offre l'inconvénient de ne pas présenter le caractère de la nouveauté. Il est difficile de voir en quoi il diffère sensiblement du système de M. Giffard. Mais M. Dupuy de Lôme ne connaissait pas les travaux de cet ingénieur. Il a chargé M. Yon, le constructeur des ballons captifs à vapeur, de fabriquer le nouvel appareil. Les travaux ont été commencés, ils ont traîné en longueur; la guerre s'est terminée, la Commune a passé sur Paris, ils ne sont pas encore achevés. Nous faisons des vœux sincères pour que M. Dupuy de Lôme mette à exécution son projet intéressant, et qu'une expérience soit faite prochainement dans de bonnes conditions atmosphériques.

LES HÉLICES DU BALLON « LE DUQUESNE. »

M. l'amiral Labrousse a pu tenter une expérience de direction, en faisant construire une nacelle spéciale pour le ballon *le Duquesne*. Cette nacelle était munie d'une hélice, mue par quatre marins. Nous ferons remarquer que le ballon *le Duquesne* cubait 2,000 mètres, il était sphérique, forme très-défavorable à toute tentative de direction. Voici un extrait de la note que M. Labrousse a adressée à l'Académie des sciences, au sujet de cette tentative :

« Le ballon *le Duquesne* est parti ce matin (9 janvier) des ateliers de M. Godard à la gare d'Orléans, armé de l'appareil d'hélice en question, construit par les ordres de M. Dorian, ministre des travaux publics.

» Le vent portait directement à l'est, c'est-à-dire chez les Prussiens, avec une vitesse approximative de 4 mètres par seconde ; c'est pourquoi on a recommandé aux hommes de faire agir les hélices de manière à pousser le ballon dans la direction du sud. L'impression des personnes présentes a été que le ballon gagnait en effet notablement dans cette direction ; il faut donc espérer qu'au lieu de tomber chez les Prussiens, il viendra tomber dans les environs de Besançon, peut-être en Suisse. »

Qu'il nous suffise de dire que le ballon est tombé en pleine direction d'est, tout près de Reims, où il a pu s'échapper des Prussiens, et que par conséquent les hélices n'ont produit aucun effet efficace. Du reste l'expérience a été contrariée pendant le voyage par les rotations fréquentes de l'aérostat sphérique. Tous les aéronautes savent que le ballon, dans l'air, tourne fréquemment autour de son axe.

PROJETS DIVERS DE BALLONS DIRIGEABLES.

Si les inventeurs de ballons dirigeables ont abondé à Tours, comme nous l'avons dit dans le courant de cet ouvrage, ils n'ont pas non plus fait défaut à Paris. Nous parlerons en quelques mots des différents projets soumis à l'Académie des sciences.

M. Sorel (21 novembre 1870) cherche à produire d'abord une différence de vitesse entre celle du vent et celle du ballon. Il munit la nacelle de deux hélices, l'une à l'arrière, l'autre à l'avant, il la garnit de trois voiles latérales. La marche et la direction du ballon devront être la résultante des forces combinées du vent agissant sur les voiles et sur l'action mécanique de l'hélice latérale, prenant son point d'appui sur l'air. L'inventeur oublie dans son système une voile, qui entraînera probablement toutes les autres. Cette voile immense, qu'il n'a pas vue, c'est le ballon lui-même.

M. Deroïde (28 novembre 1870) munit son ballon d'un plan incliné, il s'élève verticalement. Puis, en descendant, il oriente son parachute plan-incliné, et lance obliquement l'aérostat dans une direction voulue. — Il compte se diriger complétement, en renouvelant successivement et à plusieurs reprises, ces mouvements d'ascensions verticales et de descentes obliques. — Pour faire descendre à volonté l'aérostat, M. Deroïde se sert de deux gaz, l'hydrogène et l'ammoniaque ; il diminuera la force ascensionnelle du ballon et le fera descendre, en absorbant l'ammoniaque par l'eau.

M. Bouvet (12 et 19 décembre 1870) propose de soumettre le gaz du ballon à l'action de la chaleur, pour obtenir à volonté les ascensions et les descentes. — C'est le gaz du ballon lui-même qui sert de combustible.

Il faudrait prendre garde de ne pas tout enflammer ! Voilà un aérostat que peu d'aéronautes aimeraient conduire dans les airs.

M. Hir (30 janvier 1871) propose de construire un ballon muni de trois hélices. L'une, placée à l'avant, servira d'hélice de propulsion pour diriger la marche de l'aérostat. — L'autre, placée à l'arrière, tournera dans un plan perpendiculaire à l'hélice de marche, et servira de gouvernail. La troisième tournera horizontalement au-dessus du ballon, et servira à faire monter ou descendre le grand poisson aérien.

Ah ! Messieurs les inventeurs ! voilà certes des idées ingénieuses en théorie, mais que de difficultés pratiques dans les constructions, que d'impossibilités que vous n'entrevoyez même pas ! Quand vous aurez fait une douzaine de bonnes ascensions dans nos aérostats tels qu'ils sont, vous connaîtrez le ballon, vous saurez ce que c'est que cet océan immense aux flots mobiles et capricieux qu'on appelle l'atmosphère ! A votre intelligence s'ouvriront des horizons inconnus, des idées nouvelles et peut-être fécondes. Montez en ballon, devenez des aéronautes, vous pourrez alors perfectionner la machine que vous aurez étudiée. Jacquard, avant de construire le métier à tisser, était tisserand lui-même. Bernard Palissy s'est fait peintre céramiste avant de trouver le secret de l'émail italien. Si vous voulez améliorer les ballons, les modifier, les munir d'appareils dirigeables, devenez aéronautes !

CONCLUSION.

LES BALLONS ET LA GUERRE.

Quand les frères Montgolfier eurent lancé dans l'espace le premier globe aérien, qui lentement se détacha du sol pour prendre possession des plages mystérieuses de l'atmosphère, on crut entrevoir, dans le fait de cette expérience, une date à jamais célèbre dans les annales de la science. L'Institut, représenté par une commission de savants illustres, présidée par Lavoisier, essaya de tracer la voie que la nouvelle découverte allait suivre dans l'avenir; le célèbre chimiste se chargea, dans un rapport remarquable, de faire l'apologie des ballons; il parla des progrès qu'ils avaient à compter, des services qu'ils étaient appelés à rendre. Il les voyait jouant un rôle important dans les études météorologiques, dans certaines entreprises industrielles; mais il ne songea jamais à signaler l'usage qu'on en pouvait faire dans ces immenses conflits qui divisent les peuples, et qui les portent à se ruer les uns contre les autres pendant la guerre.

C'est que le génie de l'invention est essentiellement pacifique; né du travail et des rudes labeurs, il ne pense qu'à créer; il n'admet pas que l'on puisse détruire. Les Montgolfier, en trouvant le principe qui rendra leur nom à jamais impérissable, songeaient aux bienfaits dont il devait doter la société. Quelle n'eût pas été leur stupéfaction, si quelqu'un leur avait dit alors que les nécessités de la guerre, qui usent de toutes les ressources d'un pays, allaient plus tard recourir aux ballons eux-mêmes ? Sans entrer dans des discussions d'un ordre moral, qui ne sont pas de nature à trouver place ici, contentons-nous de constater que la guerre, cette grande calamité, ce grand mal, est sans doute nécessaire, puisqu'on ne trouve pas, dans l'histoire des peuples, une période de vingt ans où elle n'apparaisse avec ses horreurs et ses ravages. Que ceux qui rêvent la paix universelle, l'harmonie des peuples, l'âge d'or, aillent porter leurs théories dans d'autres planètes, mais sur notre globe, ils parleront toujours à des sourds. Comme l'a dit La Bruyère, s'il n'y avait que deux hommes sur la terre, et qu'ils aient reçu chacun en partage un hémisphère, ils trouveraient encore le moyen de se rencontrer pour se battre entre eux.

La guerre a existé hier ; elle existera demain. Notre malheureux pays a succombé dans une lutte récente et effroyable, mettons tout en œuvre pour qu'il triomphe quand l'heure de la revanche aura sonné. Les hommes compétents se chargeront des graves problèmes de la réorganisation militaire, de la fabrication des engins meurtriers, des canons, des mitrailleuses. Tout cela est une besogne hideuse qui répugne à un peuple civilisé, personne n'en disconviendra, mais étant donné ce fait qu'il faut se battre, tâchons au moins d'être les plus forts et les plus habiles.

Dans notre humble et modeste sphère d'aérostation, nous avons acquis quelque expérience, par une pratique vraiment assidue qui nous permettra peut-être d'indiquer, avec quelque efficacité, les ressources que les ballons peuvent fournir à la guerre. Les aérostats du siége de Paris ont bien amplement prouvé les immenses avantages que la navigation aérienne, telle qu'elle est, avec toutes ses imperfections, est capable d'offrir à une place assiégée; mais nous croyons être en droit d'affirmer que les ballons sont appelés à rendre des services plus grands encore, si on les utilise comme moyens d'observation militaire, et même dans certains cas comme engins de destruction, en leur confiant la mission de lancer sur l'ennemi des bombes incendiaires. Toutefois, avant d'étudier ce qu'on pourrait faire, il est utile d'examiner ce qui a été fait, et de passer rapidement en revue les expériences exécutées dans le passé.

LES AÉROSTIERS MILITAIRES DE LA PREMIÈRE RÉPUBLIQUE.

En 1793, lors du siége de la ville de Condé, le commandant Chanal, homme d'action et d'intelligence, enfermé dans la place-forte investie, cherchait à tout prix à donner de ses nouvelles, à envoyer des dépêches au colonel Dampierre, qui commandait une division française hors des lignes d'investissement. Il recourut aux ballons. Il fit construire un aérostat de papier qu'il lança en liberté dans l'espace, avec un petit paquet de dépêches. L'appareil tomba juste au milieu du camp ennemi, et fournit au prince de Cobourg des renseignements sur la situation de la forteresse. Un tel début n'était pas d'heureux présage pour la fortune future des aérostats messagers!

Mais ce fait isolé passa inaperçu ; pendant que le commandant Chanal tentait cette expérience, le célèbre chimiste Guyton de Morveau envisageait l'usage qu'on pouvait faire des ballons pendant la guerre, sous un tout autre aspect. Il songea à organiser des postes de ballons captifs pour étudier les mouvements de l'ennemi, pour surveiller du haut des airs ses allures et ses changements de position. Guyton de Morveau, n'était pas un esprit ordinaire, il s'était signalé déjà par de remarquables travaux en chimie ; homme de science, il s'éprenait de tout ce qui touche à la véritable investigation scientifique ; il n'avait pas laissé passer auprès de lui la découverte des Montgolfier, sans y fixer ses regards ; il s'était familiarisé avec l'aérostation par de nombreuses ascensions, exécutées à Dijon. — Guyton de Morveau avait été nommé représentant du peuple à la Convention nationale ; il venait d'être choisi par le Comité de salut public, avec Monge, Berthollet, Carnot et Fourcroy, comme membre d'une commission destinée à faire servir aux besoins de la guerre les récentes découvertes de la science.

Guyton de Morveau proposa d'organiser, pour l'armée, des aérostats d'observation militaire. Sa proposition fut immédiatement acceptée par le Comité de salut public. On marchait vite à cette époque, et tous les moyens que suscitait l'esprit scientifique pour la défense du sol de la République, étaient mis en action avec la plus étonnante promptitude. On ne se payait pas de mots, mais d'actes énergiques ; on avait à lutter contre toute l'Europe coalisée !

La seule condition qui fut imposée à Guyton de Morveau, c'était de préparer l'hydrogène destiné à gonfler les ballons sans employer d'acide sulfurique fabriqué avec le soufre, dont on avait besoin pour faire de la poudre. Lavoisier venait de découvrir un nouveau mode de préparation de l'hydrogène, par l'action du fer chauffé au rouge sur la vapeur d'eau. Guyton de Morveau ne perd pas son temps, il court au laboratoire de Lavoisier, fait un essai en grand, qui réussit; il communique ce résultat important au Comité de salut public qui l'encourage dans ses essais. Aussitôt, le célèbre chimiste s'adjoint un physicien distingué, nommé Coutelle, qui était connu à Paris par le beau cabinet de physique qu'il avait organisé avec toutes les ressources de la science actuelle.

Coutelle fait fabriquer à la hâte un aérostat de 9 mètres de diamètre, il étudie les vernis, les conditions d'une bonne fabrication. Le Comité de salut public l'installe aux Tuileries dans la salle des maréchaux, où il construit un grand fourneau, muni d'un long tube de fonte au milieu duquel la vapeur d'eau se décomposera par le contact de tournure de fer chauffée au rouge. Quand tout est prêt, Coutelle fait une première expérience; la production de l'hydrogène s'opère dans de bonnes conditions, comme le constatent les physiciens Charles et Conté, qui assistent aux détails de l'opération.

Dès le lendemain, Coutelle reçoit l'ordre d'aller se mettre à la disposition du général Jourdan qui vient de recevoir le commandement de *l'armée de Sambre-et-Meuse*. Il part, il arrive à Maubeuge. Mais l'armée française a quitté ses positions, il faut courir à six lieues de là, à Beaumont, chercher le quartier général. Coutelle arrive enfin près du général Jourdan, qui le reçoit d'un air rébarbatif. « Un ballon, dit-il, qu'est-ce que c'est que cela? Vous m'avez tout l'air d'un suspect, j'ai bonne envie de vous faire fusiller. » Coutelle s'explique. Le général Jourdan se calme; il ne demande pas mieux que de faire des essais; il appellera l'aérostier dès que le moment sera venu d'agir.

Cependant des expériences se continuent à Paris, avec Conté, cet homme si habile que Monge avait pu dire en parlant de lui : « Il a toutes les sciences dans la tête et tous les arts dans la main, » et bientôt avec Coutelle qui est revenu de Beaumont. Un ballon construit dans de bonnes conditions s'élève quelques jours après à 500 mètres à l'état captif, et ouvre à l'œil un espace très-étendu; le Comité de salut public se décide à décréter la formation d'une compagnie d'*aérostiers militaires*.

Voici cette pièce d'un haut intérêt :

ARRÊTÉ DU COMITÉ DE SALUT PUBLIC, CONCERNANT LA FORMATION D'UNE COMPAGNIE D'AÉROSTIERS MILITAIRES.

» 13 germinal an II (2 avril 1794).

« Vu le procès-verbal de l'épreuve faite à Meudon, le 9 de ce mois, d'un aérostat portant des observateurs, le Comité de salut public, désirant faire promptement servir à la défense de la République cette nouvelle machine, qui présente des avantages précieux, arrête ce qui suit :

» Art. 1ᵉʳ. Il sera incessamment formé, pour le service d'un aérostat près l'une des armées de la République, une compagnie qui portera le nom d'aérostiers.

» Art. 2. Elle sera composée d'un capitaine, ayant les appointements de ceux de première classe, d'un sergent-major, qui fera en même temps les fonctions de quartier-maître ; d'un sergent, de deux caporaux et de vingt hommes, dont la moitié aura au moins un commencement de pratique dans les arts nécessaires à ce service, tels que maçonnerie, charpenterie, peinture d'impression, chimie, etc.

» Art. 3. La compagnie sera pour le surplus de son organisation et pour la solde à l'instar d'une compagnie, et recevra le supplément de campagne, comme les autres troupes de la République, conformément à la loi du 30 frimaire.

» Art. 4. Son uniforme sera habit, veste et culotte bleus, passe-poil rouge, collets, parements noirs, boutons d'infanterie avec pantalon et veste de coutil bleu pour le travail.

» Art. 5. L'armement de ladite compagnie consistera en un sabre et deux pistolets.

» Art. 6. Le citoyen Coutelle, qui a dirigé jusqu'à ce jour les opérations ordonnées à ce sujet par le comité, est nommé capitaine de ladite compagnie et chargé de lui remettre incessamment la liste de ceux qui se présenteront pour y être admis, et qu'il jugera capables de remplir les différents grades.

» Art. 7. Aussitôt que ladite compagnie sera formée, et même avant qu'elle soit complète, ceux qui y seront reçus se rendront sur-le-champ à Meudon, pour y être exercés aux ouvrages et manœuvres relatifs à cet art.

» Art. 8. La compagnie des aérostiers, lorsqu'elle sera à l'armée ou dans une place de guerre, sera entièrement soumise pour son service au régime militaire, et prendra les ordres du commandant en chef. Quant à la dépense résultant des dépenses relatives à l'aérostat et des appointements de la compagnie, elle sera prise sur les fonds à la disposition de la commission des armes et poudres, qui fera passer les sommes nécessaires au sergent-major et recevra les comptes.

» Signé au registre : les membres du Comité de salut public :

« C. A. PRIEUR, CARNOT, ROBESPIERRE, LINDET, BILLAUD-VARENNES, BARRÈRE.

» Pour extrait :

» BARRÈRE, BILLAUD-VARENNES, CARNOT, C. A. PRIEUR. »

Peu de temps après, Coutelle est à Maubeuge, avec son ballon et son équipe. La place vient d'être assiégée par les Autrichiens.

Le capitaine aérostier se met en mesure de construire son fourneau à gaz, de gonfler l'aérostat qu'il a baptisé l'*Entreprenant*; quand tout est prêt, il s'en va prévenir le général commandant en chef et le supplie de le faire agir immédiatement. Le lendemain une sortie s'organise contre les Autrichiens; Coutelle s'élance dans la nacelle de l'*Entreprenant* que remorquent avec des cordes une poignée de soldats; il s'avance jusque sous le feu des ennemis, et deux de ses hommes sont grièvement blessés.

Rentré en ville après cette affaire, le ballon l'*Entreprenant* exécute des ascensions captives deux fois par jour. Du haut des airs, Coutelle lance à terre de petites dépêches attachées à un sac de sable, et fournissant le récit du spectacle qui s'offre à ses yeux. Chaque jour il donne de nouveaux détails sur les travaux des assiégeants qu'il surveille du haut de son observatoire aérien.

L'ennemi s'inquiète vivement de ce ballon si nouveau pour lui, qu'il voit planer dans l'espace, comme un œil mystérieux l'épiant sans cesse. Il lui tire des coups de canon, mais sans l'atteindre; quelques soldats autrichiens sont frappés d'une terreur superstitieuse devant ce globe, qu'ils considèrent comme une œuvre diabolique; parfois ils s'agenouillent et se mettent en prières devant un tel prodige (1).

Peu de temps après, le général Jourdan se dispose à aller investir Charleroi, où l'armée hollandaise se prépare contre la France à une rude résistance. Il donne l'ordre à Coutelle de transporter son aérostat de Maubeuge à Charleroi, qui n'est pas éloigné de moins de douze lieues. Ce n'est pas une entreprise facile, mais malgré toutes les difficultés de la route, Coutelle arrive à bon port avec l'*Entreprenant* qu'il a fait transporter tout gonflé.

Il a fallu attacher à la hâte, tout autour du ballon, des cordes d'équateur, destinées à remorquer l'appareil par des piétons. Il a fallu faire passer l'*Entreprenant* au-dessus des toits de la ville de Maubeuge, lui faire franchir des bastions et des fossés, il a fallu enfin tromper la vigilance des ennemis, leur dissimuler le passage d'un globe de soie de 10 mètres de haut; l'entreprise a réussi au prix des plus rudes fatigues!

Quand l'*Entreprenant* apparaît aux yeux des Français campés autour de Charleroi, les soldats courent à sa rencontre en faisant retentir l'air de clameurs de joie. Ils lèvent les bras au ciel, en signe d'admiration, et bientôt la fanfare militaire retentit pour fêter la bienvenue au nouvel appareil.

Avant la fin du jour, Coutelle dirige son ballon captif

(1) *Mémoire sur Carnot.*

vers la ville, et fait une reconnaissance importante ; il a aperçu les assiégés et a pu donner des renseignements utiles sur leurs forces et leurs positions. Le lendemain l'aérostier de la République reste huit heures consécutives dans la nacelle, en compagnie du général Morelot; le surlendemain Charleroi capitule. La garnison hollandaise tout entière est faite prisonnière.

Quelques heures après, les Autrichiens accourent au secours de la place investie, mais trop tard !

La prise de Charleroi eut une importance capitale dans les opérations de l'armée française, et le ballon de Coutelle n'a certainement pas été étranger à ce succès, qui prépara pour Jourdan la victoire de Fleurus.

En effet, les Autrichiens s'avancent rapidement vers Charleroi, sous les ordres du prince de Cobourg. L'armée française les attend de pied ferme sur les hauteurs de Fleurus, d'où elle va se précipiter bientôt pour écraser l'ennemi.

L'aérostat l'*Entreprenant* s'élève dans les airs vers la fin de la bataille, et pendant plusieurs heures de suite, Coutelle envoie au général en chef des notes précieuses sur les mouvements de l'ennemi.

Jourdan n'hésite pas à reconnaître les services des aérostiers militaires, et Carnot, dans ses Mémoires, déclare que sans l'*Entreprenant*, bien des opérations de l'armée autrichienne auraient été cachées au général français, par des accidents de terrain qui n'arrêtaient pas le regard de l'aéronaute juché dans sa nacelle.

Malheureusement, malgré cette brillante campagne, les aérostiers militaires devaient bientôt être arrêtés par de nombreux obstacles. — Coutelle, après Fleurus, suivit l'armée française avec son ballon, mais, arrivé près des hauteurs de Namur, il reconnut que l'*Entre-*

prenant, usé par le service, était hors d'état de rester gonflé.

Pendant que ces événements se passaient, la Convention nationale, ayant pris connaissance des premiers résultats fournis par les observations aérostatiques, prenait la décision de former une deuxième équipe d'aérostiers militaires, qui resterait à Meudon, sous le commandement de Conté. Le Comité de salut public transforma bientôt ce dépôt en école aérostatique. On avait compris que les ballons ne peuvent être efficacement utilisés que sous la condition d'être confiés à des hommes initiés à la pratique du gonflement, à la manœuvre des ascensions, habitués à observer du haut des airs une campagne étendue, rompus enfin à toutes les nombreuses besognes qui se rattachent à l'art si compliqué de l'aéronautique. Le Comité de salut public fit paraître le décret suivant :

ARRÊTÉ DU COMITÉ DE SALUT PUBLIC RELATIF A L'INSTALLATION D'UNE ÉCOLE AÉROSTATIQUE

« 10 brumaire an III (31 octobre 1794).

« Le Comité de salut public, considérant que le service des aérostiers exige des connaissances et une pratique dans les arts que l'on ne peut espérer de réunir qu'en préparant, par des études et des exercices appropriés, les hommes qui s'y destinent, et voulant assurer ce service et en étendre les ressources, soit auprès des armées, où l'expérience a constaté déjà son utilité, soit par l'application que l'on peut faire de ce nouvel art pour le figuré du terrain sur les cartes,

» Arrête ce qui suit :

» Art. 1er. Il sera établi dans la maison nationale de Meudon une école d'aérostiers, dans laquelle, indépendamment des exercices pour les former à la discipline militaire, et des travaux de construction et de réparation des aérostats auxquels ils sont employés, ils recevront des leçons de physique générale, de chimie, de géographie, et des différents arts mécaniques, relatifs à l'aérostation.

» Art. 2. Cette école sera composée de soixante aérostiers, y compris ceux déjà reçus pour entrer dans la nouvelle compagnie que le Comité avait été chargé de former. Ils seront logés dans la partie de la maison nationale de Meudon qui leur sera assignée ; ils auront le même uniforme que celui qui a été réglé pour la deuxième compagnie d'aérostiers, et recevront également la solde de canonniers de première classe.

» Art. 3. Les soixante aérostiers seront divisés en trois sections, chacune de vingt hommes.

» Art. 4. Il y aura, pour chaque section, un officier ayant le grade de sous-lieutenant, un sergent et deux caporaux, lesquels seront assimilés aux officiers d'artillerie de même grade, et jouiront des traitements et soldes qui leur sont attribués.

» Art. 5. L'école des aérostiers aura pour chef un directeur chargé de diriger toutes les opérations de construction et de réparation des aérostats, de régler et ordonner les exercices et manœuvres et de maintenir l'ordre et la discipline. Il correspondra avec la commission des armes et poudres, lui adressera les demandes de matières nécessaires, et l'informera de ce qui pourra être mis à sa disposition pour le service des aérostats en campagne. Les appointements seront de six mille livres.

» Art. 6. Il y aura un sous-directeur avec appointements de quatre mille livres, chargé des mêmes fonctions en l'absence et sous les ordres du directeur.

» Art. 7. Il y aura pour les trois sections un quartier-maître chargé du décompte et des mêmes dépenses du matériel, pour lesquelles il lui sera remis un fonds d'avances sur la proposition de la commission des armes et poudres. Il en comptera tous les quinze jours à ladite commission sur mémoires visés par le directeur.

» Art. 8. Un tambour est attaché à ladite école.

» Art. 9. Il y aura dans l'école un garde-magasin chargé de tenir registre de l'entrée et sortie de toutes matières, soit de consommation, soit destinées aux épreuves et constructions, ainsi que de veiller à la conservation des meubles, ustensiles, livres et machines, servant à l'instruction; il lui sera donné un aide ou sous-garde lorsqu'il sera jugé nécessaire.

» Art. 10. Le directeur présentera incessamment à l'approbation du comité un règlement sur la distribution du temps pour les leçons et exercices, de manière que les élèves aérostiers reçoivent l'instruction qui leur est nécessaire dans les sciences physiques et mathématiques, et se forment dans la pratique des arts mécaniques, autant néanmoins que le permettront les travaux de la fabrication et les exercices des opérations et manœuvres.

» Art. 11. Le citoyen Conté, chargé de la conduite des travaux de Meudon relatifs à l'aérostation, est nommé directeur. Le citoyen Bouchard, reçu aérostier de la deuxième compagnie dont la levée avait été ordonnée, est nommé sous-directeur.

» Art. 12. Le directeur présentera à l'approbation du Comité la nomination des citoyens qu'il jugera propres à remplir les places des officiers, sous-officiers et garde-magasin.

» Art. 13. Il présentera de même à son approbation la nomination des instructeurs pour les diverses parties, lesquels seront pris, autant qu'il sera possible, parmi les aérostiers reçus qui ont donné des preuves de capacité.

» Art. 14. Le présent arrêté sera adressé aux représentants du peuple, à la maison nationale de Meudon, qui sont invités à prendre les mesures qu'ils jugeront convenables pour assurer le succès de cet établissement, maintenir l'ordre et la discipline de l'école, et empêcher qu'il n'en résulte aucun inconvénient pour les autres opérations mises sous leur surveillance.

» Art. 15. Expédition du présent arrêté sera pareillement envoyée à la commission des armes et poudres, chargée de concourir à son exécution en ce qui la concerne.

» Signé :
» L.-B. Guyton, Fourcroy, J.-F.-B. Delmas, Prieur, Pelet, Merlin, Cambacérès.

» Pour copie conforme :
» *Le directeur de l'École nationale aérostatique,*
» Signé : Conté. »

Bientôt, nous retrouvons Coutelle au siége de Mayence d'où l'armée française veut déloger les Autrichiens. L'intrépide aérostier continue ses reconnaissances aérostatiques.

Il reçoit un jour l'ordre de s'approcher de la ville avec son ballon captif, pour donner des renseignements sur l'état des fortifications. Il s'élance dans la nacelle, mais le vent est violent, et à peine parvient-il à s'élever dans l'espace, que des bourrasques rabattent violemment l'*Entreprenant* jusque vers la terre. A chaque rafale, les 64 aérostiers qui retiennent les câbles sont soulevés du sol. La nacelle par moments se heurte contre terre, elle ne tarde pas à se briser sous l'action de ces chocs énergiques.

Les généraux autrichiens contemplent de loin ce spectacle dramatique du haut des remparts de Mayence. Ils ne peuvent s'empêcher d'admirer ce globe aérien, mais ils ne peuvent non plus maîtriser l'émotion que fait naître en eux le spectacle des oscillations de la nacelle, où un homme risque sa vie avec tant d'héroïsme.

Ils font immédiatement sortir un parlementaire de la place, et l'envoient au général français, auquel ils demandent en grâce de faire descendre le brave officier de la nacelle aérienne où il expose ses jours : ils lui offrent d'entrer dans les lignes autrichiennes, pour examiner librement la disposition des fortifications !

Voilà comment la France était traitée par ses ennemis sous la première République !

Malgré les efforts de Coutelle, malgré les tentatives renouvelées ailleurs, les ballons militaires ne retrouvèrent plus l'occasion de se signaler comme à Maubeuge, comme à Fleurus. Après quelques insuccès, après quelques accidents, au lieu de persévérer, Hoche se présenta, qui ne croyait pas aux ballons et qui demanda le licenciement du corps des aérostiers. Cependant l'école de Meudon resta toujours ouverte ; elle aurait certainement exercé de nombreux aérostiers, organisé des équipes, construit des ballons, mais Bonaparte, à son retour de l'expédition d'Egypte, la fit fermer sans rémission. Le futur empereur connaissait les fondateurs de cette école, Coutelle et Conté, il savait quel était leur zèle pour la liberté, leur dévouement pour la République !

L'école aérostatique attend encore sa réouverture !

ESSAIS DIVERS. — LES BALLONS MILITAIRES AUX ÉTATS-UNIS.

L'étranger ne manqua pas de profiter des enseignements fournis par le ballon de Fleurus. Mais il ne se rencontra nulle part un autre Coutelle ou un nouveau Conté, car les différentes entreprises exécutées depuis, ne donnèrent aucun résultat. En 1812, les Russes étudièrent les aérostats au point de vue militaire; ils ne se décidèrent pas à les utiliser pour les reconnaissances, mais ils songèrent à les employer à l'état libre, pour faire tomber, du haut des airs, des bombes sur l'armée française. Ils modifièrent ensuite ce projet, et firent construire à Moscou un immense ballon qui devait pouvoir porter au moins cinquante hommes. Cet aérostat ne fut jamais achevé ; il est probable du reste qu'il n'aurait jamais pu répondre aux espérances qu'il avait fait naître.

En 1815, Carnot, commandant en chef la ville d'Anvers, assiégée par l'ennemi, fit exécuter des reconnaissances en ballon captif, mais on manque de renseignements précis sur les expériences qui furent exécutées.

En 1826, l'attention du gouvernement français fut sérieusement attirée sur la question des ballons militaires, par un ancien professeur de l'école militaire, M. Ferry. Une commission fut nommée, elle approuva les projets de M. Ferry, et termina son rapport en disant que les premiers travaux des aérostiers de la République devaient être continués.

Le gouvernement de la Restauration engloutit le rapport de la commission, et le mémoire de M. Ferry dans les profondeurs les plus cachées de ses cartons ministériels !

En 1849, les Autrichiens, pendant le siége de Venise, gonflèrent des petits ballons de papier, munis de bombes, qui devaient tomber sur la ville assiégée. Ils lancèrent deux cents de ces ballonneaux incendiaires. Les ballons s'élèvent, ils marchent sur Venise, ils s'élèvent encore, et sont pris par un contre-courant qui les ramène sur la campagne occupée par l'armée autrichienne, où les bombes incendiaires viennent tomber, sans causer de grands dégâts.

Depuis cette époque, on ne retrouve plus les ballons militaires que de l'autre côté de l'Atlantique. Pendant la guerre des Etats-Unis, le général Mac-Clellan employa successivement, en 1861, les aéronautes La Mountain et Allan. Le premier partit un jour du camp de l'Union, il traversa Washington en ballon captif, puis coupant ses cordes, il s'éleva en liberté. Il embrasse d'un seul coup d'œil le panorama des positions ennemies, il prend des notes minutieuses qu'il communique au général Mac-Clellan, après être descendu à Maryland.

M. Allan entreprit sans grand succès des expériences de télégraphie aérostatique ; mais dans cet ordre de tentatives, d'autres essais satisfaisants furent tentés en Amérique, comme nous l'apprend le *Journal militaire de Darmstadt.*

« Dans les derniers jours de mai 1862, dit ce journal, l'armée unioniste, campée devant Richmond, lança au-dessus de la place un ballon captif. Un appareil photographique fut dirigé vers la terre et permit de prendre, en perspective, sur une carte, tout le terrain de Richmond à Manchester, à l'ouest, et à Chikahoming, à l'est. La rivière qui arrose la capitale, les cours d'eau, les chemins de fer, les chemins de traverse, les marais, bois de pins, etc., furent tracés ; on y porta aussi la disposition des troupes, batteries d'artillerie, infanterie et cavalerie. On en tira deux exemplaires. On les divisa en 64 parties, comme un champ de bataille, avec les signes conventionnels, A, A⁶, etc. Le général Mac-Clellan eut un de ces exemplaires, le conducteur de ballon eut l'autre.

» L'armée fut d'abord retenue dans le camp, par le mauvais temps, une journée tout entière ; le 1ᵉʳ juin, l'aérostat s'éleva, vers midi, à une hauteur de plus de mille pieds, au-dessus du champ de bataille, et se mit en relation avec le quartier-général par un fil télégraphique. Pendant une heure, les mouvements de l'ennemi furent signalés avec exactitude. Une demi-heure plus tard, la dépêche porta : *Sortie de la maison Cadeys.* Mac-Clellan put, en un instant, donner ordre d'avancer au général Heinsselmann, et prescrivit au général Summer, qui était déjà au-delà de Chikahoming, de marcher tout de suite sur la petite rivière. Les deux divisions, réunies en deux heures de temps, faisaient face à l'ennemi, et défendaient le champ de bataille. Partout où les assiégés hasardèrent une attaque, ils furent repoussés avec des pertes considérables, et furent attaqués sur les points les plus faibles par des forces supérieures. Ils dirigèrent contre le ballon un canon rayé, d'une énorme portée. Les projectiles firent explosion près du ballon, et si près que les aéronautes jugèrent prudent de s'éloigner. Le ballon fut descendu à terre, lancé dans une autre direction, et assez haut pour être hors de portée des pièces ennemies. Il fut mis de nouveau en communication avec la terre ferme, et l'armée assiégeante eut avis que de fortes masses de troupes accouraient sur le champ de bataille dans une autre direction. Dès qu'elles furent arrivées à la portée du canon des fédéraux, elles se virent prévenues avec une rapidité qui dut leur paraître inconcevable. Il semblait que le Dieu des batailles les eût complétement abandonnées en ce jour. Elles se voyaient conduites en avant pour servir de but au canon des Yankees. Elles ne pouvaient suivre aucune direction, sans rencontrer un mur de baïonnettes impénétrables. Toutes les tentatives de l'armée du Sud pour enfoncer les lignes ennemies ayant échoué, Mac-Clellan commanda une attaque générale à la baïonnette et repoussa ses adversaires avec une perte énorme. Ce général n'eût pu obtenir un succès aussi complet sans le secours du ballon, et sans l'appareil dont il était muni (1). »

(1) Extrait d'un article intitulé : *Application des aérostats à l'art de la guerre*, publié dans le *Journal militaire* de Darmstadt, traduit par le colonel d'Herbelot.

PROJET D'ORGANISATION DE BALLONS MILITAIRES.

Une des modifications les plus importantes à introduire dans la construction des ballons captifs destinés aux observations militaires, serait de changer leur forme sphérique. L'aérostat, immergé à l'état de liberté dans l'atmosphère, fait pour ainsi dire partie intégrante du courant aérien qui le transporte, il se déplace avec l'air, il peut, et il doit même offrir la forme sphérique ; mais s'il est destiné à être remorqué à l'état captif, contre le vent, s'il est appelé à s'élever dans l'air, retenu par des câbles qui l'attachent à un même point, cette forme, qui offre une grande prise à l'effort du vent, devient très-désavantageuse.

Les ballons d'observations devraient présenter un volume géométrique allongé, analogue à celui d'un poisson. Le filet s'attacherait au-dessous de l'aérostat, à une longue barre transversale, où serait suspendue la nacelle. L'appareil muni à l'arrière d'un gouvernail, pourrait être orienté dans la direction du vent, l'air n'agirait plus alors que sur une petite section du système. Ce ballon se dirigerait toujours dans le sens du vent comme une véritable girouette, il s'élèverait aisément dans l'espace, sans exiger une force ascensionnelle considérable ; son transport à terre s'effectuerait avec une grande facilité, il ne se balancerait plus à l'extrémité de ses cordes d'attache, comme les ballons ronds.

S'agirait-il de passer une route bordée d'arbres, l'axe de l'aérostat allongé serait placé parallèlement à la route, l'appareil y circulerait, sans effort de la part des hommes qui le remorquent, sans crainte d'accidents pour les aérostiers juchés dans la nacelle.

L'étoffe dont il serait formé devrait être la soie, qui offre une grande solidité, unie à un poids très-faible ; son volume n'excèderait pas 1,200 mètres cubes.

On le gonflerait à l'usine à gaz la plus proche des opérations militaires ; il serait ainsi rempli de gaz d'éclairage, et une fois arrimé, on le transporterait au milieu du camp, à la place que le général en chef aurait assignée.

Comme il est impossible d'admettre que le ballon d'observations puisse arriver juste à heure fixe, au moment de l'action, il devrait être à son poste quelques jours à l'avance. Dans ces conditions, il ne manquerait pas de perdre peu à peu, par endosmose, une certaine quantité du gaz qu'il contient ; il serait de toute nécessité de compenser ces pertes, en lui fournissant tous les soirs une ration de gaz.

L'expérience nous a démontré qu'un ballon de soie de 1,200 mètres cubes, bien construit et bien verni, ne perd que 60 à 80 mètres de gaz par jour. Il serait donc indispensable de préparer sur place cette quantité de gaz. On aurait recours à l'hydrogène pur, qui prendrait naissance avec la plus grande facilité, par la décomposition de l'eau sous l'action du fer et de l'acide sulfurique.

La batterie à gaz serait formée d'un grand réservoir en bois placé sur des roues ; ce qui faciliterait son transport. Une ouverture supérieure, munie d'une soupape de sûreté, permettrait l'introduction des réactifs. On aurait ainsi une batterie-mobile, placée sur des roues, et munie d'un brancard où s'attellerait un cheval. Avec deux voitures semblables, on produirait 100 mètres cubes d'hydrogène en moins d'une heure. A la partie inférieure de la voiture, on pendrait une caisse où seraient placées les provisions de fer et les touries d'acide sulfurique. Avec ce matériel, et de l'eau qu'on trouve partout, le ballon pourrait être alimenté tous les jours.

Pour bien exposer les différentes manœuvres du ballon militaire, supposons qu'un corps d'armée prenne ses positions en avant d'une ville quelconque, de Reims, si vous voulez. Le général en chef dispose de trois ballons d'observations qu'il va placer, l'un à l'aile droite de son armée, l'autre à l'aile gauche, le troisième au centre. Les aérostiers militaires sont à Reims. Dès que l'ordre leur est donné de se porter vers leurs postes d'observations, ils gonflent de suite un premier ballon, ce qui est fait en une journée. Les deux autres aérostats se remplissent de même le lendemain et le surlendemain.

L'équipe du ballon militaire se compose d'un capitaine aérostier, d'un lieutenant, d'un chef d'équipe, et de six hommes de manœuvre. Une compagnie de quatre-vingts soldats est chargée du transport de l'aérostat à terre et des manœuvres des ascensions captives.

Le ballon gonflé va se mettre en route ; le chef aérostier monte dans la nacelle avec son lieutenant ; huit cordes sont attachées à la barre transversale de l'aérostat, quatre hommes s'attellent à chacune d'elles et font avancer l'appareil, en tirant en même temps les quatre cordes de droite et les quatre cordes de gauche. On n'utilise ainsi que quarante hommes qui, lorsqu'ils ont besoin de repos, peuvent être remplacés par les quarante autres. Le ballon est suivi des deux voitures-batteries, pour la préparation du gaz, et d'un fourgon, où sont placés les plateaux et les cordes d'ascension, des pelles et des pioches pour enfouir la nacelle en terre, des tuyaux de gonflement, des cordes pour les réparations, etc.

Arrivé au lieu d'observation, l'aérostat est placé sur le sol. Sa pointe est orientée dans le sens du vent, et des cordes d'équateur attachées à des pieux, enfoncés en terre, le maintiennent à l'état de repos absolu.

Quand les trois ballons sont installés à leurs postes, ils sont prêts à renseigner le général en chef à toute heure du jour. Lorsque l'ascension doit s'exécuter, un officier d'état-major monte dans la nacelle avec le chef aérostier. Le ballon s'élève à 200 mètres de haut, retenu par deux cordes que quarante hommes laissent glisser dans des poulies, amarrées à des plateaux de bois remplis de pierres. Tandis que l'aéronaute surveille le ballon, jette du lest, s'il le juge nécessaire, l'officier sonde l'horizon soit à l'œil nu, soit à l'aide d'une lunette. Si le temps est pur, il aperçoit, sous la nacelle, une immense campagne, d'une étendue de plusieurs lieues, il peut distinguer au loin des camps ou des lignes de bataille, il étudie minutieusement les positions et les mouvements de l'ennemi.

Rien n'empêche de munir les trois ballons d'un appareil électrique. Un employé du télégraphe ferait alors partie de la compagnie des aérostiers. Juché dans la nacelle, il ferait fonctionner l'appareil Morse sous la dictée de l'officier d'état-major; un fil électrique descendrait du ballon jusqu'à terre et s'étendrait jusqu'au quartier-général.

Si un combat est livré et que l'aérostat captif plane dans les airs, l'observateur voit les bataillons ennemis reculer ou avancer, il surveille leur moindre mouvement, il fait part de tout ce qu'il voit, à l'aide du télégraphe. Avec trois aérostats ainsi organisés, un général en chef peut connaître à tout moment toutes les phases successives de la grande partie qui est en jeu.

Mais, pourra-t-on objecter, le ballon sera le point de mire des ennemis, ils lui lanceront une pluie de balles et de mitraille, et finiront certainement par l'abattre.

N'oublions pas que l'aérostat captif, à 200 mètres de haut, et à une distance de 1,500 mètres des feux ennemis, n'est pas un point de mire facile à atteindre ; car la hauteur à laquelle il plane rend le tir du canon contre lui presque impossible. Quant aux balles de fusil, il ne les craint pas à cette distance. S'il était surpris par un détachement ennemi, et qu'il se trouvât percé de quelques trous de balles, il perdrait rapidement du gaz, et ne pourrait certainement plus continuer ses opérations, mais la vie des observateurs ne serait pas compromise pour si peu. Si les aéronautes étaient menacés d'être faits prisonniers dans un cas de panique, ils auraient la ressource de couper leurs cordes et de faire une ascension libre. Enfin, si par malheur un obus atteignait l'aérostat, et y mettait le feu, les observateurs seraient, cette fois, bel et bien perdus, mais pour ce cas particulier, nous n'aurons qu'à dire avec un brave officier qui défendait autrefois la cause des ballons militaires : « Au pis-aller, on sauterait, et cela n'arriverait pas tous les jours. Ce sont des désagréments dont il est difficile de s'affranchir absolument à la guerre. »

Dans le cas où les mouvements de l'armée, pendant le combat, rendent nécessaire de porter les ballons d'observation, soit en avant, soit en arrière, n'oublions pas qu'ils sont très-facilement transportables. Avec une équipe expérimentée, bien rompue aux manœuvres, les aérostats se déplaceraient avec une grande rapidité.

Nous pouvons affirmer que dans tout ce que nous venons d'exposer sur l'organisation des ballons militaires, il n'y a rien qui ne soit parfaitement pratique, rien qui ne puisse se réaliser avec les plus grandes chances de succès. Or, étant donnée cette possibilité — que nul aéronaute ne mettra en doute, — de transporter à l'avance des ballons, au milieu des lignes d'une armée, nous avons la persuasion que pas un militaire expérimenté ne pourra nier l'efficacité d'observatoires qui lui ouvrent, à 200 mètres de haut, le panorama d'un champ de bataille.

Quant à la dépense que nécessiterait une telle organisation, elle est presque insignifiante. Les trois ballons de soie d'un corps d'armée ne coûteraient pas plus de cent mille francs avec tout leur matériel. Les frais de rétribution de l'équipe, les frais de préparation du gaz, s'élèveraient pour chacun d'eux à quelques centaines de francs par jour. Qu'est-ce qu'une semblable dépense pour une armée, qui coûte des millions par jour?

Pour que l'organisation des ballons militaires soit efficace, il serait de toute nécessité de créer une école aérostatique, où l'on formerait des aérostiers, car il en est de la manœuvre du ballon, comme de celle du canon. On n'improvise pas des aéronautes, pas plus que des artilleurs. Dans cette école, on exercerait les hommes d'équipe et les chefs aérostiers, au gonflement des aérostats, à leur transport d'un point à un autre. Des officiers d'état-major seraient initiés aux ascensions captives et libres, ils exerceraient leurs yeux à bien voir du haut des airs, art très-compliqué qui nécessite une longue pratique.

Les élèves de l'école aérostatique apprendraient aussi à construire des ballons; on les enverrait plus tard, en temps de guerre, dans les places assiégées, et ils ne seraient plus embarrassés pour construire des ballons messagers de grandes dimensions, ou de petits aérostats libres en papier.

Mais nous n'avons pas l'intention de tracer ici un programme complet, et sans parler davantage des ballons d'observations militaires, nous voulons dire quelques mots des aérostats incendiaires.

Le procédé qu'ont employé les Autrichiens au siége de Venise est évidemment celui qui offre la plus grande chance de succès dans la pratique. Rien n'est plus simple que d'attacher à un ballonneau libre, un obus fixé à un fil de fer, muni d'une mèche combustible, qui brûle lentement, et arrive à enflammer l'aérostat au bout d'un temps déterminé. Le ballon brûlé, l'obus tombe. Si l'on attaque une ville, une place forte que l'on cerne, on trouvera toujours sur un point de la ligne d'investissement un vent favorable, poussant un aérostat vers l'enceinte assiégée. On lancera quelques ballons d'essai avec des corps pesants inoffensifs, pour s'assurer de la vitesse du vent, du temps que l'aérostat met à parcourir pour passer au-dessus de l'ennemi. Si l'on voit qu'un premier ballon n'arrive à traverser la ville assiégée que cinq minutes après son ascension, on a les conditions nécessaires au succès du bombardement; on fixe les bombes successivement à cent ou deux cents ballonneaux, on munit ceux-ci de mèches d'une longueur déterminée qui brûlent entièrement en cinq minutes, et qui ne peuvent enflammer l'aérostat que lorsque leur combustion va s'achever. Ces mèches sont préparées à l'avance; on a constaté, par exemple, qu'une longueur de 10 centimètres a brûlé en 1 minute, on en prendra 50 centimètres, pour obtenir la combustion du globe aérien au moment voulu.

Pour plus de sécurité, on ne tentera l'expérience définitive qu'après avoir sondé l'atmosphère, par des ballons d'essai, afin d'être bien certain qu'il n'existe pas de courants supérieurs capables de ramener les projectiles sur ceux qui les ont lancés. — Une fois que les conditions des mouvements de l'air sont étudiées, le bombardement par aérostats peut se prolonger autant de temps que le vent restera le même. — Pour enlever une bombe de vingt kilogrammes, il suffit d'un petit ballonneau de papier de 25 à 30 mètres cubes, gonflé d'hydrogène pur. Avec quelques hommes initiés au gonflement et à la préparation du gaz, on pourrait lancer ainsi, dans un temps assez restreint, plusieurs centaines de ballons munis de bombes.

Ce procédé vraiment terrible ne serait surtout efficace que dans l'attaque d'une place forte, où l'on peut aller toujours chercher le vent, puisqu'on occupe des positions circulaires, où se trouvent compris les quatre points cardinaux; cependant il pourrait, dans certains cas, être utilisé en rase campagne, quand le vent se dirigerait, du point que l'on occupe, vers les lignes ennemies.

En augmentant le nombre des batteries qui serviraient aux aérostats d'observation, on aurait toujours le gaz nécessaire pour gonfler les ballons de bombardement.

Il est vraiment affligeant de parler de l'usage si effroyable qu'il serait possible de faire des aérostats, mais nous ne devons pas oublier le bombardement de Strasbourg et le bombardement de Paris. Que les engins meurtriers décrivent dans l'air une vaste parabole dont l'origine est la gueule d'un canon, qu'ils s'échappent des hauteurs de l'atmosphère, en tombant d'un aérostat qui brûle, le résultat n'est-il pas toujours le même ? Je sais bien qu'en France on n'emploiera jamais sans répugnance des moyens de destruction vraiment barbares et féroces, mais si l'on ne veut pas s'attacher à l'étude des ballons incendiaires, qu'on n'oublie pas, au moins, les ballons d'observations militaires, dont il est permis de faire usage sans être accusé de franchir les bornes des droits de la guerre.

Nous avons rappelé succinctement les expériences aérostatiques du passé; il appartient à ceux qui réorganisent l'armée de songer aux ballons militaires pour l'avenir. Après 1871, espérons qu'on saura bien recommencer ce qui a été fait en 1794, par les aérostiers de la première République !

APPENDICE

DÉCRETS DE PARIS.

DÉCRET CONCERNANT LES BALLONS-POSTE.

Extrait du Journal officiel de Paris.

27 septembre 1870.

Direction générale des postes.

AVIS AU PUBLIC.

« Le gouvernement de la défense nationale a rendu, sous la date du 26 septembre, les deux décrets dont la teneur suit :

PREMIER DÉCRET.

» Art. 1er. L'administration des postes est autorisée à expédier par la voie d'aérostats montés les lettres ordinaires à destination de la France, de l'Algérie et de l'étranger.

» Art. 2. Le poids des lettres expédiées par les aérostats ne devra pas dépasser 4 grammes.

» La taxe à percevoir pour le transport de ces lettres reste fixée à 20 centimes.

» L'affranchissement en est obligatoire.

» Art. 3. Le ministre des finances est chargé de l'exécution du présent décret. »

(Suivent les signatures.)

DEUXIÈME DÉCRET.

» Art. 1ᵉʳ. L'Administration des postes est autorisée à transporter par la voie d'aérostats libres et non montés des cartes-poste portant sur l'une des faces l'adresse du destinataire et sur l'autre la correspondance du public.

» Art. 2. Les cartes-poste sont en carton vélin du poids de 3 grammes au maximum et de 11 centimètres de long sur 7 centimètres de large.

» Art. 3. L'affranchissement des cartes-poste est obligatoire.

» La taxe à percevoir est de 10 centimes pour la France et l'Algérie.

» Le tarif des lettres ordinaires est applicable aux cartes-poste à destination de l'étranger.

» Art. 4. Le gouvernement se réserve la faculté de retenir toute carte-poste qui contiendrait des renseignements de nature à être utilisés par l'ennemi.

» Art. 5. Le ministre des finances est chargé de l'exécution du présent décret. »

(Suivent les signatures.)

« En exécution des décrets qui précèdent, le directeur général des postes a l'honneur d'informer le public que l'ascension des ballons montés ne pouvant avoir lieu qu'à des époques indéterminées, des ballons libres seront lancés à partir de demain, 28 septembre, si le temps le permet.

» Les correspondances que le public voudrait tenter de faire parvenir par ce moyen devront être écrites sur carton vélin du poids de 3 grammes au maximum, et ne dépassant pas les dimensions d'une enveloppe ordinaire, savoir : longueur, 11 centimètres ; largeur, 7 centimètres. Cette carte sera expédiée à découvert, c'est-à-dire sans enveloppe, et l'une de ses faces sera exclusivement réservée à l'adresse.

» L'affranchissement en timbres-poste desdites cartes, fixé à 10 centimes pour la France et l'Algérie, sera obligatoire ; celles qui seraient adressées à l'étranger devront être affranchies d'après le tarif des lettres ordinaires.

» Le public comprendra qu'il n'est possible de confier aux ballons non montés que des correspondances à découvert, à cause du défaut de sécurité de ce mode de transport et du risque que courent ces ballons de tomber dans les lignes prussiennes.

» Les lettres fermées que le public entendra réserver pour être acheminées par les ballons montés devront porter sur l'adresse la mention expresse ; *par ballon monté*. L'affranchissement en sera également obligatoire, d'après les tarifs *actuellement en vigueur*, tant pour l'intérieur *que pour l'étranger*. Le poids desdites lettres ne devra pas dépasser 4 grammes.

» Dans le cas où toutes les lettres recueillies ne pourraient être expédiées par le ballon monté en partance, la préférence sera donnée aux lettres les plus légères.

» Paris, le 27 septembre 1870.

» G. RAMPONT. »

A la suite de ces avis la plupart des journaux donnèrent des renseignements détaillés sur la forme des lettres, la manière de mettre les adresses. Certains papetiers vendirent même du papier à lettre pelure, pesant le poids réglementaire, et sur le verso duquel la place de l'adresse était marquée à l'avance. Voici le *fac-simile* du verso de ces feuilles de papier à lettre :

```
┌─────────────────────────────────────┬──────────────┐
│  PAR BALLON MONTÉ                   │   PLACE      │
│                                     │    DU        │
│    M _____       │ TIMBRE-POSTE │
│                                     │              │
│                                     └──────────────┤
│                                                    │
│                                                    │
└────────────────────────────────────────────────────┘
```

Plus tard un imprimeur, M. Jouaust, eut l'excellente idée de livrer au public, des dépêches-ballons, où les nouvelles générales étaient imprimées à l'avance ; on envoyait cette feuille en province, en y ajoutant sur le verso ses nouvelles personnelles.

DÉCRET RELATIF AU VOYAGE DE M. GAMBETTA.

Le jour même de l'ascension, le *Journal officiel* avait appris aux Parisiens le départ de M. Gambetta dans les termes suivants :

« Le gouvernement de la défense nationale,

» Considérant qu'à raison de la prolongation de l'investissement de Paris, il est indispensable que le ministre de l'intérieur puisse être en rapport direct avec les départements, et mettre ceux-ci en rapport avec Paris, pour faire sortir de ce concours une défense énergique,

DÉCRÈTE :

» Art. 1ᵉʳ. M. Gambetta, membre du gouvernement, ministre de l'intérieur, est adjoint à la délégation de Tours ; il se rendra sans délai à son poste.

» Art. 2. M. Jules Favre, ministre des affaires étrangères, est chargé de l'intérim du ministère de l'intérieur à Paris.

» En exécution de ce décret, le ministre de l'intérieur est parti ce matin même par ballon. Il a emporté la proclamation qui suit à l'adresse des départements :

» Français,

» La population de Paris offre en ce moment un spec-
» tacle unique au monde.
» Une ville de deux millions d'âmes, investie de
» toutes parts, privée jusqu'à présent, par la criminelle
» incurie du dernier régime, de toute armée de se-
» cours, et qui accepte avec courage, avec sérénité,
» tous les périls, toutes les horreurs d'un siége.
» L'ennemi n'y comptait pas. Il croyait trouver Paris
» sans défense ; la capitale lui est apparue hérissée de
» travaux formidables, et, ce qui vaut mieux encore,

» défendue par 400,000 citoyens qui ont fait d'avance
» le sacrifice de leur vie.

» L'ennemi croyait trouver Paris en proie à l'anar-
» chie ; il attendait la sédition, qui égare et qui déprave ;
» la sédition, qui, plus sûrement que le canon, ouvre
» à l'ennemi les places assiégées.

» Il l'attendra toujours. Unis, armés, approvisionnés,
» résolus, pleins de foi dans la fortune de la France,
» les Parisiens savent qu'il ne dépend plus que d'eux,
» de leur bon ordre et de leur patience, d'arrêter pen-
» dant de longs mois la marche des envahisseurs.

» Français ! c'est pour la patrie, pour sa gloire, pour
» son avenir, que la population parisienne affronte le
» fer et le feu de l'étranger.

» Vous qui avez déjà donné vos fils, vous qui nous
» avez envoyé cette vaillante garde mobile, dont chaque
» jour signale l'ardeur et les exploits, levez-vous en
» masse, et venez à nous ; isolés, nous saurions sauver
» l'honneur ; mais avec vous, et par vous, nous jurons
» de sauver la France !

» Paris, le 7 octobre 1870. »

DÉCRET CONCERNANT LES DÉPÊCHES PAR PIGEONS.

Journal officiel de Paris.

« 10 novembre 1870.

» Le gouvernement de la défense nationale a rendu, sous la date du 10 novembre 1870, le décret dont la teneur suit :

» Le gouvernement de la défense nationale,

» Considérant la nécessité de rétablir dans une certaine mesure les communications postales entre les départements et Paris, pendant la durée du siége,

DÉCRÈTE :

» Art. 1er. L'administration des postes est autorisée à faire reproduire par la photographie microscopique, et à expédier par les pigeons voyageurs ou par toute autre voie, des dépêches que les habitants des départements adresseront à Paris et dans l'enceinte fortifiée.

» Art. 2. Ces dépêches pourront consister en quatre réponses, par OUI ou par NON, écrites sur cartes spéciales envoyées par le correspondant de Paris.

» Les habitants des départements auront en outre la faculté d'expédier, sous forme de lettres, des dépêches composées de quarante mots au maximum, adresse comprise.

» Art. 3. L'administration des postes mettra en vente dans les bureaux de Paris, au prix de 5 centimes, des cartes que les habitants de Paris inséreront dans les lettres adressées par eux aux personnes dont ils désirent des réponses.

» Art. 4. Le prix de la *dépêche-réponse* par OUI ou par NON est fixé à 1 franc, en dehors des 5 centimes montant du prix de la carte.

» Le prix des *dépêches-lettres* sera de 50 centimes par mot.

» Dans les deux cas, l'affranchissement est obligatoire. Le prix en sera perçu, dans les départements, aux guichets des bureaux de poste.

» Art. 5. Des mandats de poste jusqu'à 300 francs inclusivement pourront être délivrés à destination de Paris et de l'enceinte fortifiée moyennant le payement des droits ordinaires et d'une taxe de 3 francs en sus.

» Art. 6. Les dépêches-réponses, les dépêches-lettres et les mandats à destination de Paris seront adressés par les soins des receveurs des postes au délégué du directeur général à Clermont-Ferrand (Puy-de-Dôme).

» Art. 7. Les dépêches photo-microscopiques seront, à leur arrivée à Paris, transcrites par les soins de l'administration des postes et distribuées à domicile.

» Art. 8. Le ministre des finances est chargé de l'exécution du présent décret.

» Paris, le 10 novembre 1870. »

(Suivent les signatures.)

FAC-SIMILE D'UNE DÉPÊCHE-RÉPONSE.

DÉPÊCHE-RÉPONSE.
(Décret du Gouvernement de la défense nationale en date du 10 novembre 1870.)

est dû, pour le prix de la présente carte, un droit de CINQ CEN-
s. Ce droit sera acquitté au moyen d'un timbre-poste qui sera
é dans le cadre ci-contre.
s réponses doivent être exprimées par OUI et par NON dans les co-
es 4 à 7 ; elles ne peuvent excéder le nombre de 4. La taxe d'af-
chissement des réponses, qu'elles atteignent ce nombre ou qu'elles
ient inférieures, est uniformément fixée à UN FRANC.

NOM DU PAYS où de l'expéditeur. 1	INITIALES du prénom et du nom de l'expéditeur 2	NOM ET DOMICILE (en toutes lettres.) du destinataire. 3	RÉPONSES aux quatre questions posées.			
			1re question. 4	2e question. 5	3e question. 6	4e question. 7

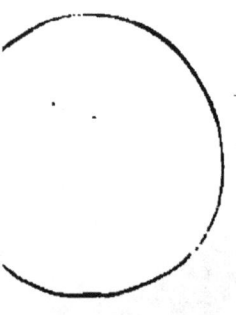

Timbre à date
bureau expéditeur.

Verso.
La présente carte, revêtue des réponses par OUI ou par
NON qui doivent être portées aux colonnes 4 à 7, d'autre
part, devra être remise par l'envoyeur entre les mains du
receveur du bureau de poste d'expédition, qui est tenu
d'y apposer lui-même, ci-dessous, les timbres-poste destinés à en opérer l'affranchissement, et de l'adresser ensuite, par le premier courrier, au délégué du Directeur
général des postes à Clermont-Ferrand.

**Ces timbres-poste, ainsi que celui de cinq
centimes placé au recto, devront être laissés intacts ; ils seront oblitérés à Clermont-Ferrand.**

DÉCRET CONCERNANT LE BALLON DE M. DUPUY DE LÔME.

Journal officiel, 28 octobre.

« Le gouvernement de la défense nationale,

» Vu les propositions faites par M. Dupuy de Lôme, membre de l'Institut, membre du conseil de défense, pour la construction de ballons susceptibles de recevoir une direction et spécialement applicables aux correspondances du gouvernement avec l'extérieur;

» Considérant que ces travaux sont d'un grand intérêt pour la défense nationale,

DÉCRÈTE :

» Art. 1ᵉʳ. Un crédit de 40,000 fr. est ouvert au budget extraordinaire du ministère de l'instruction publique pour être affecté à la construction des ballons.

» Art. 2. M. Dupuy de Lôme est chargé de l'exécution et de la direction des travaux, auxquels il imprimera toute l'activité possible.

» Paris le 28 octobre 1870. »

DÉCRETS DE TOURS.

CORRESPONDANCE PAR PIGEONS.

(*Moniteur universel de Tours.*)

7 novembre 1870.

« La délégation du gouvernement de la défense nationale,

» Considérant que depuis l'investissement de Paris il a

été établi par les soins du double service des télégraphes et des postes, au moyen de ballons partant de Paris et de pigeons voyageurs partant de Tours, un échange spécial de correspondances destiné à suppléer, entre Tours et Paris, aux moyens de correspondance ordinaires momentanément suspendus ;

» Considérant que cet échange, jusqu'à présent réservé aux communications du gouvernement, se trouve aujourd'hui suffisamment assuré pour qu'il soit possible d'en faire profiter les particuliers pour leurs relations avec la capitale, sans en garantir cependant la parfaite régularité ;

» Considérant, toutefois, que ce mode extraordinaire de correspondance, d'ailleurs coûteux, n'offre encore que des facilités très-restreintes et que les exigences supérieures de la défense nationale ne permettent d'en accorder l'usage public que dans d'étroites limites et à des conditions de taxe relativement élevées ;

» Sur la proposition du directeur général des télégraphes et des postes ;

DÉCRÈTE :

» Art. 1er.— Il est permis à toute personne résidant sur le territoire de la République de correspondre avec Paris par les pigeons voyageurs de l'administration des télégraphes et des postes, moyennant une taxe de cinquante centimes par mot, à percevoir au départ, et dans des limites qui seront déterminées par des arrêtés du directeur général de cette administration.

» Art. 2.— Les télégrammes destinés à cette transmission spéciale seront reçus dans les bureaux de télégraphe et de poste qui seront désignés par l'administration, et transmis au point de départ des pigeons voyageurs par la poste, ou par le télégraphe, lorsque les exigences du service général le permettront.

» Il ne sera perçu aucune taxe complémentaire à raison de la transmission postale ou télégraphique, ni à raison de la distribution des télégrammes à domicile à Paris.

» Art. 3. — L'État ne sera soumis à aucune responsabilité à raison de ce service spécial. La taxe perçue ne sera remboursée dans aucun cas.

» Art. 4. — Le directeur-général des télégraphes et des postes est chargé de l'exécution du présent décret.

» Fait à Tours, le 4 novembre 1870.

» Léon Gambetta, Fourichon, Crémieux, Glais-Bizoin.

» Par le gouvernement :

» *Le Directeur général des télégraphes et des postes,*

» F. Steenackers. »

Arrêté déterminant les conditions d'expédition des dépêches privées entre les départements et Paris, au moyen des pigeons voyageurs de l'administration des télégraphes et des postes.

« Le directeur général des Télégraphes et des Postes,

» Vu le décret du 4 novembre 1870,

» Arrête :

» Art. 1er. — Les dépêches privées destinées à être transmises à Paris par des pigeons voyageurs, seront reçues dans tous les bureaux de télégraphe et de poste du territoire de la République, aux conditions de taxe fixées par le décret susvisé et d'après les règles ci-après :

» Art. 2.—Ces dépêches devront être rédigées en français, en langage clair et intelligible, sans aucun signe ou chiffre conventionnel. Elles ne devront contenir que des communications d'intérêt privé, à l'exclusion absolue de tout renseignement ou appréciation de politique ou de guerre.

» Art. 3. — Le nombre maximum des mots de chaque dépêche est fixé à vingt.

» Les expressions réunies par un trait d'union ou séparées par une apostrophe, seront comptées pour le nombre de mots servant à les former.

» Par exception, dans l'adresse, la désignation du destinataire, celle du lieu et du domicile ne compteront chacune que pour un seul mot, bien que formées d'expressions composées.

» Il en sera de même de la signature de l'expéditeur.

» Toute lettre isolée comptera pour un mot.

» Les nombres devront être écrits en toutes lettres, et seront comptés d'après les règles ci-dessus.

» Art. 4.— L'indication du lieu de destination ne sera obligatoire que pour les dépêches à distribuer hors de l'enceinte de Paris dans la banlieue investie. Les dépêches ne portant aucune indication de cette nature, seront considérées comme à destination de Paris même. La mention « rue » pourra être supprimée, aux risques et périls de l'expéditeur.

» L'indication de la date et du lieu d'origine n'est pas non plus obligatoire.

» Art. 5. — Les dépêches présentées dans les bureaux télégraphiques seront traitées, en ce qui concerne la perception de la taxe, comme les télégrammes ordinaires. La taxe sera perçue en numéraire. La souche du registre des recettes devra porter la mention « pigeon voyageurs. »

» Les dépêches présentées dans les bureaux de poste devront être affranchies au moyen de timbres-poste, qui seront oblitérés par les receveurs. Elles seront vérifiées au guichet en ce qui concerne l'application de la taxe. En cas d'insuffisance d'approvisionnement de timbres, l'affranchissement pourra, par exception, avoir lieu en numéraire, dans les formes habituelles.

» Art. 6.—Les bureaux soit de télégraphe soit de poste, réuniront sous une même enveloppe toutes les dépêches qu'ils auront reçues dans la journée, et les adresseront au directeur général des télégraphes et des postes, à Tours, avec la mention spéciale : *pigeons voyageurs*, inscrite au coin supérieur droit de l'enveloppe.

» Art. 7.—Les dépêches présentées après le départ du courrier de la poste dans les bureaux du télégraphe, où le service de la télégraphie privée n'est pas suspendu, pourront être, dans le cas où les lignes départementales seraient en mesure de les recevoir sans aucun préjudice pour le service public, transmises par le télégraphe au bureau du même département qui serait le mieux en situation de les diriger immédiatement par la poste sur la direction générale.

» Art. 8. — Tout envoi sera accompagné d'un bordereau portant, avec la date de l'envoi et le numéro d'ordre, l'indication du nombre total des dépêches transmises, et de la somme totale des taxes perçues pour cet envoi.

» Les envois de chaque catégorie de bureaux, tant de télégraphe que de poste, seront faits directement, sans confusion entre les deux services.

» Art. 9. — Les dépêches centralisées à Tours seront

dirigées sur Paris, par les soins de la direction générale, au fur et à mesure qu'elle disposera des moyens d'expédition suffisants, et distribuées à Paris à la diligence du service télégraphique central.

» Art. 10.—Conformément à l'article 3 du décret susvisé, aucune réclamation ne sera admise en cas de non remise ou d'erreur de distribution, toute taxe perçue demeurant, à raison des difficultés que présente ce service spécial, définitivement acquise à l'Etat.

» Art. 11. — Les dispositions du présent arrêté sont applicables à partir du 8 courant.

» Tours, le 4 novembre 1870.

» Le directeur général des télégraphes et des postes,

» F. STEENACKERS.

» *Pour ampliation,*

» *Le secrétaire général,*

» LE GOFF. »

DOCUMENTS RELATIFS AUX LETTRES DE LA PROVINCE POUR PARIS.

DIRECTION GÉNÉRALE DES TÉLÉGRAPHES ET DES POSTES.

AVIS.

« 15 novembre 1870.

» A l'avenir, les lettres à expédier à Paris par ballon monté pourront être adressées directement à l'administration centrale des télégraphes et des postes, à Tours.

» Ces lettres devront être renfermées dans une enveloppe portant la suscription suivante :

A Monsieur

Le Directeur général des télégraphes et des postes,

à Tours.

(Pour Paris, par ballon monté.)

» Le directeur général ayant la franchise illimitée, l'enveloppe portant son adresse ne devra pas être munie de timbres-poste. La lettre à expédier à Paris sera seule désormais soumise aux droits de poste.

» Sont maintenues les autres conditions qui ont été indiquées dans un précédent avis pour l'expédition de correspondances par ballon monté.

» Le directeur général des télégraphes et des postes a fait transmettre, par les pigeons voyageurs, pour être inséré dans le *Journal officiel* et dans les autres journaux de Paris, un avis portant que les lettres envoyées de la capitale, par ballon monté, parviennent généralement à leur destination. »

GRANDEUR ET ASPECT D'UNE DÉPÊCHE MICROSCOPIQUE POUR PIGEONS.

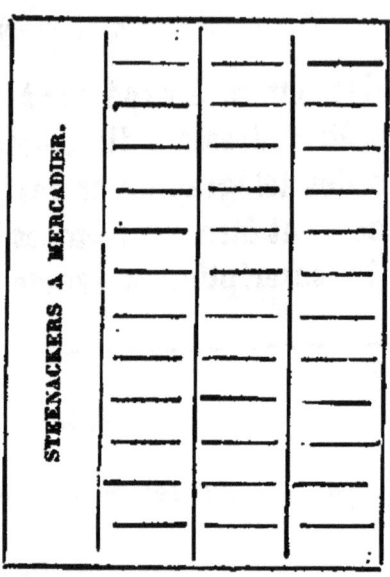

NOMINATION DES AÉROSTIERS MILITAIRES DE L'ARMÉE DE LA LOIRE.

MINISTÈRE DE LA GUERRE

Première division.

BUREAU
de la correspondance
générale
et des opération
militaires.

LE MINISTRE DE L'INTÉRIEUR ET DE LA GUERRE

informe M..... que, par décision de ce jour, il est attaché en qualité d'aéronaute au service des ballons captifs de l'armée de la Loire.

» Dans cette position M..... recevra une rétribution de 10 fr. par jour, et une indemnité d'entrée en campagne de 600 fr.

» Il aura droit, en outre, à une ration et demie de vivres et à 4 rations de chauffage.

» Cette lettre lui servira de titre dans l'exercice de ses fonctions.

» Tours, le 1er décembre 1870.

» Pour le ministre de l'intérieur et de la guerre,
» *Le général directeur par intérim,* »

AVIS AU PUBLIC

(RELATIF AUX CYLINDRES POSTAUX ROULANT DANS LA SEINE).

Extrait du *Moniteur* de Tours :

« 27 décembre.

» On a offert à l'administration des postes, à Paris, de faire parvenir des lettres des départements à Paris, à l'aide d'un procédé pour lequel les inventeurs sont brevetés.

» Ce procédé, pour conserver ses chances de réussite, doit rester secret ; mais il a été reconnu suffisamment pratique pour être essayé.

» En conséquence, l'administration, dont le devoir est d'utiliser tout moyen paraissant propre à la transmission des lettres pour la capitale, a cru pouvoir autoriser la mise à exécution du nouveau procédé, sans toutefois en endosser la responsabilité.

» Un traité a été conclu à cet effet, entre l'administration des postes, à Paris, et les inventeurs du procédé en question. Ce traité a été approuvé par un décret du gouvernement de la défense nationale en date du 14 décembre courant.

» Aux termes dudit décret, les lettres à transporter à Paris devront être affranchies au moyen de timbres-poste représentant une taxe d'*un franc* (dont 20 centimes pour l'administration et 80 centimes pour les frais et risques de l'entreprise).

» Le poids maximum des lettres est fixé à 4 grammes.

» Les lettres de la France et de l'Algérie pour Paris, que le public voudra confier au procédé dont il s'agit, devront, en dehors des conditions de poids et d'affranchissement indiquées ci-dessus, porter, en caractères très-apparents, sur la suscription, à la suite de l'adresse du destinataire, les mots :

Paris, par Moulins (Allier).

» Les expéditeurs ayant ainsi préparé leurs lettres, n'auront qu'à les jeter à la boîte, comme toute lettre ordinaire. »

LES BALLONS DE LA COMMUNE.

Le lecteur se rappelle sans doute que la Commune a voulu singer le service des ballons-poste, si glorieux pendant le siége. Nous donnons le curieux décret qu'ont signé les Cournet, les Delescluze et les Pyat au sujet d'une organisation de ballons militaires. Il est à regretter que parmi les aéronautes de Paris, il s'en soit trouvé deux qui aient consenti à placer leurs noms à côté de celui des odieux personnages de l'insurrection !

Journal officiel de la Commune.

« 20 avril 1871.

» La Commune de Paris,

» Considérant :

» Que des dépenses importantes ont été faites par l'ex-gouvernement dit de la défense nationale, pour les services aérostatiques postaux ;

» Que, par suite de la désertion de l'ex-gouvernement, dit de la défense nationale, sur ce point des services publics, comme sur tous les autres, une quantité de ballons construits, représentant une dépense de plusieurs centaines de mille francs, payés des deniers de la nation, se trouvent actuellement disséminés en plusieurs endroits et exposés aux détournements ;

» Qu'il importe d'urgence de réunir sous le contrôle de la Commune, en des mains sûres, d'inventorier et de préserver ce matériel, auquel sont venus s'adjoindre les ballons expédiés en province pendant le siége de Paris ;

» Considérant que l'ex-gouvernement, dit de la défense nationale, qui, en fait gouverne toujours à Versailles, a supprimé, dans une intention facile à comprendre, tout échange de nouvelles, journaux, correspondances privées, toutes communications intellectuelles entre Paris et les départements, comptant ainsi se réserver impunément la trop facile distribution des calomnies destinées à égarer l'opinion publique en province et à l'étranger;

» Que la Commune de Paris a, tout au contraire, le plus grand intérêt à ce que la vérité soit connue, et à faire connaître à tous et ses actes, et ses intentions;

» Considérant que l'aérostation est naturellement et légitimement appelée en ces circonstances à rendre des services en répandant partout la lumière salutaire;

» Considérant enfin que, dans l'état de guerre offensive déclarée et poursuivie par le gouvernement de Versailles, il est important à la défensive d'utiliser les observations aérostatiques militaires, systématiquement et intentionnellement repoussées pendant la durée du siége de Paris, et alors, en effet, inutiles à ceux qui devaient livrer Paris;

ARRÊTE :

» 1° Une compagnie d'aérostiers civils et militaires de la Commune de Paris est créée;

» 2° Cette compagnie se compose provisoirement d'un capitaine, d'un lieutenant, d'un sous-lieutenant, d'un sergent, de deux chefs d'équipe et douze aérostiers;

» 3° La solde du capitaine est de 300 fr., du lieutenant 250 fr., des équipiers 150 fr. par mois;

» 4° La compagnie des aérostiers civils et militaires de la Commune de Paris relève directement du commandement de la commission exécutive;

» 5° Le citoyen Claude-Jules Duruof est nommé capitaine des aérostiers civils et militaires de la Commune de Paris.

» Le citoyen Jean-Pierre-Alfred Nadal est nommé lieutenant-magasinier général.

» Paris, le 20 avril 1871.

» *La commission exécutive,*

» AVRIAL, F. COURNET, CH. DELESCLUZE, FÉLIX PYAT,
» G. TRIDON, A. VERMOREL, E. VAILLANT. »

« Les aérostiers qui se présenteront pour faire partie de la compagnie devront s'adresser, pour leur inscription immédiate, au capitaine Duruof seul. »

Terminons en disant que les aéronautes de la Commune, n'ont obtenu aucun résultat. L'art de l'aérostation n'a pas servi la cause de l'infamie!

TABLE DES MATIÈRES.

PRÉFACE . . . .   PAGES. I

PREMIÈRE PARTIE.

LE CÉLESTE ET LE JEAN-BART.

I. Paris investi. — Les ballons-poste. — L'aérostat *le Céleste*. — Lâchez-tout! — L'ascension. — Versailles. — La fusillade prussienne. — Les proclamations. — La forêt d'Houdan. — Les uhlans. — Descente à Dreux   1
   30 septembre 1870

II. Le gouvernement de Tours. — Les inventeurs de ballons. — Projet de retour à Paris par voie aérienne. — Confection d'un ballon de soie. — Voyage à Lyon. — Les nouveaux débarqués du ciel. — Ascension du *Jean-Bart*. .   17
   Du 1er au 15 octobre.

III. Lettres pour Paris par ballon monté. — Le bon vent souffle à Chartres. — Cernés par les Prussiens! — Évasion nocturne. — L'hôtel du Paradis. — Allons chercher le vent!   28
   Du 15 octobre au 1er novembre.

IV. Première tentative de retour à Paris par ballon. — Préparatifs du voyage. — Le bon vent. — L'ascension. — Le bon chemin. — Le brouillard. — Le déjeuner en ballon. — Le vent a tourné. — En ballon captif   40
   Du 1er au 8 novembre 1870.

V. Seconde tentative de retour à Paris. — Le coucher du soleil et le lever de la lune. — La Seine et les forêts. — Adieu Paris! — Descente dans le fleuve. — Les paysans normands   54
   Du 8 au 20 novembre.

DEUXIÈME PARTIE.

	PAGES.
LES AÉROSTIERS MILITAIRES DE L'ARMÉE DE LA LOIRE.	73

I. Le ballon « la *Ville de Langres*. » — Premières expériences d'aérostation militaire à Gidy. — La télégraphie aérienne. — Le *Jean-Bart* à Orléans. — Anecdotes sur les Prussiens. 73

Du 16 au 29 novembre 1870.

II. Le départ. — Le voyage en ballon captif. — Accident à Chanteau. — Réparation d'une avarie. — Arrivée à Rebréchien. — Tempête nocturne. — Le *Jean-Bart* est crevé. — Retour à Orléans. — Gonflement du ballon la *République*. 89

Du 30 novembre au 3 décembre 1870.

III. La déroute de l'armée de la Loire. — Les ballons captifs au château du Colombier. — Aspect d'Orléans. — Le dernier train. — Les blessés. — Vierzon. 103

Dimanche 4 décembre 1870.

IV. Organisation définitive des aérostiers militaires à Tours. — Expérience d'une montgolfière captive. — Expédition de Blois. — M. Gambetta et le chef de gare. — Nouvelle défaite. — Tours et le Mans. — Le camp de Conlie. — Ascensions captives. 113

Du 6 au 20 décembre 1870.

V. Une visite au général Chanzy. — Ascension faite en sa présence. — Accident à la descente. — Un peuplier cassé. — Opinion du général sur les ballons militaires. 130

21 décembre au 11 janvier 1870.

VI. La bataille du Mans. — Poste d'observation des ballons captifs. — Le champ de bataille. — La déroute. — Laval. — Rennes. 143

Du 11 janvier au 18 février 1871.

VII. Les ballons captifs à Laval. — Ascensions quotidiennes. — L'armistice. — Nantes. — Bordeaux. — L'assemblée nationale. — Paris! — Vides dans les rangs. 156

Du 28 janvier au 17 février 1871.

TROISIÈME PARTIE.

	PAGES.
Histoire de la poste aérienne	167
I. Naissance des ballons-poste. — Stations militaires autour de Paris. Les premiers départs avec l'ancien matériel. — Construction des aérostats.	167
Premiers départs de Paris.	170
Essai d'un ballon libre.	177
Construction des ballons-poste.	178
L'ascension.	185
Départs de ballons en octobre 1870	187
Voyage de M. Gambetta.	187
Capture du ballon la Bretagne	195
Départs de novembre 1870.	199
Deuxième ballon prisonnier.	201
Troisième ballon prisonnier.	201
II. Suite des voyages de novembre. — Les ascensions nocturnes. — Naufrages aériens. — Voyages extraordinaires de Paris en Norwége. — Descente à Belle-Ile-en-Mer. — Les soixante-quatre ballons du siége	203
Premier départ de nuit.	205
Voyage de Norwége.	207
De Paris en Hollande.	211
Premier ballon perdu en mer.	217
Voyage de Belle-Ile-en-Mer	218
Départs de décembre 1870.	221
Une ascension scientifique.	222
Quatrième ballon prisonnier.	226
Cinquième ballon prisonnier.	227
Départs de janvier 1871.	229
Deuxième ballon perdu en mer.	232
III. Les pigeons voyageurs. — La Société l'Espérance. — La poste terrestre. — La poste aquatique. — Projets divers. — Les ballons dirigeables.	235
Les pigeons et les dépêches microscopiques.	235
Les piétons.	244
La poste fluviale	248
Les fils télégraphiques.	251
Les chiens facteurs.	253

TABLE DES MATIÈRES.

	PAGES.
Direction des aérostats	253
Le ballon de M. Dupuy de Lôme	256
Les hélices du ballon « Le Duquesne. »	261

CONCLUSION.

LES BALLONS ET LA GUERRE	265
Les aérostiers de la première république	267
Essais divers. Les ballons militaires aux Etats-Unis	280
Projet d'organisation de ballons militaires	284
APPENDICE	293

FIN DE LA TABLE.

Paris. — Imp. de E. Donnaud, rue Cassette, 9.

www.ingramcontent.com/pod-product-compliance
Lightning Source LLC
Chambersburg PA
CBHW060627170426
43199CB00012B/1470